KB161679

중국
통째로
바로 알기

중국 통째로 바로 알기

강효백 지음

이담
Books

사람들은 왜 산꼭대기만 바라보는가?
산사가 산 중턱에 자리 잡고 있는데.

사람들은 왜 피라미드의 정점만 바라보는가?
진실이 피라미드의 중심에 묻혀 있는데.

나의 문학은 외로움이고 사학은 그리움이다.
철학은 새로움이고 미학은 서러움이다.
전공인 법학은 올바름에 대한 사무침이다.
나의 중국학은 법제를 중심으로 하는 융복합 인문사회과학이다.

머리말

부끄러웠다. 중국에 오래 살면 살수록 필자는 그동안 우리가 알아 왔던 지식과 책이나 매체, 특히 서양과 일본의 서적에서 얻은 정보가 얼마나 실상과는 동떨어졌으며, 이것에 얼마나 많은 위험이 도사리고 있는지를 깨달았기 때문이다.

그래서 필자는 우선 버리기로, 비워내기로 했다. 뇌 속 실핏줄 줄기마다 오염된 인식을 씻어내고, 뼛속 깊이 잘못 각인된 도그마를 발라내기 위해 새롭고 참된 진실을 찾아 떠나기로 했다.

왁자한 도시의 저잣거리, 호젓한 산속의 오솔길, 명산대천과 명승고적, 이름 모를 언덕과 시내, 사막과 고원 어느 곳 하나 가릴 것 없이, 필자는 광활한 대륙의 나라가 좁다고 느껴질 때까지 방랑자처럼 떠돌았다.

1996년 어느 여름날 오후, 필자의 발길은 베이징 시내에서 남서쪽으로 50㎞가량 떨어진 저 북경원인(北京猿人)의 보금자리 저우커우뎬(周口店)에 닿았다. 인류학자에 의해 50만 년 전 흑인종에서 분리 진화된 몽골인종이며 몸에 덮여 있던 털이 차츰 사라진 것으로 밝혀진 북경원인, 원래의 인간 원인(猿人)의 두개골을 만나고 돌아오는 길에 문득 깨달았다.

일체의 선입관과 편견을 배제한 '원형을 추구하는 인간'이라는 의미의 '북경원인'으로 다시 태어나야 한다는 것을, 50만 년 전 순결한 원인의 시원(始原)성을 바탕으로 파노라마처럼 서서히 펼쳐지는 중국의 과거와 현재·미래를 투시해야 한다는 것을.

1992년 한·중 수교 이전, 우리는 동쪽만 바라보고 살았다. 서쪽은 벽이나 다름없었기 때문이다. 서해 건너의 중국을 알기 위해 우리는 주로 동해 건너 일본을 통해서, 다시 태평양을 건너 미국을 통해서 중국을 바라본 게 사실이다. 2018년 한·중 양국이 국교를 정상화한 지 26주년이 됐다. 서쪽 벽을 허물고 오랜 이웃과 다시 교류한 지 사반세기가 넘었다.

그러나 우리는 아직도 중국을 너무나 모른다. 하루하루의 날씨를 기상대의 예보에 의존하는 것처럼, 목전의 현상만으로 이 노대국(老大國)을 파악하려 하지 않는가.

그러지 않으면 동일한 유교문화권이라는 막연한 친근감으로 중국을 잘 알고 있다고 착각하거나, 과거 냉전시대의 단절로 인해 우리와 차이가 많은 중국을 신비한 동방의 사회주의국가, 이상한 나라의 앨리스쯤으로 치부해왔다.

필자는 중국을 잘못 보게 만드는 네 가지가 있다고 생각한다. 마르크스로 상징되는 이데올로기적 편견, 공자(孔子)로 대표되는 전통적인 유교식 접근, 중국의 진상을 왜곡·오도하는 일본식 접근, 미국을 비롯한 서구의 이분법적 접근이 바로 그것이다.

세계 어느 나라 사람보다 중국을 바르게 이해할 줄 아는 천부적 심안을 가진 자는 제일 가까운 이웃에서 오랜 세월 역사와 문화를 공유해온 한국인이어야 할 텐데, 왜 우리는 맨눈으로도 잘 보이는 중국을 '마르크스의 붉은 선글라스', '공자의 졸보기', '일본의 난시 렌즈', 그리고 '미국의 콘택트렌즈'를 쓰고 보려고만 할까?

세계 제일의 천부적 중국 '통(通)' 한국인이 이 따위 안경들을 쓰고 중국을 보니까 중국 '치(痴)'가 되어버리는 것이다. 맨 눈으로도 중국이 잘 보이는 한국인이지만 더욱더 중국을 확실히 꿰뚫어보기 위해 필자는 다음의 네 가지 광학기기를 갖출 것을 제안한다.

첫째, 시공의 망원렌즈다. 시간(역사)과 공간(지리)을 아우르는 통합적인 방법으로 중국을 보라. 즉, 시간과 공간을 별개로 보는 것에서 벗어나 중국을 역사와 지리의 십자로 한가운데 놓고 살펴보라. 모호한 노대국의 실체가 차츰 뚜렷해질 것이다.

둘째, 거시의 '드론렌즈'다. 큰 바닷새 앨버트로스가 창공에서 아래를 내려다보듯 거시적 시야로 세계와 동북아, 중국의 시공을 조감해보라. 숨겨진 사실을 새삼스레 발견하게 될 것이다.

셋째, 미시의 현미경이다. 유럽연합(EU)보다 2.5배나 큰 중국에 대해 '중국은 어떠하다'고 뭉뚱그려 단정 짓지 말라. 중국의 지역별·분야별 세밀한 특징을 화폭에 점묘법처럼 찍어나가다 보면 중국이라는 전체가 보일 것이다.

넷째, 체험의 내시경이다. 존재는 실제 체험을 통해 파악된다. 소금이 짜다는 사실을 알려면 실제로 맛을 보는 수밖에 없다. 중국에 관한 올바른 이해는 무슨 주의니 사상이니 하는 관념에 현실을 억지로 짜 맞추려 하기보다는 실제 경험을 통해서 이루어져야 하지 않을까? 즉, 실제 체험을 통한 경험론과 귀납법이 중국의 속살을 엿볼 수 있는 최선의 접근방법이라고 필자는 생각한다.

이렇게 지난 30년간 중국에 대하여 보고 느낀 대로 쓴 논문과 수필, 시론과 칼럼 등은 이미 수백 편이 넘는다. 그중 손이 가는 대로 골라 책으로 펴낸다. 백과사전처럼 넓고 다양하게, 논문만큼 깊고 정확하게, 신문같이 시사성 있으며, 시처럼 참신하고 아름답게, 무엇보다 소설보다 재미있게 이야기하고 싶었다. 그러다 보니 책 곳곳에서는 과욕의 흔적과 반대로 부족한 부분도 있다. 미흡한 점을 보완해가는 것을 앞으로의 과제로 남기며 독자 여러분의 따뜻한 격려와 이해, 기탄없는 지도를 바란다.

나에게 생명을 주신 부모님과 그 생명을 보람차게 해주신 스승님들께 감사드린다. 그리고 "아무개는 그의 스승 강아무개보다 백배 훌륭하다." 후일 이런 평가를 받을 나의 제자 대다수에게 이 책을 바친다. 변변치 못한 원고를 기꺼이 출판해주신 한국학술정보(주) 채종준 대표님과 편집을 맡아 수고해주신 이아연 대리에게 심심한 사의를 표한다.

2018년 6월
경희대학교 서울캠퍼스에서
영고삼[1] 문협[2] 강효백(姜孝伯)[3]

목차

제6장 **사회문화** · 279

제1장

정치

과거 중국공산당 권력구조(1978~2017)
-6중 원탁형 동심원 구조-

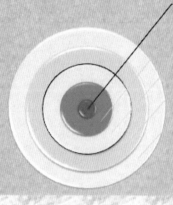

1. <u>정치국상무위원</u>

2. 정치국원
   정치국상무위원 포함

3. 중앙위원회 위원
   정치국원 포함

4. 중앙위원회후보위원

5. 중국공산당 전국대표
   중앙위원회 위원 후보위원포함

* 6. 중국 공산당원
   2017년말 현재 약 8,860만 명

현재 중국공산당 권력구조(2018~)
-6층 피라미드형 수직 구조-

시진핑

정치국상무위원

정치국 (평)위원

중앙위원

중앙위후보위원

중국공산당 전국대표

· "권력은 총구에서 나온다(槍杆子裏面出政權)."

                  - 마오쩌둥

· 부패 척결을 위해선 호랑이(고위직)와 파리(하위직)를 함께 잡아야 하고
  권력을 제도의 틀에 넣어야 한다.

                  - 시진핑

· 독재자는 결코 호랑이 위에서 내리려 하지 않는다. 호랑이는 점점 배가
  고파가는 법이다.

                  - 윈스턴 처칠

· 시진핑은 도널드 트럼프보다 더 큰 영향력이 있다. 세계는 주목해야 한다.

                  - 『Economist』

· "영웅은 천하를 제패하고 제도는 강산을 안정시킨다(英雄打天下, 制度定江山)."

· 마오쩌둥은 무력으로 대륙을 석권했고 덩샤오핑은 제도화로 중국을 안
  정시켰다.

                  - 강효백

시진핑 시대 G2 중국, 어디로 갈 것인가?

"배고픈 건 잘 참으나 배 아픈 건 못 참는다." <한국인(생래적 사회주의자?)>

"배 아픈 건 잘 참으나 배고픈 건 못 참는다." <중국인(생래적 자본주의자?)>[4]

2002년쯤이던가, 주한 중국대사관의 고위외교관 L은 한 공식석상에서 이렇게 말했다.

"한국은 말로만 자본주의라지만 실제로는 사회주의 국가나 다름없고, 중국은 말로만 사회주의 국가이지만 실제로는 자본주의 노선을 향해 질주하고 있다."[5]

중국 고위 외교관의 발언치고는 하도 거침없는 언사라서 잠시 귀를 의심했지만 정곡을 찌르는 표현이라 아낌없는 박수를 보낸 바 있다.

중국은 길게 잡으면 덩샤오핑(鄧小平, 1904~1997)이 1978년 개혁개방노선을 정립하였던 40년 전, 짧게 잡아도 26년 전 남순강화(1992년 덩샤오핑의 동남부 연해지역 순시) 적에, 이미 보혁 갈등, 좌우대립 따위의 이념 논쟁을 걷어치웠다. 개혁개방과 부국강병을 위해 사회주의 독재정에서 자본주의 독재정으로 줄달음쳐왔다. 문화대혁명 당시 문자 그대로 '자본주의를 향해 치달려가는 주자파(走資派)의 수괴'로 숙청당했던 덩샤오핑. 그는 재집권하자마자 '우향우'로 내달았다.

다만 덩의 후배 최고지도층 장쩌민(江澤民, 1926~) - 후진타오(胡錦濤, 1942~) - 시진핑(習近平, 1953~)은 실사구시의 실천과정 중에

초고속성장의 페이스를 유지하며 계속 쾌속 질주해 나갈 것이냐, 아니면 내실을 기하며 착실히 점진할 것이냐 하는, 즉 속도의 완급조절에 지혜를 모으고 있다. 즉 중국은 뒤뚱거리는 좌우의 프레임에서 돌파, 쾌속이냐 초쾌속이냐 속도의 완급차원으로 들어선 지 이미 한 세대가 지났다.

중국말로 성이(生意)는 인생의 의의, 즉 왜 사냐, 무엇 때문에 사느냐 따위의 심오한 형이상학적 의미가 아니다. 장사나 영업을 뜻한다. 중국인에게 삶의 뜻은 한마디로, 장사를 잘해서 잘 먹고 잘사는 현실적 이익과 쾌락을 추구하는 것이다. 지금의 중국을 한마디로 말하자면 중국 땅은 온통 시장이며 중국인은 모두 상인이다.

서구식 자본주의를 도입하여 굳게 단련되었다며 자신만만하던 우리가 간과하고 있는 것은, 중국인들이 '자본주의적인, 너무나 자본주의적인' 사람들이란 것이다. 세계최초로 지폐와 어음, 수표를 상용하고 상업광고를 했던 이들, 이미 3천 년 전부터 세계최초의 계산기인 주판을 만들어 주판알을 튕겨 왔던 그들 앞에서 우리나라 자본주의 수십 년의 경험은 어쩌면 가소로운 것이리라.

상인종(商人種)의 나라가 사회주의 계획경제체제를 실험하였던 시기는 1949~1978년 딱 30년간뿐이었단 사실을 간과하지 말아야 한다. 시진핑 시대 지금의 중국 땅은 온통 시장이고 중국인은 모두 상인들이며 중국정부는 이름만 공산당 사회주의를 둘러쓴, 본질은 경제성장 제일의 원조 자본주의 독재정이다.[6]

덩샤오핑은 중국인의 잠들어 있던 본능을 일깨웠다. 그는 개혁개방의 자명종을 울려 중화민족본성에 걸맞지 않는 사회주의 계획경제 30년의 긴 악몽에서 신음하던 비단장사 왕 서방, 생래적 자본주의자들을 깨어나게 했다. 개혁개방의 총설계사 덩샤오핑은 아래 <그림>에서와 같이 마오쩌둥(毛澤東, 1893~1976) 시대의 사회주의 독재정을 자본주의 독재정으로 이동시켰던 것이다.

덩샤오핑의 최후의 후계자이자 제3세대 영도 핵심 장쩌민은 덩샤오핑이 확립한 정치국 상무회의 과두 독재정을 계승하면서 경제정책을 '중국특색적 신자유주의식 자본주의'를 향해 질주했다. 중국의 WTO가입을 성사시키고 GDP를 세계 4위로 발전시키는 등 눈부신 경제발전 성과를 이루었다.

장쩌민의 동향 후배 제4세대 후진타오는 정치국 상무위원을 7인에서 9인으로 늘려 권력을 분산시키고 집단지도체제를 더욱 강화했다. 한편으로 '조화로운 사회'를 주창하며 시장경제정책을 심도 있게 발전시켰다. 특히 2007~2009년 글로벌 금융위기 기간 미국식 자본주의 시장실패 현상을 겪는 기간에도 일본을 제치고 중국의 GDP를 세계 2위로 등극시키는 업적을 세웠다. 그의 집권기간 중국은 미국과 더불어 이른바 자본주의 세계 공생체, 차이메리카로 불리는 G2로서 글로벌 경제를 쥐락펴락하게 했다.

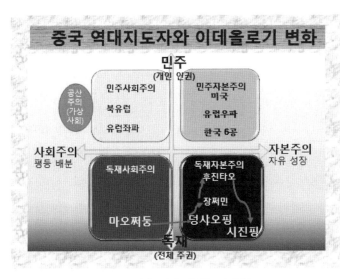

중국 역대지도자와 이데올로기 변화

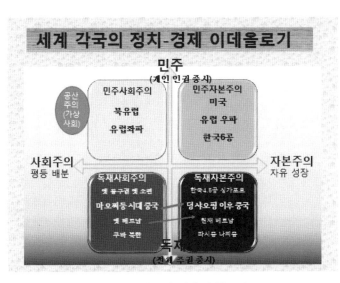

세계 각국의 정치-경제 이데올로기

제5세대 영도 핵심 시진핑은 2012년 11월 집권 이후 점차 집단지도체제를 탈피, 성역 없는 부정부패 척결과 함께 1인 통치권력 강화에 주력해 왔다. 집권 2기 원년 2018년 3월 헌법을 개정, 국가 주석 연임제한 규정을 폐지하고 공산당 영도 원칙을 헌법에 명기하는 등 1인 통치와 1당 독재를 공고히 했다. 이 대목에서 일각에서는 시진핑이 헌법을 개정하여 시황제로 등극했다며 마오쩌둥 시대 사회주의로 회귀할 거라며 우려하고 있는데 이는 한마디로 '사회주의'와 '독재'의 개념을 혼동한 인식의 오류다.[7] 시진핑 2기 정치노선은 마오쩌둥 시대식 1인 독재로 역주행하는 경향이 있으나 경제노선은 여전히 중국식 자본주의를 심화 발전시키고 있다. 즉 지속가능한 성장시대 즉 '신상태(新常態)'와 중국판 마셜플랜인 '일대일로(一帶一路)'를 내세우며 창업과 기업경영의 효율 극대화를 추진하는 '중국 특색의 자본주의' 대로를 질주하고 있다.

그렇다면 시진핑 시대 중국이 꿈꾸는 미래 모델은 어느 나라일까? 자본주의라는 호랑이 등에 올라탄 지 40년인 G2 중국이 돌연 가난의 평등이 보장된 마오쩌둥 시대의 구사회주의 독재정 국가군으로 되돌아갈 가능성은 0에 가깝다.

물론 미국을 위시한 자본주의 자유민주주의 국가군으로 급격히 우상향할 가능성도, 북유럽의 민주사회주의 국가군으로 급속히 좌상향할 가능성만큼 희박하다. 중국이 꿈꾸는 미래 국가모델은 국민의 77%가 중국계인 싱가포르만큼 알차고 풍요로우나 통제된, 싱가포르보다 1만 5천 배나 거대한 자본주의 독재정 국가는 아닐까?[8]

시진핑 개헌 3대 핵심

"독재자는 결코 호랑이 위에서 내리려 하지 않는다. 호랑이는 점점 배가 고파가는 법이다." '철의 장막'이란 신조어를 만들었던 영국 정치가 윈스턴 처칠의 말이다. 독재자의 운명이 마치 호랑이 등에 올라탄 모습과 같다는 비유다. 독재자는 호랑이 등에서 뛰어내리고 싶어도 뛰어내리지 못한 채 결국 파국을 향해 치닫고 만다는 이야기다. 그제 국가 주석의 임기 제한을 철폐한 중국 지도자 시진핑의 행보가 처칠의 경구를 떠올리게 한다.

로마공화정 시대 민회는 매년 1월 1일 2명의 집정관(Consul)을 선출했다. 두 집정관은 상호 견제와 균형을 유지하면서 행정과 군사의 지휘권을 행사했다. 비상시엔 둘 중 하나를 독재관(Dictator)으로 선출해 그에게 전권을 줬다. BC 81년 냉혹한 정치가 술라는 종신 독재관으로 취임했으나 2년 후 자신의 개혁법안이 확정되자 정계를 떠났다. 칭송이 따랐다.

1982년 중국 개혁개방의 총설계사 덩샤오핑 휘하의 전국인민대표대회는 현대 중국의 네 번째 헌법을 통과시켰다. 이후 중국 정치는 권력의 제도화와 탈인격화 과정이 진행됐다. '2'와 '7'로 끝나는 해의 가을에 정치국 상무위원을 비롯한 공산당 지도부 인사가 이뤄졌고 이듬해 '3'과 '8'로 끝나는 해 3월엔 국가 주석과 총리 등 정부 요인에 대한 인사가 단행됐다.

예측 가능한 권력 승계 작업이 이뤄진 것이다. 대권을 후계자에게 물려주고 무대 뒤로 사라진 덩샤오핑의 솔선수범 덕이 컸다. 덩은 전임자가 죽어야만 후임자가 자리를 차지할 수 있는 종신제를 폐기

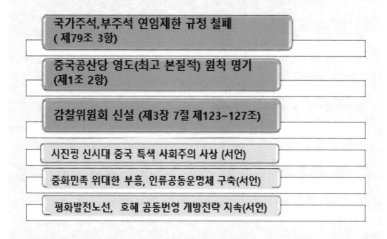

시진핑 시대 개헌(2018)의 6대 핵심조항

국가주석,부주석 연임제한 규정 철폐
(제79조 3항)

중국공산당 영도(최고 본질적) 원칙 명기
(제1조 2항)

감찰위원회 신설 (제3장 7절 제123~127조)

시진핑 신시대 중국 특색 사회주의 사상 (서언)

중화민족 위대한 부흥, 인류공동운명체 구축(서언)

평화발전노선, 호혜 공동번영 개방전략 지속(서언)

했다. 대신 후계자가 일정 기간 착실하게 준비하면 자리를 이어받을 수 있는 임기제를 정착시켰다.

BC 46년의 로마. 내전에서 승리해 전권을 장악한 카이사르는 10년 임기의 독재관에 취임했다. 집정관 안토니우스는 독재관을 보좌하는 부독재관으로 전락했다. 1인 절대 권력에 도취한 카이사르는 BC 44년 1월 1일 황제와 다름없는 종신 독재관에 취임했다. 그러나 석 달도 안 되어 브루투스 등 공화정 옹호파에 의해 암살됐다. 로마 공화정도 종언을 고했다.

2018년 중국 최고 지도자 시진핑 국가 주석도 로마의 카이사르처럼 10년 임기의 독재관에 만족하지 못하는 것일까? 그제 중국 헌법상 최고권력기관이자 입법기관인 전국인민대표대회는 현행 헌법에

중국(1982년)현행 헌법의 개헌 연혁표

차수	개정 연도	시대	개정 부분	핵심 개헌 내용
1차	1988	덩샤오핑	2	사영경제와 토지사용권의 헌법적 보장
2차	1993	장쩌민 1기	9	사회주의 초급단계,'국영경제 국영기업'을 '국유 경제 국유기업'으로 변경
3차	1999	장쩌민 2기	6	사회주의 법치국가, 반국가 반혁명 진압
4차	2004	후진타오 1기	14	3개대표주요사상, 인권보장 헌법조문화
5차	2018	시진핑 2기	21	국가주석 연임제한 폐지, 중국공산당 영도원칙 헌법 제1조에 명기, 감찰위원회 신설, 시진핑 사상 삽입 등

① 중국 헌법은 제정에 가까운 전면개헌일 경우에는 1954년 헌법, 1975년 헌법, 1978년 헌법, 1982년 헌
법이라 칭하며 한국을 비롯한 대륙법계 국가와 마찬가지로 기존 조문을 전면 삭제하고 새로운 조문을
기재하는 방법을 채택한다. 일부개헌일 경우에는 기존조문을 그대로 두고 새로 조문을 추가하는 미국
헌법전과 유사한 증보식을 택하고 있다. 즉, 현행 1982년 헌법전의 뒤에 "헌법 몇 조의 내용 중 'xxx'
을 'ooo'으로 수정한다."는 식으로 1988년, 1993년, 1999년, 2004년 2018년 5차례에 걸친 '헌법수정
안(일부개헌 조문)'을 별도 첨부하는 방식을 채택하고 있다.

대한 5차 개헌을 단행했다. 2004년 4차 개헌 이후 14년 만의 헌법
개정이다.

눈에 띄는 건 헌법 서문에 기존의 마르크스-레닌주의, 마오쩌둥
사상, 덩샤오핑 이론, 3개 대표 중요사상에 시진핑 자신의 치국 이념
인 '시진핑 신시대 중국특색 사회주의 사상'을 삽입한 점이다. 헌법
에 지도자 이름이 든 사상이 명기된 건 마오쩌둥 이래 시진핑이 처
음이다. 시진핑이 마오의 반열에 올랐다는 평가가 나온다.

이와 함께 헌법 서문 규정보다 더 규범력이 강한 헌법 본문 조항

들도 개정됐는데 핵심은 세 가지다. 첫 번째는 국가 주석과 부주석의 5년 임기가 1회에 한해 연임할 수 있다는 규정이 폐지된 점이다. 이로써 시진핑은 짧게는 15년, 길게는 초(超)장기 집권, 또는 종신 독재의 길을 갈 수 있게 됐다. 반면 국무원총리와 부총리, 국무위원은 1회에 한해서만 연임할 수 있는 규정이 바뀌지 않았다.

덩샤오핑이 마오쩌둥과 같은 '괴물 황제'의 출현을 막기 위해 고심 끝에 고안한 임기제와 집단지도체제가 시진핑에 의해 흔들리게 된 셈이다. 기존 7인의 정치국 상무위원회는 1인자를 핵심으로 하는 일곱 거두의 준(準)수평적 원탁형 과두체제라 할 수 있다. 그러던 게 이제는 '1인자와 여섯 난쟁이'가 통치하는 수직적 피라미드형으로 변했다. 마오쩌둥식 1인 종신 통치 시대로 역주행한다는 비난이 나올 수밖에 없다.

군주국이 아닌 공화국 체제에서의 1인 단기독재 또는 과두 장기 독재가 성공한 사례가 없지는 않다. 그러나 동서고금을 막론하고 1인 종신 독재는 십중팔구 끝이 좋지 않았다. 사회는 타락하고 국민은 불행했다. 지난 40년에 걸친 원탁형 과두체제를 깬 시진핑 1인 장기 집권 개헌은 '거대한 비극의 탄생'일 수 있다. 베이징 하늘의 암갈색 스모그만큼 중국의 미래 또한 불투명해졌다.

두 번째는 '중국 공산당 영도 원칙'을 명기한 헌법 제1조 2항이다. 이는 '말도 많고 탈도 많은' 국가 주석 연임 제한 폐지 개헌보다 '말은 적으나 탈은 더 많을' 독소 조항이다. 기존 헌법은 서문에 '중국 공산당 영도 원칙'을 암시했지만, 본문엔 '중국 공산당' 단어조차 없다.

한데 시진핑 치하의 전인대(전국인민대표회의)는 헌법 본문 그것도 제1조에 '중국 공산당 영도는 중국특색 사회주의의 최고 본질적 특징이다'란 문구를 추가해 세계 헌법사상 전대미문의 개헌을 감행했다. 중국 공산당을 헌법상 영구 집권당으로 등극시켰기 때문이다. '중국특색'이 아니라 '시진핑특색'의 개헌이다. 이 조항은 문화대혁명 당시인 1975년 헌법 제2조의 '중국 공산당은 중국 인민의 영도 핵심이다'보다 심한 악성 퇴행이다.

중국 역대 헌법은 물론 구(舊)소련과 동구권, 북한 등 사회주의 국가들의 헌법을 봐도 헌법 제1조에 노골적으로 특정 정당의 실명과 그것의 영구 집권, 그리고 영도 원칙을 규정한 예는 없다. 이런 기상천외한 헌법 제1조를 보유한 중국이 세계 각국이 본받을 지도국이 되기는 요원할 것이다.

세 번째는 '감찰위원회' 신설이다. 독립된 장절(章節)을 신설해 감찰위원회 설립을 규정한 것은 현행 헌법 5차례의 개헌을 통해서 이번이 처음이다. 당내 사정 기관인 중앙기율검사위는 사법권 대비 감찰권 우위 체제의 중국 권력구조 환경에서 막강한 감찰 권력을 휘둘러왔다.[9] 문제는 헌법과 법률에 전혀 근거가 없는 기구란 점이었다. 또 공산당원만 감찰한다는 한계가 있었다.

이번에 신설된 국가감찰위원회는 헌법적 근거를 갖고 또 비당원 공직자도 감찰할 수 있어 훨씬 강도 높게 반부패 개혁을 추진할 수 있을 것으로 예상한다. 중국의 질주 비결은 구호나 캠페인에 그치지 않고 정책을 구체적으로 법제화해 강력히 실행한 데 있었다. 감찰위원회 신설 개헌만큼은 양성 개헌에 해당한다. 우리도 개헌 시에 감사원의 실질적 권한 강화 또는 공수처 설치를 헌법 조문화해 국가 사정·감찰기관의 지위와 권능을 법률적 차원보다 한 단계 높은 헌법적 차원으로 보장할 것을 제안한다.[10]

시진핑 절대 권력은 어디서 나올까?

중국 지도자 마오쩌둥은 "권력은 총구에서 나온다(槍杆子裏面出政權)."는 유명한 말을 했다. 그렇다면 오늘날 중국 최고지도자 시진핑의 권력은 어디에서 비롯된 것일까?

중국 공산당 군대에는 특수한 직책이 하나 있다. 정치위원이 바로 그것이다. 군부대 내에서 사상·이념·정치노선 등을 교육하고, 공산주의 이념을 군대와 작전에 투영시키는 역할을 한다. 정치위원은 사령관 등 장교들을 감시·감독하고 당중앙의 지시를 전달하고 특이사항을 당중앙에 보고하는 임무를 맡는다. 따라서 정치위원은 소대부터 사단, 군단까지 모든 중국군 편성단위의 서열 1위이다. 이게 바로 '공산당이 공산군을 지휘하는 원칙'을 극명하게 보여주는 실제 사례 중 하나다.

마오쩌둥부터 시진핑까지 역대 중국 최고지도자는 정치장교(군 정치위원) 출신과 민간당원 출신으로 구분될 수 있다. 마오쩌둥과 덩샤오핑, 시진핑은 정치장교 출신이고, 화궈펑(華國鋒), 장쩌민, 후진타오는 민간당원 출신이다. 전자는 중국 공산당의 '성골'이라면 후자는 '진골'이라고 할 수 있다.

중화인민공화국 초대주석, 마오쩌둥의 청·장년기는 불우했다. 해외유학은커녕 대륙을 석권하기까지 단 한 번도 중국 땅을 벗어나 본 적이 없는 '중국판 신토불이', '토종혁명가' 마오는 소련유학파 공산주의자들에 의해 '수호전'의 양산박 흉내나 내는 '촌뜨기 공산주의자'라는 멸시를 받았다. 그런 마오가 승승장구, 출세가도로 들어선 계기는 1930년 8월, 후일 대장정의 주력부대가 된 홍군 제1방면군을 창설해 '정치위원'을 맡은 후부터였다. 정치위원 마오쩌둥은 군단장 주더(朱德)를 지휘·감독했다.

오늘날 'G2' 중국의 초석을 닦은 덩샤오핑의 스펙 역시 '정치위원에서 정치위원으로'였다. 1929년 덩샤오핑은 정치위원으로 중공군에 입문해 1949년 중화인민공화국 부총리로 전직할 때까지 무려 21년간 정치위원이었다. 특히 정치위원 덩샤오핑, 사단장 류보청(劉伯承)이 있던 팔로군 129사단은 항일전쟁과 국공내전을 통틀어 가장 유명한 백전백승 사단이었다.

시진핑의 부친이자 덩샤오핑의 측근인 시중쉰(習仲勳)도 약관 20세에 1933년 3월 섬감변구(陝甘邊區) 유격대 총지휘부 정치위원으로 임관해, 관중지구 사령부 정치위원, 섬감녕(陝甘寧)군구 정치위원, 서

중국 역대 당군사위 주석 : 초대 마오쩌둥 (1949-1976), 2대 화궈펑华国锋(1976-1981), 3대 덩샤오핑(1981-1989), 4대 장쩌민(1989-2004), 5대 후진타오(2004-2012), 6대 시진핑(2012-) 2대 화궈펑의 실권은 1978년부터 당시 군사위부주석이던 덩샤오핑에 장악되었음. 화궈펑시대는 중국현대사에서 과도기로서 평가절하 생략된 상태인 바 현 시진핑 군사위주석을 제5세대 핵심이라고 칭하고 있음.

북군구 정치위원 등 1950년 9월 중국 공산당 당선전부 부장으로 전직할 때까지 무려 18년 6개월간 정치위원을 겸했다.

1979년 덩샤오핑(당시 중앙군사위 제1부주석)은 당시 시중쉰 부총리의 아들 시진핑을 중국 최고 권력의 핵심 중의 핵심, 당 중앙군사위 판공청 비서(한국의 중령급에 해당)로 발탁, 국방부장 겸 중앙정치국 위원을 보좌하도록 함으로써 차세대 군부 및 당정 지도자 수업을 받게 했다.

이후 시진핑은 아래와 같은 호화찬란한 군 수뇌 경력을 쌓아왔다.

1. 중앙군사위 판공청 비서(현역 1979-1982)
2. 정딩(正定)현 무장부대 제1정치위원(1983-1985)
3. 닝더(宁德)군구 당위 제1서기(1988-1990)
4. 푸저우(福州)군구 당위 제1서기(1990-1996)
5. 푸젠(福建)성 미사일예비역사단(高炮预备役师) 제1정치위원 (1996-2002)
6. 난징군구(南京军区) 국방동원위원회 부주임 겸
   푸젠(福建)성 국방동원위원회 주임(2000-2002)
7. 저장성군구 당위 제1서기, 저장성 국방동원위원회 주임 (2002-2007)
8. 상하이시 경비구 당위(警备区党委) 제1서기(2007)
9. 중공중앙군사위원회 부주석 (2010-2012)
10. 중공중앙군사위원회 주석(2012-현재)[11]

시진핑은 현재 당위원회 총서기, 당 중앙군사위원회 주석, 중화인민공화국 주석이라는 세 가지 직위를 가지고 있다. 세 가지 직위 중 진정한 중국 1인자를 상징하는 건 무엇일까? 국가 주석은 흔히 영문으로 'President'로 표기되기 때문에 중국 1인자로 알고 있는데, 사실은 그게 아니다. 중국의 당·정 체제상 국가 주석은 내각책임제의 대통령보다 못한 존재이다. 중국 권력 1인자는 당 총서기이다. 당이 국가를 영도하기 때문에 그렇다. 하지만 진짜 진정한 중국최고권력자는 군 최고사령관 '중앙군사위 주석'을 맡고 있는 자이다.

중국 공산당 홈페이지에 있는 정치국 상무위원 7명의 약력 중 유독 눈에 띄는 부분은 시진핑의 휘황찬란한 군 경력이다.

서열 2위 리커창(李克强) 총리부터 서열 7위 한정(韓正) 상무부총리까지 정치국 상무위원(서열 5위 왕후닝 제외)들 모두 1~3개 지역의 성장이나 당서기를 역임했지만 시진핑처럼 군구 당위 제1서기,

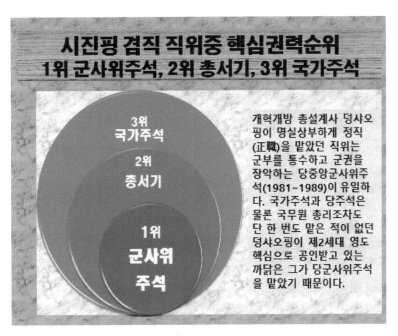

시진핑 절대 권력의 비밀: 軍직위 중심, 黨政직위 겸직

제1정치위원 등 해당 군구 통수권까지 장악했던 자는 하나도 없다.

덩샤오핑이 당 군사위 주석을 사임한 1989년 이후 재임했던 모든 정치국 상무위원 중에서도 군·당·정(軍·黨·政) 삼권 통수권자 경력을 보유해온 자는 시진핑이 유일무이하다.

여느 고위지도자의 출세가도와 달리, 시진핑의 그것에서는 군 직위를 중심으로 삼고, 좌우에 당직과 정부직을 겸직하여 온 듯한, 매우 특이한 궤적이 포착된다. 시진핑은 군부 내 핵심간부들을 측근 일색으로 임명함으로써 군맥 전반을 장악하였다. 즉, 시진핑 역대급 스펙의 특징은 군 직위를 중심으로 당·정 직위는 겸직하는 것이다. 이게 바로 시진핑 절대 권력의 비밀이다.

현재 시진핑 주석은 당 총서기·당 중앙군사위 주석·국가 주석·국가군사위 주석(중국 공산당 홈페이지 게재 순) 외에도 '중앙군사위 연합작전지휘센터 총지휘·국가안전위 주석·중앙군사위 국방군대개혁심화 영도소조장 등 모두 7개의 공식직함을 갖고 있다. 시진핑의 7개의 직함 중 군사안보와 관련된 건 5개나 된다. 따라서 시진핑 주석의 '주석'은 '국가 주석'이라는 의미보다 '군사위 주석'에 훨씬 가깝다. 즉 '시 주석'은 '시 국가 주석'의 약자가 아니라 '시 군사위 주석'의 약자라고 해도 과언이 아니다.

이러한 것들 때문에 시진핑이 덩샤오핑을 넘어 마오쩌둥에 비견되는 카리스마를 누리며 1인 통치 절대 권력자로 군림하고 있는 것이다.

절대 권력 중국 공산당이 망하지 않는 비결

· 중국 공산당의 암흑물질 기검위, 암흑에너지 기검위 권력

부패는 제어장치가 제대로 작동할 수 없는 절대적인 권력에 불가 피하게 따라다니는 하나의 악령이다. 권력은 부패하기 마련이며 절 대 권력은 절대 부패한다고 영국의 정치가이자 사상가였던 로드 액 턴은 갈파했다. 절대 부패하면 절대로 망하지 않을 수 없는 게 세상 이치이기도 하다. 한데 중국 공산당 일당이 절대적인 권력을 휘두르 는 중화인민공화국은 왜 무너지지 않고 오히려 그 세(勢)를 확장하 고 있는 것일까? 무슨 비결이 있나?

현대 우주이론에 따르면 우리가 인식하는 우주는 전체 우주의 4%(물질 0.4%, 에너지 3.6%)에 불과하다. 나머지는 신비한 암흑물 질(23%)과 암흑에너지(73%)가 차지하고 있다. 이 암흑에너지는 기 존 에너지 보존의 법칙을 따르지 않는다. 암흑에너지는 중력(重力)과 반대인 척력(斥力·두 물체가 서로 밀어내는 힘)으로 우주의 시공간 을 팽창시키고 있다. 이 우주이론에 빗대어 중국의 현실을 설명할 수 있을 것 같다.

중국은 '모든 권력이 중국 공산당으로부터 나오는', 즉 공산당이 주인인 '당주(黨主)' 국가다. 언제든지 야당으로 전락할 수 있는 여느 민주국가의 집권당과는 차원이 완전히 다르다. 중국 공산당은 헌법 상 영구 집권당이다. 헌법 위에 중국 공산당 당장(黨章)이 있고 법률 위에 당규(黨規)가 있다. 국민의 심판에 의한 정권 교체는 꿈에서도 불가능하다. 이처럼 막강한 권력을 보유한 중국 공산당은 누가 견제

하나? 자체 감독 시스템에 기댈 수밖에 없다. 그 존재가 바로 기율검사위원회(紀檢委)다.

한데 이 기검위와 관련해 중국 헌법과 법률에선 단 한 개의 조문도, 또 단 한 개의 글자로도 언급하고 있지 않다. 마치 우주의 암흑물질과도 같다. 이 기검위가 뿜어내는 암흑에너지가 바로 중국 공산당 일당제에 의한 절대 권력이 절대 부패로 흐르지 않게 막아 주는 비결이라면 비결이다.

· 2300년 역사의 총리급 감찰기관

'영웅은 천하를 제패하고 제도는 강산을 안정시킨다(英雄打天下 制度定江山).' 예나 지금이나 중국의 권력자들은 법제를 부국강병과 체

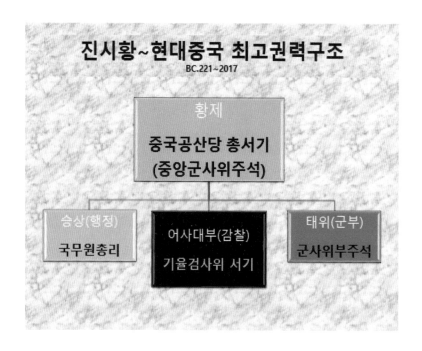

제 안정의 가장 유효한 도구로 간주했다. 그들은 이공계의 발명품이나 예술계의 창작품처럼 법제를 창조하길 즐겼다. 서양보다 1200년이나 앞선 공무원 시험인 과거제도나 역시 서구보다 400~500년은 이른 지폐와 어음 등이 그런 예다. 감찰기관의 수장이 정승급인 감찰제도 역시 세계 최초로 중국의 첫 황제가 창설했다. 진시황(秦始皇)은 기원전 221년 천하를 통일한 뒤 행정은 승상(丞相), 감찰은 어사대부(御使大夫), 군부는 태위(太衛, 비상설 기관)에 맡겨 분담 통치하는 3정승제를 고안해냈다.

이 같은 통치 방식은 조직의 명칭과 형식을 조금씩 달리했을 뿐 현대에까지 이어졌다. 인민복을 입은 공산왕조의 초대 황제 마오쩌둥 역시 자신의 역사적 멘토인 진시황을 벤치마킹했다. 마오는 진시황처럼 당권과 군권은 자신이 직접 장악한 채 자신의 양팔인 저우언라이(周恩來)와 주더는 각각 승상 격인 총리와 어사대부 격인 중앙기율검사위원회(中紀委) 서기로 임명했다. 이후 역대 중앙 기검위 서기는 모두 중국 최고 핵심 권력층인 정치국 상무위원회의 한 위원(총리급)이 맡았다.

지금 베이징 북역 인근 대로상에 위치한 백색 고층 대형 빌딩에 위치한 중앙 기검위는 중국의 탐관오리에게는 '이승의 염왕전'이나 다름없다.12)

중앙 기검위는 중앙과 지방의 모든 당·정·군 조직뿐만 아니라 언론기관, 대형 국유기업체에 심어놓은 수십만 명의 저승사자들이 종적·횡적·정시·수시 감독 감찰업무를 수행하고 있다. 여기에 더하여 2002년 중앙·성·시·현·향진 단위에 '반부패공작협조소조(反腐敗工作協調小組)'를 설치해 각급 기검위 서기의 영도하에 공안·법원·검찰·안보·회계감사·언론부문을 감독·감찰하고 있다.

·정보기관의 공직자 감찰 배제

중국의 정보기관인 국가안전부는 정말 '음지에서 일하며 양지를 지향하는 것'인지 그 지위와 권력이 의외로 낮다. 국가안전부는 중국의 오너 격인 공산당 소속이 아니라 청지기 격인 국무원 소속으로 되어 있다. 역대 국가안전부장의 당 직급이 25개 각 부·위원회 수장 중 제일 낮다. 소련의 KGB나 동독의 슈타지, 북한의 국가안전보위부 등 여타 공산주의 국가들의 그것들에 비해 존재감이 크게 떨어진다.

실제로 중국 국가안전부는 대만 관련 업무와 반체제 인사, 분리주의자 등과 연관된 정보 수집과 단속에만 집중하고 있는 것으로 파악된다. 정보기관에 고위 공직자의 사찰을 맡기면 부패가 근절되기는 커녕 오히려 부패를 조장하는 등 국기(國紀) 문란의 엄청난 폐단만 초래한다는 사실을 일찌감치 깨달은 탓으로 보인다. 이는 동창(東廠)과 서창(西廠) 등 특무기관이 횡행하며 명(明)나라의 멸망을 재촉했던 역사에서 배운 교훈 덕분으로 추론된다.[13]

·중국의 투 트랙 반부패 시스템

고속철은 고속 철로에서, 일반 기차는 일반 철로에서 달리듯 중국은 부패혐의 피의자의 신분에 따라 각기 다른 기관에서 처리하는 투 트랙 시스템을 운용한다. 부패 사건에 연루된 자가 공산당 당원이면 기율검사위원회가, 일반인일 경우엔 공안과 검찰에서 맡는다. 기검위는 출발역인 사건 접수에서 시작해 초동 조사→입건→사건 조사→검찰 송치→검찰의 공소를 거쳐 종착역인 법원의 판결에 이르는 죽음의 전 여정을 진두지휘한다.

중국 탐관오리들이 가장 두려워하는 지옥 구간은 세 번째 역인 '입건'과 다섯 번째 역인 '검찰 송치' 사이에 자리한 '쌍규(雙規)' 처분이다. 쌍규란 말은 기검위가 피의자에 대해 '규정한 시간에 규정한 장소에서' 조사를 진행하는 데서 유래했다. 쌍규 처분이 내려지는 순간부터 피의자의 모든 직무가 정지되고 인신 자유가 박탈된다. 압수·압류·계좌추적과 동시에 피의자의 모든 재산이 동결된다. 쌍규 기간엔 일반인은 물론 가족과 변호사의 접견조차 제한된다. 쌍규 기간은 3~4개월에서 2년까지도 연장이 가능하다. 쌍규를 견뎌내는 혐의자는 거의 없다. 평생의 모든 죄를 털어놓게 된다. 사형당하기 전 스스로 생을 마감하거나 미쳐버리는 이 또한 부지기수라 한다.

·기검위의 약점 세 가지

중국이 자동차라면 기검위는 브레이크다. 국가가 전복되는 사고를 사전에 차단하는 고성능 잠김 방지 브레이크 시스템(ABS)이긴 하지만 완전무결하다고 볼 수는 없다. 나름대로 취약점이 있다. 크게 세 가지다.

첫 번째는 시진핑 정권이 유독 강조하는 '의법치국(依法治國)'의 '법'에 공산당 당장이나 당규도 포함되는가의 문제다. 아마 중국 내에선 그런 논리가 위대한 학설로 치켜세워질 수 있을지 몰라도 보편적인 문명국가에선 궤변일 뿐이다. 헌법과 법률에 전혀 근거가 없는 기검위는 엄밀히 말해 법외단체 또는 비선조직체에 불과하다. 이는 미국과 함께 주요 2개국(G2) 시대를 열려는 중국의 위상에는 전혀 어울리지 않는다.

두 번째는 당장과 당규가 국법을 대체하기엔 법으로서의 자격이나 안정성, 투명성, 공개성 등 모든 면에서 취약하다는 점이다. 당장과 당규는 최고 권력자가 언제든지 바꿀 수 있는 것이다. 14)

세 번째는 권력은 견제 받아야 하고 경쟁은 엄격한 룰에 따라야하는데 기검위엔 권력이 과도하게 집중되어 있다는 문제다. 기검위가 부패하면 속수무책이다. 한 방에 훅 간다. 거인 중국을 돌연사 시키는 원흉이 될 수 있다.

· 감사원 살려 부패 잡아야

현재 중국의 급속한 부상 배경엔 정책을 구체적으로 법제화하고이를 강력히 실천하는 지도부의 의지가 자리하고 있다. 3대 권력기관인 감찰기관과 사법기관, 정보기관에 각각 공직자 부패, 민·형사업무, 정보 업무를 맡겨 전담케 하는 통치 시스템은 우리도 참조할점이 있다.15)

중국의 기검위는 무명유실(無名有實)한데 우리 감사원은 유명무실(有名無實)하다. 기검위가 정체불명의 흑기사라면 감사원은 잠자는숲속의 공주다. 헌법에도 없는 기검위가 막강 권력을 휘두르는 데 반해 헌법에 엄청난 권한이 부여된 우리 감사원은 존재감이 거의 없다.

이제는 감사원을 활성화할 때다. 헌법정신에 걸맞게 감사원에 권력형 부패를 척결할 수 있는 준사법권을 부여하고 감사원장은 국무총리에 준하는 지위와 권한을 갖추도록 하는 등 국가의 감찰기관인감사원을 적극 활용할 필요가 있다고 하겠다.16)

시(習) 황제에 대한 외신평가 '시삼비칠(是三非七)'

시진핑의 역사적 멘토는 진시황인가? 기원전 221년, 진왕 잉정이 7국을 통일하여 진시황으로 등극했다. 2018년, 시진핑이 정치국 상무위원 7인 권력을 자신 1인에 집중, 시황제로 등극했다.

고스톱도 인생도 '운칠기삼(運七技三, 운 7할, 재능 3할)'. 시진핑의 시황제 등극은 '평칠난삼(平七亂三, 평화 7할, 혼란 3할)'이던 중국의 미래를 '평삼난칠(平三亂七, 평화 3할, 혼란 7할)'로 만들 수 있을 것이다.

시진핑 중국 국가 주석에 대한 외부의 평가를 긍정 3선, 비판 7선, 이른바 '시삼비칠(是三非七)'로 요약해봤다.

· 긍정 3선(選)

1. 시진핑은 덩샤오핑 이후 최고의 전환기 개혁형 영도자로서 중국을 진정한 글로벌 지도국으로 만들었다. - 전 주중 미 대사 존 헌츠먼(Jon Huntsman), 타임(TIME) 2014년 4월 23일.

2. 시진핑은 더 실용적이고 더 개명된 위인이다. 시진핑은 후진타오보다 더 강력한 부정부패 척결로 더 조화로운 사회, 더 새로운 중국을 만들고 있다. - 달라이 라마 14세, 홍콩 빈과일보(蘋果日報) 2014년 9월 18일.

3. 시진핑은 도널드 트럼프보다 더 큰 영향력이 있다. 세계는 주목해야 한다. - 영국 이코노미스트(Economist) 2018년 3월 14일.

·비판 7선(選)

1. 시진핑은 부패 척결이라는 미명하에 정적을 제거하고, 서민 코스프레와 친민 쇼, 중국몽을 선전하는 수법으로 모든 언로를 전천후 전방위로 통제하고, '영도자의 매력'을 조작 유포함으로써 중국을 개인숭배의 광풍이 부는 문화대혁명 시대로 퇴행하게끔 하고 있다. - 미국 뉴욕타임스 2015년 3월 8일.

2. 중국의 모든 매체는 '시진핑 찬송' 초과근무를 하고 있다. - 영국 가디언(Guardian)지 2017년 8월 28일.

3. 중국 관영매체의 시진핑 개인숭배는 마오쩌둥 문화대혁명 시대와 갈수록 닮아간다. - 미국 미국의 소리(VOA) 2017년 9월 4일.

4. 시진핑은 중국을 40년 이래 최악의 독재로 퇴보하게 했다. - 영국 파이낸셜타임스(FT) 2017년 10월 26일.

5. 권위주의 통치자들은 부하들이 정치적 이익을 위해 배신할 수 있다는 것을 늘 걱정해야 한다. 시 황제도 예외가 아니다. - 토머스 켈로그, CNN 2018년 2월 25일.

6. 마오쩌둥의 종신 집권은 개인 독재로 이어졌고, 중국을 암흑시대로 몰아넣었다. 장쩌민, 후진타오도 이를 알기에 헌법 임기 규정을 철저히 지켰다. 이를 어기는 것은 역사의 퇴보다. - 유명작가 라오구이(老鬼), 홍콩 빈과일보 2018년 3월 11일.

7. 시진핑 1인 권력 집중의 폐해인 '키맨 리스크'가 급격히 확대될 것이다. 개헌과 같은 정치적 도구를 통해 사회정치 이슈를 정당화시키려는 시 주석의 방식은 결국 비싼 정치적 대가를 치르게 될 것이다. - 타이스 장 미국 예일대 법대교수, 미국 워싱턴포스트(Washingtonpost) 2018년 3월 12일.

'학벌보다는 학위' 석·박사들이 통치하는 중국

"지도층이 공부를 계속하지 않으면 지식은 노화되고 사상은 경화되고 능력은 퇴화된다." - 시진핑 중국 국가 주석

· 학벌은 없다

1402년 명 태종 영락제는 자신의 쿠데타에 반대하는 학자 방효유(方孝孺)를 그의 9족에다가 동문수학하던 친구와 선후배, 1족을 더한 10족 도합 873명을 능지처참했다. 이름하여 '혈연9족 + 학연1족'의 '십족주멸(十族誅滅)'. 이처럼 광범위하고 잔혹한 연좌제 형벌을 세계사에 그 유례를 찾을 수 있을까?

그로부터 600여년 세월이 탄환처럼 흘렀다. 21세기 시진핑(習近平) 시대 중국에서 학연은 얼마만큼의 비중을 차지할까? 우리나라 이명박 시대의 '고소영(고려대·소망교회·영남)'이나 박근혜 시대의 '성시경(성균관대·고시·경기고)'처럼 주로 학벌을 중시하는 코드 인사, 편중인사가 횡행할까?

예로부터 '관시(關係, 인맥)'를 중시하는 중국인지라, 사회각계 일반에서는 학교 동문 하나 잘 만나 흥하거나, 못 만나 망한 사람이 부지기수일 것이다.

하지만 시진핑 집권 2기 정치국 상무위원 7명을 포함한 정치국 위원 25명의 출신대학을 살펴보면 중국 정치핵심에서의 학벌은 그다지 중요한 비중을 차지하지 않는 것으로 파악된다.

실제로 칭화대 4인, 베이징대 2인 외에 나머지 19인 모두 각기 다

른 대학 출신이다. 한국의 서울대나 일본의 도쿄대처럼 중국의 베이징대나 칭화대는 전 분야에서 압도적 지위를 차지하지 못하고 있다. 칭화대와 베이징대를 포함해 중국 각지에 산재하는 10여개 명문대학이 저마다의 분야에서 우위를 주장하고 있다. 이는 마치 중국 정치경제 사회문화계 전반의 보편적 지도체제인 집단지도체제와 흡사하다.

· 학벌보다는 학위

도널드 트럼프 미국 대통령은 2017년 11월 초 중국 방문에서 '동방박사 세 사람' 양제츠(楊潔篪), 시진핑, 리커창을 차례로 만났다. 트럼프 대통령이 최고의 국빈대우를 받으며 베이징 공항에 내렸을 때 그를 반겨준 사람은 양제츠 외교담당 국무위원(역사학 박사)이었다. 트럼프는 연이어 시진핑 국가 주석(법학 박사)과 정상회담을 가진 후 리커창 총리(경제학 박사)를 만나 경제 분야를 논의했다.

중국 최고 지도층은 석·박사가 흔하다. 정치국 상무위원 7인 전원이 석·박사이며 정치국 위원 25인(상무위원 7인 포함) 박사 7인, 석사 14인, 대졸 2인, 대졸 미만 2인이다. 중국 최고 지도층에서 대학졸업 학력은 고학력자는커녕 과거 '중졸' 정도의 저학력자로 분류된다. 최소한 석사학위 이상은 되어야 명함을 내밀 수 있다하겠다.

중국 공산당 집권과 통치과정에서 지난 90년 동안 중국 공산당은 늘 학습을 강조해왔고, 학습을 통해서 당의 생명력을 지속적으로 확보해왔다. 특히 개혁개방 이후 중국 공산당은 정치국 집체학습과 석·박사 학위 소지자 우대 등 지도층의 평생학습을 장려하기 위한 제도

＜정치국상무위원 7인 인적상황 일람표＞
- 정치국위원 25인 학력&출신지역

서열	성명	출생 년월	출생지역	출신대학 학과 학위	전직	현직 (내정)
1위	시진핑 習近平	1953.6	산시 푸핑 陝西 富平	청화대 화학과 청화대 법학박사	푸젠,저장,상하 당서기, 난징 군구제1정치위원, 국가부주석, 군사위부주석	총서기,국가주석, 군사위주석
2위	리커창 李克强	1955.7	안후이 딩위안 安徽 定遠	베이징대 법학사 베이징대 경제학박사	허난, 랴오닝성장 상무(경제)부총리	국무원총리
3위	리잔수 栗戰書	1950.8	허베이 핑산 河北 平山	허베이사범대 랴오닝대 정치학석사	시안시 당서기, 헤이룽 장 궤이저우 당서기	전인대 상무위원장
4위	왕양 汪洋	1955.3	안후이 푸저우 安徽 宿州	중앙당교(학부) 공학 중앙당교 공학석사	충칭, 광둥 당서기, 부총리	정치협상위원회 주석
5위	왕후닝 王滬寧	1955.10	산둥 라이저우 山東萊州	푸단대 국제정치학 푸단대 법학석사	푸단대교수 법학원장, 중앙당 정책연구실장	중앙당서기처 서기
6위	자오러지 趙樂際	1957.3	산시 시안 陝西 西安	베이징대 철학과 중앙당교 정치학석사	칭하이 산시 당서기	중앙기율검사위 서기
7위	한정 韓正	1954.3	저장 츠시 浙江 慈谿	화둥사범대 국제관계학 화둥사범대 경제학석사	상하이 당서기	상무부총리

정치국위원(정치국상무위원 7인 포함) 25인 학력&출신지역

학력	괄호안은 정치국 상무위원 1.출신대학(학부 기준) 청화대: 4인(시진핑) / 베이징대: 2인(리커창, 자오르지), /허베이사범대(리잔수) 화둥사범대(한정) 등 각지 사범대: 5인/ 군사학교: 2인/ 중앙당교 학부(왕양), 중국인민, 난징, 사회과학원, 지린, 상하 이중의학, 우한과기대, 베이징과기대, 저장농업대: 각1인 /사오싱 전문대 :1인/ 랴오닝안산공고:1인 2. 학위 박사: 7인(시진핑, 리커창), 석사: 14인(리잔수, 왕후닝, 왕양, 한정, 자오러지) 대졸: 2인, 전문대1 인, 고졸1인
출신 지역	싼시(陝西):3인(시진핑, 자오러지), 저장:3인(한정), 푸젠:3인, 허베이:3인(리잔수) 안후이:2인(리 커창, 왕양), 산둥:2인(왕후닝), 후베이:2인, 상하이 :2인, 장쑤:1인, 장시:1인, 허난:1인, 간쑤:1인, 베이징:1인

적 장치 구축에 주력했다.

정치국 집체학습은 후진타오 집권 때부터 평균 40일에 1회씩 중앙당교나 사회과학원, 중국인민대 등 전문학자 2명을 초빙해 강의를 들은 후 정치국 위원과의 집단 토론 방식으로 정례화됐다. 2017년 10월 27일 통산 제125회이자 시진핑 집권 2기 제1회 정치국 집체학습회의가 시진핑 주석의 주도하에 개최된 바 있다. 또한 석·박사

학위 소지자에게 임용·승진 각종 인사고과 평정상 우대를 제도화했다. 일례로 각급 법원의 간부법관(부장판사 이상)과 최고법원의 법관(대법원의 대법관)은 반드시 석·박사 학위 소지자여야 함을 『법관법』 제9조 6항에서 규정하고 있다.

지난 이명박·박근혜 시대 한국의 고위 정관계 인사가 '고소영', '성시경' 전성시대였다면 현재 중국의 그것은 '석박-반일' 전성시대라고 할 수 있다. 시진핑 2기 정치국 상무위원 7인 전원을 포함한 정치국 위원 25인 중 21인이 석·박사 학위소지자(84%), 24인이 반일정서 극강지역 출신(96%)이기 때문이다. (표 참조)

특히 간쑤성 출신인 현 광둥성 당서기 리시(李希, 1956년생) 한 사람만 빼놓고 정치국 상무위원 7인 전원을 포함한 정치국 위원 24인의 고향이 800년간 계속된 왜구침략 최대 피해지이자 2000만 명의 중국인이 희생된 8년간 중·일전쟁의 최대 피해지로서 중국에서도 반일정서가 극심한 지역으로 손꼽히는 곳이다. 시진핑 2기의 중국의 반일정책 심화가 예상되는 대목이다.

여기에서 한 가지 그냥 지나칠 수 없는 대목은 시진핑 집권 2기에도 1기와 마찬가지로 정치국 상무위원을 포함해 정치국 위원 25명 중 광둥성 출신은 단 1명도 없는 부분이다. 지난 수십 년간 광둥성 출신 정치국 상무위원 역시 '제로'다.

이는 광둥성이 중국인 글로벌 슈퍼리치 톱100 15명 중 10명을 배출하고, 200억 원 이상의 자산을 보유한 억만장자가 많이 거주하고, 전국 31개 성급 지방정부 순위 가운데 압도적 1위를 차지하고 있는 것과 극명한 대조를 이룬다.[17]

태자당, 상하이방, 공청단은 없다

한국 기상청의 일기예보, 국내 외신의 중국정세 예측, 둘 중 어느 편이 정확할까? 필자는 전자가 훨씬 더 정확하다고 생각한다. 모두 한통속인 중국 공산당을 태자당·상하이방·공청단 등 파벌 간 권력투쟁으로 분석하는 건 '왼쪽다리가 저리니 내일 비가 오겠네, 오른팔이 결리니 모레는 흐리겠네.' 하는 거나 매 한가지기 때문이다.

파벌 간 권력투쟁 분석법은 마오쩌둥 시대에는 '사실7 허구3'의 '삼국지연의'만큼, 마오 사후 1989년 톈안먼 사건 이전까지는 '사실 3 허구7'의 '수호지'만큼 상당히 유효하고 적중했다. 그러나 1990년 대 개혁개방 제도화 이후부터 이러한 분석법은 흥미진진할지는 몰라도 팩트는커녕 팩션도 아닌 거의 '서유기' 수준의 SF다.

시진핑은 태자당, 후진타오는 공청단, 장쩌민은 상하이방 식의 분류는 중국 정치권력의 역학 관계를 일본 자민당 내 계파 간 권력투쟁과 흡사한 것으로 설정해 흥미위주로 보도하는 일본과 홍콩 일부 언론매체의 영향을 받은 것으로 분석된다.

실제로 이러한 일본식 당파 구분 용어는 1993년 일본의 잡지에서 최초로 사용됐고, 1998년부터 널리 유포됐다. 개혁개방 이후 중국 최고 권력층 인사 대다수는 공산당간부집안출신(태자당)으로, 청년 시절에는 당연히 공산주의청년단(공청단)에 가입했고, 중국 최대도시 상하이와 직·간접적으로 연관된 공직 경력을 쌓으며(상하이방) 성장했다. 즉, 중국 최고권력 지도층 대다수는 태자당 겸 공청단 겸 상하이방으로 모두 '한통속'인 셈이다.

따라서 필자는 이러한 비제도적 분석방법을 가급적 지양하고 일정한 룰과 시스템, 패턴을 탐색하는 제도적 연구방법을 채택하고자 한다. 단편적·피상적·일시적·정태적 분석 대신 전반적·본질적· 추세적·종합적·동태적(dynamic) 분석방법을 통하여 중국정치체계 의 핵심 엘리트그룹 정치국 상무위원을 이야기 하고자 한다.

• "영웅은 천하를 제패하고 제도는 강산을 안정시킨다(英雄打天下, 制 度定江山)"

마오쩌둥은 무력으로 대륙을 석권했고 덩샤오핑은 제도화로 중국 을 안정시켰다. 진(秦)·전한(前漢)·신(新)·후한(後漢)·수(隋)·당(唐)· 송(宋)·원(元)·명(明)·청(淸) 등 중국의 10개 통일제국의 평균수명 은 153년이다. 각 제국의 수명의 장단은 제2세대 황제가 어떤 정책 을 펼쳤느냐에 따라 달려 있다.

즉, 혁명과 권력투쟁에 몰두한 개국황제를 뒤이은 제2세대가 민생 안정과 제도화에 힘을 기울이면 당나라처럼 장수했으나 제2세대가 계속 혁명과 정치에만 몰입하면 수나라처럼 단명했다.

단 제국시대 뿐만이 아니다. 20세기 초 이후 공화국 시대도 마찬 가지다. 중화민국에 이어 두 번째 공화국인 중화인민공화국 초대 주 석 마오쩌둥은 대륙 석권 후에도 1인 지배체제 우상화를 위한 권력 강화와 권력 투쟁에 몰입했다. 마오쩌둥 사후 만약 4인방이나 마오 의 추종세력인 화궈펑이 권력을 잡아 권력투쟁의 삼매경에 몰입했 더라면 중국은 서방의 기대 섞인 저주대로 천하대란이 일어나 쪼개 졌을 수도 있었다. 그러나 중국으로서는 다행스럽게 덩샤오핑이 제2 세대 최고지도자로 등극하면서 개혁개방의 제도화에 주력했다.

흔히들 마오쩌둥은 진시황으로 덩샤오핑은 당 태종으로 비유된다. 당 태종은 중국 역사상 245명의 황제 중 최고 명군으로 꼽힌다. 베스트 황제로 숭앙받는 진짜 이유는 '배는 물이고 군주는 배이니 군주는 민심을 항상 잘 살펴야 한다.'는 민본주의 치국이상을 현란한 언사로만 표현한데 그친 것이 아니라 그것을 제도화해 실천한 데 있다. 당 태종은 갖은 악법을 폐지하고 3성6부제, 주현제, 과거제 정비와 함께 조세·군역의 감면 등 민생을 위한 좋은 법제를 많이 창제했다.

오늘날 덩샤오핑이 '개혁개방의 총설계사'로 숭앙받는 이유 중의 가장 중요한 부문은 그의 '신의 한 수', '먼저 부자가 되어라'의 '선부론(先富論)', '가난한 사회주의는 사회주의가 아니다'라면서 노대국의 방향을 '우향우'로 확 돌린 개혁개방 정책노선 등이 그저 슬로건이나 구호로만 그치지 않았다는데 있다. 덩샤오핑 자신의 개혁개방 이론과 정책을 구체적으로 실천하게끔 하는 획기적인 제도적 장치를 창조해 강력히 집행한 데 있다.

특히 덩샤오핑은 진시황을 비롯한 제국시대의 황제들은 물론 쑨원이나 마오쩌둥 등 공화국 시절의 역대 통치자들은 생각조차 할 수 없었던 일을 해냈다. 그는 대권을 스스로 후계자에게 물려주고 무대 뒤로 사라져버렸다. 그는 전임자가 죽어야만 후임자가 자리를 차지할 수 있었던 종신제를 버리고 전임자가 죽지 않아도 일정 기간 착실하게만 준비하면 자리를 이어받을 꿈을 품을 수 있는 임기제를 제도화해 정착시켰다.

· 덩샤오핑이 없으면 오늘의 중국도 없다(沒有鄧小平, 就沒有今天的
中國)

1982년 9월 제12차 공산당 전당대회에서 덩샤오핑은 공산당 당
장(黨章 당헌, 헌법보다 상위규범)을 전편 개편한데 이어 그해 12월
헌법을 제정 수준으로 전면 개헌했다. 1982년 헌정 체제 이후부터
중국은 '2'와 '7'로 끝나는 해의 가을에는 정치국 상무위원을 비롯
한 중국 공산당 지도부가 교체되고, 이듬해 '3'과 '8'로 끝나는 해의
3월에 그들은 5년 임기의 국가 주석, 국가 부주석, 국무원총리, 상무
부총리 등을 비롯한 정부요직을 하나씩 꿰차는, 예측 가능한 패턴이
유지되어 왔다.

국무위원(부부총리)에서 부총리, 총리, 국가 부주석, 국가 주석의
최장 임기는 10년(1회 한 연임)이며 각부 부장(장관)임기는 5년이나
연임제한이 없다(중국헌법 제87조 참조). 국가원수, 총리뿐만 아니
라 부총리, 내각의 각료들의 임기(5년)를 헌법으로 규정한 세계 각
국의 헌법례를 찾지 못했다. "(그러나 2018년 3월 시진핑은 헌법을
개정하여 국가 주석, 국가부주석에 한하여 2연임한 규정을 철폐했
다.)" 각료들의 임기를 헌법으로 보장한 국가는 중국이 유일무이한
국가로 추정된다. 그만큼 중국의 총리 이하 각부 장관들은 최고 권
력자의 심기와 눈치를 살필 필요 없이 국법이 허용하는 범위 내에서
소신껏 자신의 정책을 제도화하며 펼칠 수 있는 장점이 있다.

실제로 국무원총리 이하 각부 부장(장관)들은 뇌물수수 등 중대한
범죄를 저질렀거나 큰 실책을 범하지 않는 한 짧게는 5년간 길게는
10년간 재임한다. 덩샤오핑은 이처럼 좋은 제도를 '도입'한 것이 아

니라 '창조'했다. 이런 게 바로 'G2(주요 2개국)' 중국의 힘의 원천이 아닐까?

중국 질주의 원동력은 구호나 캠페인에 그치지 않고 정책을 구체적으로 법제화해 강력히 실행한 데 있다. 마오쩌둥 이전 중국에서는 공산당 이념에 얼마나 충실한가의 당성과 출신성분이 공직자 인사고과에 중요한 요소였다. 하지만 덩샤오핑 개혁개방 이후 맡은 일에 얼마나 성과를 내었는가의 실적이 절대적 비중을 차지하고 있다.

현재 중국의 공직자 인사행정 행태는 실적제에 해당한다. 중국의 인사행정은 미국식 민주선거에서 인사행정에 관직을 사냥하는 듯, 선거에 승리한 정당이 모든 관직을 전리품처럼 처분할 수 있는 엽관제가 아니다. 또 인사권자의 개인적인 신임이나 인사권자와의 혈연, 지연, 학연 등 연고중심으로 임용하던 영국식 정실제도 아니다. 덩샤오핑 이후 중국의 공직 임용과 충원은 능력, 자격, 성적을 기준으로 행하는 철저한 실적제를 지향하고 있다. 덩샤오핑 이후 정치국 상무위원들은 대다수 성(省)급 이상의 지방수장을 20년 이상 맡게 한 후 그중 실적이 탁월한 자로 충원되어 왔다.

2017년 10월 26일 제19대 1차 중앙위원회 전체회의(19기 1중전회)에서 출범한 시진핑 집권 2기 정치국 상무위원 7인 중 권력서열 1위 시진핑은 푸젠성·저장성 성장과 당서기, 상하이시 당서기를, 2위 리커창은 허난성·랴오닝성 당서기를, 3위 리잔수는 시안시 당서기, 헤이룽장 성장, 구이저우 당서기를, 4위 왕양은 충칭시·광둥성 당서기를, 6위 자오러지는 칭하이성·산시성 당서기를, 7위 한정은 상하이시 당서기를 역임하였다. 이렇다 할 정부직을 맡은 바 없는 대학교수 출신 서열 5위 왕후닝만 빼놓고 정치국 상무위원 6명 전원은 지방정부 수장을 수년간 역임한 바 있다.

요컨대 이들이 중국정치 7룡이 된 최고 비결은 무엇보다 실적이 탁월했기 때문이다. 고관대작인 부모를 잘 만나서라기보다는(태자당), 좋은데서 태어나고 자라나 끈을 잘 잡고 줄을 잘 타서라기보다는(상하이방, 공청단) 말이다.[18]

중국 공산당 통치체계 ≒ 회사지배구조

중화인민공화국은 중국 공산당이 영도한다. 중국 공산당의 권력구조는 정치국 상무위원회를 핵심으로 하는 6중 동심원 구조다. 2017년 말 기준으로 13억 8271만 명 중국인의 중심(엘리트)은 약 8860만 중국 공산당원이다. 중국 공산당원의 중심은 2280명의 중국 공산당 전국대표(당대표, 제19대 기준)다. 중국 공산당 당대표의 중심은 204명의 중앙위원과 172명의 중앙위 후보위원으로 구성된 중앙위원회다. 다시 중앙위원회의 중심은 25명의 정치국원이고, 정치국원의 핵심은 7명의 정치국 상무위원회다. 즉 정치국 상무위원회는 6개 중심이 반복된 6중 동심원 구조의 핵심에 위치한다.

이들 2200여 명의 명목상 당대표들은 실질적 통치기관인 공산당 중앙위원(장관급 이상)과 중앙위원회 후보위원(차관급 이상), 당내 감찰기관인 기율검사위원(133인, 한국 감사원의 감사위원격)을 선출한다. 중앙위원회는 당대회 폐회기간 중에 당대회의 결의를 집행하고, 당의 전체적인 업무를 지도하며 대외적으로 중국 공산당을 대표한다.

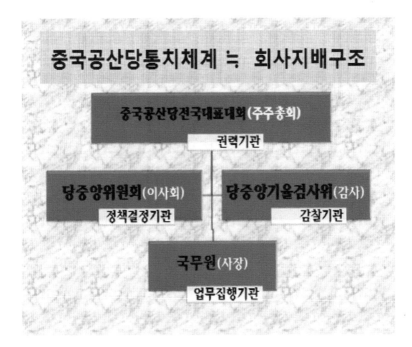

중국공산당통치체계 ≒ 회사지배구조

중국공산당전국대표대회(주주총회)

권력기관

당중앙위원회(이사회)

정책결정기관

당중앙기율검사위(감사)

감찰기관

국무원(사장)

업무집행기관

중앙위원회는 당대회 폐회 다음날 제1회 중앙위원회를 개최해 정
치국원(부총리급 이상)과 정치국 상무위원(총리급 이상)을 선출해
왔다. 이들 정치국 상무위원이 바로 현재 중국 공산당과 중국 정치를
움직이는 권력의 핵심 멤버다.

정치국과 정치국 상무위원회의 사무를 담당하는 곳을 중앙서기처
라 하며 그 장을 총서기라 하는데, 우리가 일반적으로 말하는 중국
공산당 총서기는 바로 중국 공산당 중앙위원회 중앙서기처 총서기
를 말하는 것이다.

중국 공산당이 국가의 오너인 중국의 통치권력조직체계는 '기획-집
행-감사'의 회사지배구조와 흡사하다. 이는 한 개인이 '계획(Planning) -
실천(Doing) - 점검(Checking)'의 피드백을 통해 일을 성취하는 행

태와도 합치된다.

회사의 주주총회가 이사회와 감사를 선출하듯 중국 공산당 대표대회에서 5년 임기의 당 중앙위원회(이사회)와 당 중앙 기검위(감사)를 선출한다. 이사장이 이사회의 총수로 직권을 행사하듯 당 총서기가 중국 공산당의 최고권력을 행사한다. 회사의 감사가 이사와 사장 등 고급관리자에 대해 직무감찰과 재무감사를 하듯 중앙 기율위가 당과 정부의 고위인사에 대한 당 기율 위반행위와 부패행위를 감찰한다.

중화인민공화국 주식회사의 감사 격인 중앙 기검위가 공안부(경찰청), 최고인민법원, 최고인민검찰원, 사법부(법무부), 국가안전부(이상 당 서열순), 이들 5대 국가사법기관을 영도하는 당중앙 정법위원회를 지휘 감독하고 있다.

당정관료와 기업인의 나라, 중국

지난 30여 년간 중국에서 개혁은 일종의 신화였다. 중국인이라면 누구나 개혁을 말했고 개혁에 취해 살아 왔다. 그러나 근래 들어 개혁 피로감이나 개혁 환멸 증세를 호소하는 중국인이 부쩍 늘고 있다. 1970년대 말 동남연해지역을 우선 발전시키자는 선부론(先富論)을 시작으로 1980년대의 경제건설 중심론, 1990년대의 사회주의 시장경제, 2000년대의 '시장경제는 중국의 기본 경제제도'까지 단계를 높여 온 경제개혁 일변도의 목표는 다름 아닌 '부자 되기'였다. 그 덕분에 중국은 매년 평균 9.8%라는 경이적인 경제성장률을 기록했고 세계 외환보유액의 절반이 넘는 달러를 쌓아두게 되었다.

·빈부격차 심화 등 후유증 커

하지만 휘황찬란한 개혁의 성과 이면에는 빈부격차 심화, 배금주의와 족벌자본주의 만연, 부정부패 창궐, 가치체계의 총체적 붕괴라는 혹독한 대가를 치르고 있다. 노동자와 농민, 실업자와 유랑민 등 소외계층의 불만 폭발 가능성에 마주하고 있는 지배층은 더 이상 정치개혁을 지체해서는 안 될 한계 상황에 직면한 현실에 눈 뜨게 되었다.

그래서였을까? 제11기 전인대의 최대 성과는 의외로 '선거법 개정'이었다. 당초 관심의 초점이 되었던 경제발전 모델 전환, 급등한 주택 가격과 소득격차 등 민생 문제에 대한 정책 변화는 뒷전으로 밀려났다. 개정된 선거법의 핵심 조항은 둘. 농촌과 도시의 전인대 대표 선출권 비율을 과거 4대 1에서 1대 1로 일치시킨 것과 전인대 대표의 일정 수 이상을 농민과 노동자에 할당해 선출토록 한 것이다. 도농 간 차별을 철폐하고 농민과 노동자에게 선거권과 피선거권을 확대 부여함으로써 소외계층의 정치참여 욕구를 해소하며 도시화에 따른 달라진 현실을 제도적으로 뒷받침하려는 정치개혁의 일환이라고 분석된다.

"그 많던 노동자와 농민은 어디로 갔을까?" 필자가 선거법과 관련한 중국 정치 제도와 동향을 탐구하는 과정에서 생긴 의문이다. 1954년 제1기 전인대 대표의 대부분은 노동자와 농민들이었다. 개혁·개방 이후 역대 전인대 대표를 맡는 노동자와 농민의 수는 급격히 줄어들어갔다. 그들이 떠난 빈자리에는 엘리트 관료와 기업가들이 앉았다. 현재 제13기 전인대 대표 재적인원 2964명의 직업별 구성비를 살펴보면 당정관료 52%, 기업인 28%, 군인 9%, 교육·과학기술·예체능계 및 기타 전문가 집단 8%인 데 비해 노동자 농민은 3%에도 미치지 못하고 있다. 전인대와 함께 양회(兩會)라고 일컫는 국정 최고 자문기관인 중국인민정치협상회의[19] 전국위원회 위원 재적인원 2237명의 직업별 구성비도 전인대의 그것과 별반 차이가 없다(전현직 관료 48%, 기업인 26%, 노동자 농민 4%).

·정치개혁이 최우선 과제

중국을 견인하는 두 주역이 노동자와 농민에서 관료와 기업인으로 바뀐 것이다. 이러한 현상은 중국의 국체를 명기한 헌법 제1조 "중화인민공화국은 노동자 계급이 영도하고 노동자·농민 연맹을 기초로 하는 인민민주독재의 사회주의 국가다"라는 규정에 정면으로 배치된다. 단순히 헌법학적 견지에서 해석할 경우 중국의 통치권력 주체가 노동자와 농민 연맹에서 관료와 기업인 연맹으로 대체된 실정은 영락없는 위헌적 상황이다.

그러나 이를 다른 각도로 뒤집어 보면 중국이 관료와 기업인이 주도하는 국가가 되었기에 망정이지 헌법을 곧이곧대로 준수해 노동자 농민 연맹의 프롤레타리아 독재국가 실현을 실제로 추구했더라면 오늘의 부강한 중국은커녕 역사의 뒤안길로 사라진 지 이미 오래일 것이다.

총서기가 '오너'라면 총리는 'CEO'

1998년 5월, 상하이 총영사관 사무실에서 필자는 장쑤(江蘇)성 해변가의 윤택한 지방 서양(射陽)현 서기(우리의 군수에 해당)의 전화를 받았다. 우리나라 지방자치단체와 자매결연을 체결하고 싶은데 가급적이면 첨단산업과 국제무역이 발달한 도시지역을 소개해주면 좋겠다는 게 전화의 요지였다.

서양현이 개혁·개방이 앞선 중국 연해지역에 위치해 있어 풍족한 곳이라고는 하지만, 그렇다고 해서 우리의 군(郡)에 해당되는 중국의 일개 현급 지방정부에 우리의 광역도시나 중대형 도시를 소개시켜줄 수는 없었다. 그래서 벽걸이 지도를 바라보며 서양현과 서해를 사이에 두고 마주보고 있는 전북 고창군이 적합할 것 같은 판단이 들어 추천했다.

그러자 서양현의 서기는 곧바로 고창군의 상황에 대해서 꼬치꼬치 묻기 시작했다. 특산물인 수박·땅콩·장어 따위의 특산물에서부터 필자가 알고 있는 고창군의 모든 장점을 있는 대로 나열해 보았으나 상대의 반응은 영 신통치 않았다. 고창군은 현대 우리나라 대표적 시인을 낳은 곳이며, 중국의 두보나 이태백 같은 위대한 시인의 고향이라고 해도 상대는 실망하는 기색이 역력했다. 그렇다고 서양현의 입맛에 맞추자고 고창군에 없는 첨단공업기지를 하루아침에 만들 수는 없었다.

'이거 안 되겠구나' 하는 자포자기의 심정으로 고창군은 국무총리를 두 명이나 배출했다는 말을 덧붙였다. 그랬더니 상대의 목소리가 갑자기 밝아지는 게 아닌가! "아니, 한 군에서 총리가 두 명씩이나 나오다니, 그게 정말입니까?"라고 몇 번씩 되물으며 고창군과의 자매결연이 조속한 시일 안에 성사될 수 있도록 지원해줄 것을 거의 애원조로 부탁했다. 아마 서양현 서기는 우리네 역대 총리가 자기네처럼 한 자릿수 미만이고 한 번 총리 자리에 앉으면 10년 정도 하는 줄 알았나 보다.

그 후 우여곡절 끝에 한국의 군과 중국의 현으로는 최초의 자매지간이 된 고창군과 서양현 간엔 목하 활발한 교류가 이뤄지고 있다. 거기에는 두 분의 재임기간을 합해 보아도 2년 6개월에 불과한 짧은 기간 동안 총리를 역임하셨던 김상협·진의종 국무총리, 두 분의 '음덕'은 물론, 그만큼 역동적인 조국의 제도와 현실의 특수성도 전혀 작용하지 않았다고 딱 잘라 말할 수 없다고 생각한다.

오늘날 중국에서 중국 공산당 총서기가 제1직위라면 제2직위는 국무원총리다. 중국 건국 이후 국무원총리를 맡은 자는 대체적으로 총서기(당주석)에 이어 권력서열 2~3위를 유지해왔다. 지금의 리커창 총리는 저우언라이, 화궈펑, 자오쯔양(趙紫陽), 리펑(李鵬), 주룽지(朱鎔基), 원자바오(溫家寶)에 이은 중국 제7대 총리이다. 건국한 지 70년이 다 되는 중화인민공화국에서 일곱 번째의 총리가 재임하고 있으니 중국 총리의 평균임기는 약 10년이다.

옛날 중국에서 점포의 주인은 '동가경리(東家經理)', 경영인은 '서가경리(西家經理)'라고 했다. 한 지붕 밑에서 주인은 동쪽 방에, 경영인은 서쪽 방에 기거했기 때문이다. 그래서일까? 오늘날 '중국의 CEO' 리커창 총리가 집무하는 국무원 청사도 중국의 권력 최고사령부 중난하이(中南海)의 호수 서쪽에 있다. 호수 맞은편 동쪽에는 현대 '중국의 오너' 격인 중국 공산당 중앙당사가 있다. 호수 주변에는 시진핑 총서기, 리커창 총리를 비롯한 정치국 상무위원 7명의 관저들이 있다. 이 관저들은 규모 면에서 별 차이가 없다. 정치국 상무위원의 회의실 탁자는 장방형이 아니라 원형이다. 즉, 상석도 말석도 불분명한 원탁이다. 그 원탁의 모양만큼 정치국 상무위원 7인의 권한은 중국 공산당 당헌상 평등한 집단지도체제이다.

그렇다면 중국에서 총리의 지위와 권한은 얼마나 강하고 높을까? 당 정치국 상무위원이자 헌법상 임기가 5년으로 보장된 중국 총리는 내각책임제 국가의 총리보다는 못하지만 대통령제 하의 총리보다는 높고 강력하다.

집단지도체제의 오랜 전통에 따라 중국의 1인자와 2인자의 관계는 딱 부러진 상명하복의 수직서열 관계가 아니다. 중국의 총리는 2인자라기보다는 1.5인자라고나 할까? 중국의 주석과 총리는 기업의 오너와 CEO와 같은 역할분담과 상호보완의 기능을 하고 있다.

그런데 일각에서는 중국의 1인자와 2인자의 관계를 모순과 대립의 권력투쟁적 접근 방법으로 비틀어 보려고 한다. 이러한 시각은 중국의 본질을 파악하지 못하는 무지의 소산이라고 할 수 있다.

중국 역사상 개국 초기 등 특별한 시기를 제외하고는 황제와 재상은 일방적 상하 관계가 아니었다. 양자는 조화와 균형을 유지해 왔다. 재상의 본분은 황제와 권력의 칼자루를 다투지 않는 것이다. 재상이 황제의 자리를 찬탈한 예는 역성혁명을 제외하고는 없었다. 즉, 오너(황제·주석)의 후계자 따로, 청지기(재상·총리)의 후임자 따로의 패턴이 오늘날까지 내려오고 있는 것이다.

또한 강태공, 관중, 제갈공명 등 2인자들은 각각 주 문왕, 제 환공, 유비 등 1인자들보다 세세대대로 숭앙받아 왔다. 그렇듯 마오쩌둥

중국 역대 국무원 총리 일람표
평균 재임 기간 10년

代	성명	재임기간	당서열	비 고
1	저우언라이周恩來	1949~1976	3~4위	1949~1954 정무원 총리, 마오쩌둥 시대 사실상 제2인자, 초대외교부장 겸직 (외교 총책)
2	화궈펑華國鋒	1976~1980	1위	당주석 겸직, 덩샤오핑 개혁파에 의해 실각
3	자오즈양趙紫陽	1980~1988	4위	총서기로 승진했으나 천안문사태로 실각
4	리펑李鵬	1988~1998	2위	천안문사태후 과도기와 장쩌민1기 실세총리
5	주룽지朱鎔基	1998~2003	3위	장쩌민 2기 실세 총리(경제 총책)
6	원자바오溫家寶	2003~2013	3위	후진타오 시대 실세 총리(경제 총책)
7	리커창李克强	2013~	2위	시진핑의 위세에 밀려 역대 최약체 총리 평가

*국무원 총리, 부총리, 국무위원의 임기 5년,1회한 연임가능 (중국헌법 제87조)

중국 역대 국무원총리 열람표

초대 주석보다는 저우언라이 초대 총리가, 장쩌민 주석보다는 주룽지 총리가, 후진타오 주석보다는 원자바오 총리가 중국인의 사랑과 존경을 받아왔다.

현직 리커창 총리가 중국 역대 총리에 비해 존재감이 떨어지는 이유 중의 하나는 시진핑 주석의 1인 카리스마가 워낙 빛나기 때문이라고 할 수 있다.

그렇다면 우리나라의 국무총리는 어떠한가? 정국의 안정과 행정의 능률을 기하기 위해 대통령을 보좌하고 그의 의사를 받들어 행정각부를 통할하는 국무총리는 국무위원 임면 제청권과 대통령 궐위시 권한대행권 등을 보유함으로써 중국의 총리도 갖지 못한 강력한 권한과 지위가 있다.

2017년 5월 10일, 제19대 문재인 대통령 시대가 개막했다. 부디 문 대통령과 신임 국무총리는 대한민국 역사상 최고의 대통령·총리 팀으로 청사에 길이 빛나길 기원한다.

재상(총리)은 황제(주석)와 칼자루를 다투지 않는다

일본의 유수한 재벌회사 사시 가운데 "1인자만 되려 하지 말고, 2인자에 충실 하라"는 글이 있다. 하지만 2인자가 되는 것도 1인자가 되는 것 못지않게 어렵고, 또 2인자가 되면 1인자가 바로 눈앞인데, 거기서 멈춰 서서 야심을 잠재우고 2인자로 남는다는 것도 여간 어려운 일이 아니다.

진시황이 기원전 221년 통일천하를 이룬 이후 중국의 1인자는 황제 자리에 앉는 사람이었다. 황제는 세습됐으며 천하통일을 상징했다. 2인자인 재상은 황제를 보좌하고 정부의 영수가 되어 실제적인 행정 책임을 졌다. 재상은 세습하지 않았으므로 현명하고 재능 있는 인물을 임용할 수 있었고, 재상이 경질되어도 황통(皇統)을 잇는 데에는 지장이 없었다. 황제는 비록 형식적인 자리였지만, 정치상으로 최고 자리라는 점은 변하지 않았다. 그러나 재상은 정치상의 최고 권력을 장악했고 행사했다. 현명하지 못하거나 역심을 품는 재상만 없으면 황통은 저절로 영원토록 이어질 수 있었다.

진시황은 이러한 견지에 입각해 시황제라 자칭하고 2세, 3세는 물론 영원무궁토록 황통이 전해 내려가기를 희망했다. 진(秦)·한(漢)

시대 정부의 실제 정무관은 모두 재상의 통솔 아래 있었고, 황제에 속하는 것으로 시봉관이 있었을 뿐 정무관은 없었다.

진·한 초기에는 황제의 비서인 상서랑이 4명뿐이었던 반면, 재상의 비서처는 그 규모가 황제의 개인비서실보다 몇 배나 더했다. 당시 두 비서기관의 내용을 비교해보면 이론상 또는 사실상 정부의 실제책임은 전부 재상에게 있었음을 알 수 있다. 그래서 천변이나 큰 재화를 당하게 되면, 관습상 승상을 인책했고, 황제는 아무런 인책의 표시를 하지 않아도 좋았다. 중국 역사를 살펴보면 영도자를 받들어 혁명을 일으킨 개국공신은 거의 말로가 비참했다. 더구나 현재의 총리 격인 중국 역대의 재상은 전시는 물론 평화 시를 통틀어볼 때, 병들어 죽은 경우는 절반도 채 안 된다는 통계도 있다.

2인자로서의 재상의 본분은 1인자인 황제와 권력의 칼자루를 다투지 않는 것이다. 2인자로서의 재상의 역할은 개인적으로 황제의 잘못된 생각을 고치도록 권유해 바로잡을 수 있지만, 겉으로 그것을 드러내서는 절대로 안 되며 이를 통해 명성을 얻어서는 더욱더 안 된다.

재상의 가장 중요한 책무 중 하나는 유능한 인재를 골라 일을 맡기는 것이다. 재상의 별칭인 승상, 이 두 글자는 곧 부황제라는 뜻을 나타내지만, 현대국가의 정부조직에 비추어 보면 내각책임제의 수상 격이라고 할 수 있다. 왕이나 대통령을 승계하는 것은 태자나 부통령이지 수상은 아니기 때문이다.

진·한 시대 이후에도 구 왕조를 무너뜨려 새 왕조를 세운 개국황제 등 약간의 예외가 있었지만, 거의 모든 중국의 역대 황제들은 군림했으나 통치하지는 않았다. 황제와 재상은 일방적 관계가 아니었으며 적절히 양자가 균형을 유지해왔다.

명 태조 주원장은 행정을 총괄하던 중서성을 폐지해 재상 제도를 없애고 일체의 행정을 황제가 직접 독재하도록 했다. 재상직을 없애는 대신 황제의 자문기관으로 전각의 대학사를 두었는데, 뒤에 권한이 확대되어 전각은 내각이 되고 대학사는 사실상 재상이 되었다.

청나라 때 황제의 보필기관으로 내각을 두고 그 수장인 내각 대학사가 재상의 역할을 하다가, 후기에는 군국의 대사를 논하는 군기처를 두었다. 결국 내각의 실권이 차츰 이곳으로 옮겨가, 드디어 군기처가 최고의 행정기관이 되었다.

위에 기록한 중국의 내각들은 영국의 근대 민주정치 아래 내각제와는 다른, 전제군주 아래 중국식 내각제였다. 또한 진시황에서 오늘의 중화인민공화국에 이르기까지의 중국은 황제나 주석 1인이 혼자서 독단으로 전횡을 일삼아온, 즉 '명실공히'보다는 '명(名) 따로 실(實) 따로'의 시대가 압도적으로 길고 보편적이었다. 진시황, 한 무제, 당 태종, 명 태조 등의 역대 개국황제나 명군들의 통치 시기, 마오쩌둥(毛澤東) 초기 집권기간 등 짧고 특수한 시절을 제외하면 황제나 주석은 명예만을, 실권은 재상을 비롯한 내각의 고관귀족이나 군벌, 외척 또는 환관의 집단에 있었다는 중요한 사실을 발견하게 된다.

중화인민공화국은 중국 공산당이 영도한다. 현대 중국 제1직위는 중국 공산당 총서기(總書記)이다. 시진핑 총서기가 겸직하고 있는 국가 주석 자리는 내각책임제 아래 대통령직보다 못한 순수한 명예직에 가깝다. 다시 말해 시진핑이 중국 권력구조의 제1인자로 공인받는 이유는 국가 주석이어서가 아니라 총서기이기 때문이다.

중국 공산당 창당 때부터 오랫동안 유지되던 제1인자의 자리인 총서기는 마오쩌둥이 당권을 장악하면서부터 좀 더 권위적인 느낌이 드는 당주석(黨主席)의 명칭으로 바뀌게 되었다.

1950년대 중반 마오쩌둥은 다시 당주석 아래에 당주석의 지휘를 받는 총서기직을 설치했는데 '옥상옥(屋上屋)'이 아닌 '옥하옥(屋下屋)'인 그 자리를 '작은 거인' 덩샤오핑에게 여러 해 동안 배분해주었다. 일부에서는 그것을 두고 마오가 덩에게 후계자 수업을 시키기 위한 일환이었다고 해석하고 있다.

1980년대 초 덩샤오핑 체제가 들어서면서부터 당주석직을 폐지하고 그 자리에다 원래의 당 제1인자의 의미로서의 총서기를 부활시켰다. 덩샤오핑은 중화인민공화국의 창립자인 '위인 마오쩌둥'은 살리는 대신, '당 주석'이라는 의자는 산산조각 내 부셔버렸다.

오늘날 중국에서의 당 총서기가 제1직위라면 제2직위는 국무원총리다. 1949년 중화인민공화국 건국 이후 국무원총리를 맡은 자는 대체적으로 당 총서기(또는 당 주석)에 이어 실제 권력서열 2~3위를 유지해왔다.

중국몽과 일대일로

· 중국이 기억하고 직감하고 기대하는 꿈은 무엇일까?

2012년 11월 15일, 시진핑부터 장가오리까지, 7인의 정치국 상무위원이 일렬횡대로 중국 제5세대 서막을 여는 역사무대에 등장했다. 시진핑은 '중국몽(中国梦, Chinese Dream)'을 내걸었다. '중화민족의 부흥이야말로 가장 위대한 꿈'이라고 선포했다. 이 꿈이 실현되면 국가가 부강하고 인민의 행복이 실현된다고 공포했다.

중국몽, 중국의 꿈? 천하통일, 중화사상, 실용실리 3대 키워드로 집약되는 반만년 유구한 중화민족성의 몸통에다가 이른바 과학적 사회주의 유물사관의 외피를 걸친 중국 공산당 최고지도자가 감히 '꿈'을 내건 배경과 의의, 목적은 뭘까?

미국과 일본을 비롯한 세계 중국관측통 일각에서는 중국몽을 '차이니즈 드림'으로 직역, '아메리칸 드림'을 모방한거라고 비아냥거리듯 풀이했다. 하지만 자국이 세계의 중심이라는 자존심 충만한 세계관의 중화사상에다가 이데올로기는 물론 종교와 신앙조차 실리를 위한 도구로 쓰는데 도통한 실용실질추구 현실주의자들인 14억 중국민의 최고지도자가 다소 생뚱맞은 느낌의 '중국의 꿈'을 내걸다니…

그렇다면 '중국의 꿈'이 내포한 진정한 함의는 뭘까? 여느 몽상가들이나 관념논자들, 이상주의자들이 내건 '꿈'과는 차원과 본질 자체가 다르지 않을까? 반만년 노대국 중국이 기억하고 직감하고 기대하는 꿈은 무엇일까? 진지한 사색과 함께 심층 분석이 필요하다고 생각한다.

시진핑 정부가 본격적으로 출범한 2013년 3월경부터 '중국몽'은 차츰 '세계의 중국화(世界的中國化)'로 확장되면서도 오히려 해상도가 높아지기 시작했다. 중국몽을 '세계의 중국화'로 풀이하는 중국 관언학계의 목소리가 갈수록 커지기 시작했다.

그 무렵부터 글로벌 전자상거래의 슈퍼파워, 알리바바 그룹의 총수 마윈(馬雲)도 자신의 꿈은 "현재 '중국의 세계화'를 넘어 '세계의 중국화'를 이루는 것이다."라고 공언하기 시작했다. 마윈의 이름 '운

(雲)'에서 '뭉게구름'이 아닌 '버섯구름'이 떠오르는 것과 같이 느껴진다.

'중국의 세계화'가 '뭉게구름'이라면 '세계의 중국화'는 원자폭탄의 '버섯구름'이라고 할 만큼 섬뜩하다. '세계의 중국화'는 중국에 의한 평화라는 뜻의 '팍스 시니카(Pax Sinica)'보다 훨씬 불온하고 위험한 용어다. 인류역사상 '로마에 의한 평화(Pax Romana)'나 '미국에 의한 평화(Pax America)'라는 용어는 있었지만 '세계의 로마화' '세계의 미국화'는 듣도 보도 못했다.

동서고금을 통틀어 제아무리 극성기라고 하더라도 '세계의 중국화'처럼 어마어마하고 무시무시한 구호를 외친 제국은 없었다. 심지어 나치즘이나 일제 군국주의도 게르만 인종주의에 기반한 '유럽의 독일화'나 대동아공영권을 내걸고 실제로는 '동아시아의 일본제국화'를 추구했을 뿐 '세계의 독일화' '세계의 일본화'는 꿈은 꾸었을지라도 중국처럼 동네방네 떠들고 다닌 적은 없었다. 그런데 우리나라 코앞에서 덩치 어마어마한 저 대륙의 나라가 인류사에 전대미문인 무지막지한 구호 '중국의 세계화'를 포효하고 있다.

중국몽이 '세계의 중국화'로 구체화, 명료화, 무한확장 되는 과정을 목도하면서 필자는 8~9년 전 중국의 해양대국화와 국경 밖으로 팽창하려는 중국의 야망을 예측은 했으나 중국이 꿈꾸는 영역을 너무 좁게 잡았다는 사실을 뒤늦게 깨달았다.

중국의 야심이 이어도-제주해역과 조어도(일본은 센카쿠, 중국은 댜오위다오), 동중국해, 남중국해, 북한 정도인 줄 알았는데, '중국의 세계화' 또는 '동아시아 패권국의 귀환' 정도로 그칠 줄 알았는데, 그게 아니었다. 필자의 예측은 너무 소박했다.

지금 중국의 꿈은 '세계의 중국화'이다. 진시황을 비롯하여 삼국

시대 등 분열시대의 제왕들이 내걸었던 천하통일, 그 '천하'의 범위
는 시진핑 시대 중국에서는 이미 대륙을 훨씬 넘어 지구전체로 확장
되고 있다. 그리고 '세계의 중국화'를 고래고래 소리치고 있다. 30여
년 전 개혁개방 초기의 '칼날의 빛을 숨기고 어둠속에서 힘을 기르
자'던 '도광양회(韜光養晦)'의 그 삼가하고 조심스럽던 태세는 자취도
없다.[20]

· 일대일로는 팽창, 세계의 중국화를 향한 모노레일

시진핑 국가 주석은 2013년 9월 7일 카자흐스탄 방문 시 일대일
로(One Belt One Road)를 세상에 공개했다. 일대일로는 육상의 실
크로드 경제지대(Silk Road Economic Belt)와 해상의 21세기 해상
실크로드(21st Century Maritime Silk Road)를 합친 개념이다.

일대일로 전략의 특징은 팽창이다. 일대일로는 이미 있는 특정 교
역로의 개념이 아니다. 법제와 도로, 무역과 화폐(인민폐), 민심의 5
대 영역을 하나로 연결시켜 권역을 개척하고 확장하겠다는 일대일
로 전략은 '중국몽'과 '세계의 중국화'의 구체적 표현이다.

일대일로는 '세계의 중국화'를 향한 모노레일이다. 일대일로는 세
계 68개국, 인구 45억 명, 경제총량 23조 달러, 각각 전 세계의
63%, 30%를 하나로 꿰뚫는다. 일대일로에 소요되는 자금은 중국이
주도하는 아시아 인프라 투자은행(AIIB)을 통해 조달한다. 일대일로
의 중장기 목표는 중국 주도의 슈퍼 메가 경제권 형성이다.

특히 해상 실크로드는 아시아와 유럽, 아프리카 대륙을 바닷길과
도로로 연결, 인근 일대를 중국의 한 길(One Road)로 만들겠다는

것이다. 대외교역의 폭과 경로가 연속되는 해상 실크로드에는 중국이 주도하는 글로벌 네트워크를 구축하겠다는 의도가 두드러지고 있다.

해상 실크로드 구축은 주변국가와의 해양영토 갈등해소, 인프라 투자 등 경제적 지원을 통해 아세안, 인도양, 아프리카, 나아가 유럽 대륙에 대한 경제적, 지정학적 영향력을 키워 차이니즈 드림, 즉 '세계의 중국화'를 실현시키는 것이다.

해상 실크로드는 취안저우 - 말레이시아의 쿠알라룸푸르 - 인도의 캘커타 - 케냐의 나이로비 - 이집트의 알렉산드리아 - 그리스의 아테네 - 이탈리아의 베네치아 - 네덜란드의 로테르담에 이르는, 즉 아시아·아프리카·유럽 3대륙을 중국의 한 축으로 꿰고 있다.

"중국몽 < 세계의 중국화 < 일대일로" '중국몽'은 '세계의 중국화'로 확장되고 명료해지고 '일대일로'라는 모노레일의 약도로 구체화·실체화되고 있다.

일대일로는 실크로 포장한 중화제국주의, '세계의 중국화'로 향하는 약도이다. 일대일로는 '미국은 북미와 중남미의 신대륙만 맡아라. 중국은 아시아-아프리카-유럽을 아우르는 구대륙의 맹주가 되겠노라'의 선언문이다. 일대일로는 당나라 시대의 번영과 개방, 송나라 시대의 문화와 문명, 원나라 시대의 강병과 팽창을 하나로 모듬하여 그야말로 'One Belt One Road'로 재현하는 슈퍼 메가 프로젝트이자 초거대 로드맵이다.

제2장

외교

중국역대 한·북·일·미·러 관계 변화 일람표

세대	최고 지도자	시대	한국	북한	일본	미국	러시아(蘇)
1	마오쩌둥	1949~	최하	최상	하	최하	최상
		1972~	최하	최상	중 (수교)	하 (닉슨방중)	하(국경분쟁)
2	덩샤오핑	1978~	최하	최상	중	중 (수교)	중
		1988~	하(올림픽)	최상	상	중	상
3	장쩌민	1992~	중 (수교)	상	중	중	상
		1997~	상(동반자)	중	하(센카쿠분쟁)	중	최상
4	후진타오	2002	상	중	중	중	최상
		2007~	상	하(북핵)	하(센카쿠격화)	중	최상
5	시진핑	2012~	최상 (박근혜 전반)	하 (김정은 집권)	최하(아베 집권)	중	최상
		2016~	중(사드 배치)	하 (북핵실험)	최하	중	최상
		2018~	상(사드 합의)	상(김정은 방중)	하(리커창 방일)	중	최상

냉전체제 이후 미.중관계는 겉으로는 대립, 속으로는 세계자본주의 공생체 관계. 중일관계는 예나 지금이나 적대관계, 특히 시진핑- 아베 이후 약화.

- 지역패권에는 육지만으로 충분하다. 그러나 세계 패권을 차지하기 위해서는 해양의 장악이 필수이다. - 칼 마르크스

- 중국은 육지대국이자, 해양대국이다. - 시진핑

- 시진핑 시대 이후 중국의 모든 공식·비공식 자료에는 전국과 연해지역 지방정부의 육지면적과 해양면적이 병기되어 있다. 반면에 한국의 전국과 연해지역 지방정부의 자료에는(심지어 제주특별자치도까지도) 육지면적만 기재되어 있다. 우리나라도 21세기 해양시대 해양주권의식강화를 위해 국토면적(연해지역 지차체 포함)에 해양면적을 명기할 것을 촉구한다. - 강효백

- "우리 중국을 약소국가라고 하지 말라, 중화인민공화국을 보라! 우리 중국을 독재국가라고 하지 말라, 대만을 보라! 우리 중국을 더러운 후진국이라고 하지 말라, 싱가포르를 보라!"
  - 린지강(林志剛) 대만 국립정치대학교 교수

- 외교에는 '득실(得失)'만 있을 뿐 '선악(善惡)'은 없다. - 강효백

"중국이 변한 네 가지" 식성 · 꿈 · 힘 · 말

사람이 전에 안 하던 짓을 하면 사달이 나는 법이라고 한다. 지금 중국도 그럴까봐 탈이다. 시진핑 시대 이후 중국이 변했다. 전에 없던 동향을 보이고 있다. 가장 중요한 것 네 가지만 들겠다.

· 첫째, 중국의 식성이 변했다

평원뿐만 아니라 설신 · 사막 · 고원 · 황무지 등 육지라면 가리지 않고 식탐을 부리던 대륙 국가가 옛 '대영제국'이나 '대일본제국' 같은 해양 제국주의 국가로 확 변해버렸다.

암초와 현초, 무인도와 유인도, 이어도와 센카쿠, 오키나와 해역 전체, 서사군도 · 남사군도 · 남중국해, 동중국해, 든바다 · 난바다 가릴 것 없이 그저 바다라면 닥치는 대로 집어 삼키려하고 있다. 일시적인 입덧이라면 좋겠는데, 그게 아니라 큰 걱정이다.

일례로 시진핑 시대 이후 중국의 모든 온 · 오프라인, 공식 · 비공식 자료에는 중국의 육지면적 963만여 ㎢, 중국영해 약 470만 ㎢로 표기되어 있다. 육지 면적은 알겠는데 '영해' 면적을, 그것도 기점 200해리 배타적 경제수역(EEZ)도 아닌, '12해리 영해' 면적만 470만 ㎢라고 하다니, 도대체 무엇을 기준으로 설정한 것인가? 혹시 우리나라 이어도-제주도 해역도 포함한 것은 아닌지… 국제적으로 공인된 중국의 영해와 EEZ면적은 합쳐서 약 88만 ㎢에 불과하다. 참고로 해양대국 일본의 영해와 EEZ를 합친 최대 면적은 447만 ㎢이다.[21]

지금의 중국은 전대미문의 국가다. 이제껏 중국은 대륙의 종주국을 자처해왔지 해양 진출을 통한 제국의 팽창을 모색한 적은 없었다. 그러나 시진핑 시대 중국은 대륙 국가도 모자라 해양제국까지 추구하며 팽창과 확산으로 질주하고 있다. 중국이라는 이름의 황색 항공모함이 '연청색(light blue) 바다'에서 '감청색(navy blue) 바다'로 향진하고 있다. 연안 방위를 임무로 했던 중국해군은 대양해군으로 치닫고 있다.

· 둘째, 중국의 꿈이 변했다

덩샤오핑 개혁 개방 이후 중국의 꿈이던 '중국의 세계화'는 시진핑 시대 이후 '세계의 중국화'로 변했다. 2016년 8월 9일 현재 중국 대표 포털사이트 바이두에는 '세계의 중국화' 관련 논문 수만, 무려 83만 5710편이나 실려 있다.

중국몽(中國夢, Chinese Dream), '세계의 중국화'는 중국에 의한 평화라는 뜻의 '팍스 시니카(Pax Sinica)'보다 훨씬 불온하고 위험한 용어다. 인류역사상 '로마에 의한 평화(Pax Romana)'나 '미국에 의한 평화(Pax America)'라는 용어는 있었지만 '세계의 로마화', '세계의 미국화'는 없었다.

동서고금을 통틀어 제아무리 극성기라고 하더라도 '세계의 중국화'처럼 어마어마하고 무시무시한 구호를 외친 제국은 없었다. 우리나라 코앞에서 덩치 어마어마한 저 대륙의 나라가 인류사에 전대미문인 무지막지한 구호 '세계의 중국화'를 포효하고 있다.

진시황을 비롯하여 삼국시대 등 분열시대의 제왕들이 내걸었던 천하통일, 그 '천하'의 범위는 시진핑 시대 중국에서는 이미 중국 대륙을 훨씬 넘어서 아시아·아프리카·유럽 등 구대륙 전체로 팽창하고 있다. '세계의 중국화'가 '중국의 꿈'이라고 고래고래 소리치는 '대국굴기(大國崛起)'의 시진핑 시대 중국에서 30여 년 전 '도광양회'의 조신하던 태도는 자취도 없이 사라졌다.

· 셋째, 중국의 힘이 변했다

중국의 실제 종합국력이 변했다. 구매력 기준 국내총생산액(GDP)·대외수출액·외자유치액·외환보유고·에너지 생산력·에너지 소비력·고속철 총연장, 고속도로 총연장 등 '더블 그랜드 슬램'이라고나 할까… 주요 경제지표 세계 1위 8관왕을 차지하는 기염을 토하고 있다.

2010년 자국의 GDP가 일본을 추월하여 세계 2위의 경제대국이 됐다고 동네방네 고함지르며 기뻐하던 중국이 2017년 말 현재 GDP는 일본의 그것을 세 배 이상 넘어서는 괴력을 보이고 있음에도 이제는 쉬쉬하고 있다. 이와 같은 통계의 출처가 신빙성을 전혀 무시 못 할, 미 중앙정보국(CIA)임에도 불구하고 중국관련 통계는 전부 믿을 게 못 된다는 식으로 어물쩍 그냥 덮고 지나가려해서는 안 된다. 이는 자기 자신을 기만하는 '정신승리법'식 사고행태이다.[22]

2012년 5월 26일자 영국의 경제주간지 '이코노미스트'는 "중국경제는 자전거 타기다. 페달을 밟을 힘이 있으면 달려가지만, 멈추면 짐과 함께 자전거를 탄 채 쓰러질 것이다"라며 중국경제는 자전거와 같다고 저주 섞은 혹평을 한 바 있다. 그 이후 우리나라 관·언·학

각계에서도 '중국경제는 자전거경제', '심상치 않는 중국경제, 연착륙 가능할까?', '중국버블 붕괴가 시작됐다'라는 소리를 심심찮게 들을 수 있다.

그렇다면 스스로에게 반문하고 싶다. 한국은 3%만 성장해도 성공한 경제인데, 중국은 6% 성장해도 위기의 경제인가? 한국은 자동차 경제이고 중국은 자전거 경제인가?

"중국이 우리를 따라오고 있다." 요즘은 덜하지만 얼마 전까지만 해도 우리나라에서 흔하게 보고 듣던 어구이다.

'도대체 우리나라가 지금 중국의 어떤 분야에 비해 앞서 있지?' 하도 의아해서 일본의 포털사이트를 한번 검색했다. 맙소사, 일본 언론에서 상용하던 용어를 그대로 앵무새처럼 따라한 어구였다. "중국이 우리를 따라오고 있다"에서 '우리'는 '한국'이 아니라 '일본'이었다.

그런데 더욱 충격적인 사실은 우리가 아시아 최고 경제대국이라고 철석같이 여겨왔던 일본조차도 주요경제지표 중에서 중국에 앞선 것은 구매력기준 1인당 GDP 하나뿐이라는 점. 참고로 2015년 말 기준 일본 38,100달러(세계 제42위에 불과), 한국 36,500달러(제48위), 중국 14,100달러(제113위)이다.[23]

"20년 전에 11억 거지 떼들이 어디 겁도 없이, 우리 한국에…" 대한민국 국가이익에 치명적인 타격을 가한, 송영선 전 의원의 망언은, 기실 그 한 사람만 가진 인식의 오류만이 아닐 것이다. 서구우월주의에 몰각된 우리나라 지식층(필자 포함)들의 뇌리에 남아있는 옛 중국의 잔상(殘像)들이다.

· 넷째, 중국의 말(言)이 변했다

한 가지 예만 들겠다. 중국 공산당 기관지 '인민일보'는(2016년 7
월 31일~8월 5일) 6일간 연속 "사드 배치는 안보문제… 함부로 입
놀리지 마"라며 화약 냄새 진동하는 논조로 한국 때리기를 이어갔
다.[24]

인민일보는 5일 3면에 게재한 사설 격인 종성(鐘聲)에서 한국 정
부 인사나 언론들의 보도 행태를 지적하며 "안보문제에 있어서 언행
이 그리 경박해선 안 된다"고 목소리를 높였다.

3일자 평론은 더 심각하다. 사드 배치가 중국의 '안보이익'을 훼
손할 수는 없다며 "사드 배치가 강행된다면 중국과 러시아는 한·미
가 감당 불가능한 대응카드를 꺼낼 것이고, 만약 충돌이 발생하면
미국과 중국, 러시아의 군사대치에 끼어든 한국이 가장 먼저 공격목
표가 될 것"이라고까지 했다.

필자가 며칠간 밤낮으로 후진타오 시대 이전 인민일보 사설과 평
론을 전수분석 하듯 훑어보았으나 이토록 절제되지 않은 직설적인
용어를 남발하는 예를 찾지 못했다. 이런 거의 욕설에 가까운 문투
는 자매지 '환구시보'가 전담해왔는데, 이상하다. 시종 엄숙하고 무
게감 있는 장중한 어투를 유지하던 인민일보가 이렇게까지 돌변하
다니, 섬뜩하다.

인민일보는 중국의 예사 일간지가 아니다. 중국 공산당 지도부,
특히 중국 최고핵심권력자, 시진핑의 '입'이라고 할 수 있다. 인민일
보가 사드 배치문제를 자국의 핵심이익 중의 핵심이익, '안보이익'
이라고까지 하며 한국이 군사적 공격목표가 될 것이라고 공언했다

는 사실은 그냥 지나쳐서는 안 될 '일대 사건'이다.

남중국해 문제는 중국의 심장부와 멀리 떨어져있을 뿐만 아니라 자국이 현재 실효적 지배를 하고 있고 필리핀 등 주변 이해당사국들의 유화적인 태도변화 등으로 인하여 근래 중국 정·관·언·학계의 주요이슈에서 거의 사라진 상태다. 반면에 한반도 사드 배치는 자국의 '안보이익'을 훼손한다며 핵심이익보다 한 차원 더 심각하고 실체화된 어감의 '안보이익'이라는 용어를 동원해 연일 십자포화를 가하고 있다.

이제 비관세 무역장벽을 통한 경제보복, 한류 진입을 제한하는 문화보복은 논외로 치고 자칫하면 중국발 안보위기도 올 수 있다는 가능성도 열어 놓아야 할 것 같다. 유비무환, 최악의 경우의 수도 염두에 두며 만반의 대비를 해야 할 것이다.

그렇다고 중국이 금방 무력불사라도 할 듯이 강하게 나온다고 우리 정부가 이제 와서 갑자기 저자세, 사대외교, 우왕좌왕, 자중지란의 행태를 보이는 것은 절대 금물이다. 과거 역사에서 알 수 있다시피 중국은 비굴한 저자세를 보이는 이웃을 철저히 짓밟아왔다. 자국이 세계의 중심이라는 과대망상 중증환자 중화제국에게는 시종일관 진지하고 당당하게 대처해야 한다.

최하의 상태는 종종 최고의 상태에서 생긴다는 말이 있다. 최상이라던 한·중 관계가 어쩌다가 이 지경에 이르렀는지, 꼭 한·중 관계를 두고 하는 말 같다. 하지만 그 반대의 경우도 가능하지 않을까? 최고의 상태 역시 종종 최하의 상태에서 생길 수 있는 것은 아닐까? 냉정한 현실인식의 바탕위에서 원대하고도 주도면밀한 대응책을 마련하고 이를 강력하게 추진해 나가야 할 것이다.

외교에는 '득실'만 있을 뿐, '선악'은 없다. 필자는 국제관계에서 자기 나라에 이로우면 선이요, 해로우면 악이라고 생각한다. 외교에서 영원한 우방도 영원한 적도 없다. 영원한 친미도 영원한 반중도 없다. 대미외교, 대중외교, 대일외교, 대북관계만이 있을 뿐이다.

위정자들께서 부디 원대한 대한민국 국가이익 차원과 국민과 후손들의 행복한 삶을 추구하는 견지에서 현명한 정책결정을 하시길, 그리하여 한반도 사드 배치가 임진왜란과 병자호란에 이은, 역사상 세 번째 '잘못된 선택'을 하지 않았으면 하는, 간절한 바람뿐이다.

실크로 포장한 중화제국

지그재그 또는 '역(逆)Z'형이라 할까? 찬란한 중화제국의 부활을 꿈꾸는 중국은 팽창과 수렴을 반복하며 지역개발 전략과 대외정책의 주력방향을 연계하여 전환시키는 특유의 궤적을 보여 왔다. 제1세대 마오쩌둥은 서남방 확장에, 제2세대 덩샤오핑은 동남방 건설에, 제3세대 장쩌민은 서북방 개발에 주력했다면 지금 후진타오를 비롯한 제4세대 지도층은 동북방 진출에 몰두하고 있다. 마오쩌둥의 지역개발 전략은 평등주의에 입각한 균부론(均富論)이었다. 그의 대외전략의 기조는 군사력을 앞세운 전방위적 팽창주의였으나 유난히 서남방의 영역 확장에 눈독을 들였다. 일찍이 국민당 군에 쫓기며 서남부 7개 성 18개의 산맥과 준령을 넘는 대장정 시절에 품었던 야심 때문이었을까? 1959년, 그는 티베트를 침공하여 복속시켰다. 중국 전체의 8분의 1에 달하는 광대한 면적을 자국 영토로 편입시키는 데 성공한 것이다.

마오쩌둥의 비판적 후계자, 덩샤오핑은 1979년 동남쪽의 베트남을 침공하였다. 중국은 베트남에게 교훈을 주었다고 자위했지만 대국으로서 체면을 구긴 사실상의 패전이었다. 중월전쟁 이후 중국의 대외정책은 '칼날의 빛을 숨기고 어둠 속에서 힘을 기르자'는 도광양회로 수렴되었다. 그는 동남지역을 우선 발전시키는 선부론을 폈다. 사회주의 중국의 바다에 동남부의 5개 자본주의 섬, 즉 선전, 주하이, 산터우, 샤먼, 하이난에 경제특구를 건설하였다. 1984년에는 영국과 홍콩 반환협정을 체결하였다.

1989년 천안문 사태 와중에 집권한 장쩌민은 지역균형발전의 신균부론에 입각한 서부대개발을 내세웠다. 소수민족 밀집지역인 서북지역의 개발과 국경지대에 초점이 맞춰진 것이다. 1996년 그는 러시아, 카자흐스탄, 타지키스탄, 키르기스스탄의 국가원수들을 상하이로 불러 '서북국경지대 군사부문 신뢰강화에 관한 협정'을 체결하였다. 이 회담은 2001년 우크라이나를 포함시켜 '상하이 협력기구(SCO)'로 확대·개편되었다.

장쩌민의 동향 후배로 2003년 집권한 후진타오는 서북에서 동북으로 방향을 틀었다. 그는 대외적으로 "평화롭게 강대국으로 우뚝 선다"는 화평굴기(和平崛起)의 기치를 들었다. 화평굴기의 본질은 '평화'라는 실크로 포장한 '중화제국주의'이다. 중국의 대외정책 기조가 수렴의 제2, 제3세대와 달리, 팽창의 제1세대로 복귀한 것이다. 베이징에 북한 핵문제의 해결방안을 논의하기 위한 6자회담장을 마련하고 중국은 의장국으로 등극하였다. 국내적으로는 조화로운 사회건설이라는 균형발전전략의 틀을 수립하고 동북3성의 인프라를 개

발하는 동북진흥과 함께 고구려 역사를 중국사로 편입시키는 동북
공정을 전개하였다.

그런데 문제는 동북진흥과 동북공정이 팽창의 대외정책, 화평굴
기와 맞물리며 원래의 지역경제발전이나 역사왜곡의 수세적 범위를
뛰어넘어 한반도까지 공세적 차원으로 전환되고 있는 것이다. 이러
한 추세는 근래 중국의 동향에서 도드라지고 있다. 북한의 중국 의
존도를 극대화시키고 한반도 국경문제를 선점하기 위한 중화제국의
야망을 충분히 감촉할 수 있다.

중국 역대 지도층은 그들이 선택 집중한 지역의 개발과 대외정책
에서 가시적 성과를 거두어 왔고 제4세대 지도층 역시 동북지역의
질적 향상을 넘어 양적 팽창을 꾀하고 있기 때문이다. 이에 우리는
팔짱을 끼고 강 건너 불구경 하듯 하면 안 된다. 냉정한 현실인식의
바탕 위에서 원대하고도 주도면밀한 대응책을 마련하여야만 할 것
이다.25)

G2 시대 美-中 마찰의 핵심

중국인은 용(龍)의 후예라고 자부한다. 용은 길들이면 타고 다닐
수 있을 정도로 온순하다. 용의 턱 아래에는 거꾸로 난 비늘, 역린
(逆鱗)이 있는데 이를 건드리면 용이 격노한다고 한다. 현대 중국 용
에는 무역(TRADE), 대만(TAIWAN), 티베트(TIBET), 즉 '3T의 역
린'이 있다.

T1, 오늘의 중국은 세계무역기구(WTO) 가입 이전의 중국이 아

니다. 해마다 미국이 최혜국대우를 부여해주길 바라며 노심초사하던 1990년대 중국이 아니라는 뜻이다. 수출액과 외환보유액, 미국 국채 보유액 세계 1위라는 경제대국이 된 마당에 무역 분야는 이미 역린이 아니라 중국의 '발톱'이 되어가고 있다.

T2, 미국의 무기 수출로 대표되는 '대만 문제'는 획기적인 양안관계 개선으로 인해 사실 중국에 미칠 안보위협은 크지 않다. 중국은 오히려 이를 군비 확장을 위한 구실로 삼아왔다. 겉으로는 발끈하는 제스처를 보이지만 속으로는 미소를 흘리며 대만을 흡수 통일하는 궁리를 하고 있다.

T3, 티베트야말로 중국의 진정한 역린이다. 중국은 티베트가 분리 독립하면 신장위구르와 네이멍구, 닝샤 회족 자치구 등으로 분리 독립 도미노 현상이 발생할 수도 있어 신경을 곤두세우고 있다. 불씨 하나가 광야를 태우듯 한(漢)족과 55개 소수민족들로 구성된 다민족 국가가 단숨에 붕괴될 수 있기 때문이다. 1959년 달라이 라마 무장 봉기에는 미국 중앙정보국(CIA)의 은밀한 지원이 있었던 것으로 비밀 해제된 CIA 문서를 통해 밝혀진 바 있다. CIA는 티베트 게릴라들에게 연간 170만 달러를 지원했고 군사훈련을 지도했다. 이는 미국 대통령이 '중국의 빈라덴' 격인 달라이 라마를 만나는 데 대해 중국이 과민반응 하는 근거가 되기도 한다. 향후 1~2년간 미·중 관계의 상대적 악화는 불가피할 것이다. 단 치킨게임처럼 극단적 파국으로 치달을 가능성은 희박하다. 미·중 양국 위기관리 메커니즘은 쌍방의 분쟁과 마찰을 원만하게 처리할 수 있을 것이다. 하지만 국가이익, 세계관, 의식구조 등의 차이로 양국 간 구조적 모순은 상당 기간 지속될 것으로 전망된다.

옛 소련이 해체된 후 세계는 미국을 정점으로 하는 삼각형 질서로 편성되어 왔다. 그러나 근래 중국의 부상으로 세계는 삼각형과 원(圓)형의 두 세력으로 재편되고 있다. 반만년 노대국의 중화사상은 한마디로 중국이 원형의 중심에 위치에 있다는 자부심 충만한 세계관이다. 삼각형의 정점에서 내려오지 않으려는 미국, 원의 중심 위치를 회복하려는 중국, 이들 G2 접점에 위치한 한국은 어떤 선택을 해야 할까? 한국에 미·중 양국은 하나를 버리고 다른 하나를 택해야 하는 대체재가 아니라 함께할 때 더 큰 실리를 얻을 수 있는 보완재와 같은 존재들이다. '친미반중이냐, 반미친중이냐' 하는 식으로 택일에 집착하기보다는 용미용중(用美用中)의 지혜를 모아야 할 시점이다.26)

'차이메리카'와 한국

미국발 금융위기 쓰나미로 세계경제의 지축이 흔들리고 있는 요즘, 유엔회원국 명단은 물론 세계지도에도 없는 '차이메리카(Chimerica)'라는 나라가 인구에 회자되고 있다. 중국과 미국을 합체한 이 가상의 제국은 2007년 하버드대 경제사학자 니얼 퍼거슨 교수에 의해 탄생됐다.

차이메리카의 동부(중국)는 저축에 몰입했고 서부(미국)는 소비에 탐닉했다. 동부는 상품을 사주는 서부 덕분에 고속성장을 지속했고 서부는 동부 덕분에 대출을 받아 풍요로운 소비생활을 누렸다. 중국과 미국을 한 몸으로 본 차이메리카는 서구우월주의의 이분법에 기반한 중국붕괴론, 중국봉쇄론 등을 되풀이하던 서방 주류학계에서 신선한 추론으로 받아들여졌다.

금융위기가 시작된 2008년 9월, 퍼거슨 교수는 10년간 유지된 차이메리카는 끝나 가고, 20년 내에 중국의 지배하에 세계 평화가 유지되는 '중국패권' 시대가 올 것이라고 예견했다. 두 달쯤 지난 11월, 그는 다시 차이메리카마저도 곧 해체되고, G1 중국패권시대가 도래하니 오바마 대통령은 취임한 다음날 베이징으로 가 중국과 G2 회담을 열라고 주문했다.

퍼거슨 교수는 학자적 냉철함을 잃고 중국을 과대평가했다. 미국이 돌연사하고, 중국이 미국을 대체할 패권국가로 등장할 날은 요원하다. 중국은 외환보유고 1위(미국 국채보유액 1위)를 제외한 거의 모든 분야에서 미국에 견줄 바가 못 된다. 열악한 환경과 인권상황, 극심한 지역격차, 만연한 가짜와 부패는 한심한 수준이다.

"우리의 마약은 바로 중국산 상품과 중국의 현금 투자였다." 2008년말 뉴욕타임스 1면 머리기사에 나온 구절이다. 이 기사를 변곡점으로 위기 본질에 대한 미국의 인식은 월가의 탐욕에서 비롯됐다는 '자성론'에서 중국 탓으로 돌리는 '중독론'으로 전환됐다. 오바마 대통령은 취임하자마자 가이트너 재무장관을 통해 중국의 위안화 환율조작을 공개적으로 비난했다.

이에 원자바오 중국 총리는 미국 국채를 더 이상 사지 않을 수 있다고 카운터펀치를 날렸다. 중·미 간 환율논쟁은 문제 해결에 도움이 안 된다. 설령 중국이 위안화를 절상한다더라도 미국경제와의 동조 붕괴로 이어져 그 파장이 전 세계에 미치게 될 것이다.

중국은 이름만 사회주의국가일 뿐, 실제는 자본주의 개발독재정이다. 지난 25년간 중국은 '사회주의 시장경제'를 국시(國是)로 삼아왔다. 앞의 '사회주의'는 뒤의 '시장경제'를 장식해주는 수식어로 변질됐다. 사회주의를 마르크스 식으로 접근하는 목소리는 갈수록 잦아들었다. 중국의 핵심 브레인들은 미국의 힘은 자유경쟁에서 나온다고 분석하면서 중국 시장경제의 본질도 '자유경쟁'이어야 한다고 강조한 지 오래다. 중국은 미국의 풍만한 몸통에서 민주주의 정치제도(뼈)는 추려 버리고 자본주의 시장경제(살)를 취해 왔던 것이다. 시나브로 중국은 미국과 경제적으로 한 몸 같은 공생체가 됐다.

글로벌 경제의 시련은 중·미 간 상호중독의 금단현상이라기보다 차이메리카라는 자본주의 공생체가 겪는 성장통이다. 차이메리카는 끝난 게 아니라 시작한 것이다. 지금 붉게 물든 세계자본주의의 하늘은 저녁노을이 아니다. 새벽노을이다.

그렇다면 우리에게 차이메리카는 위기일까 기회일까? '태평양을 건너온 물고기는 살이 단단해 맛있다'는 말이 있듯이 위기를 슬기롭게 넘기면 뒤따르는 위기에 대처할 수 있는 강한 내성이 길러진다. 세계지도를 들여다보라. 지정학적으로 한반도는 지중해 시대에 로마 제국의 흥륭을 이루었던 이탈리아와 너무도 닮아있지 않은가?

새벽이 오기 직전의 어둠은 더욱 짙다. 바야흐로 시작되는 차이메리카의 신(新)태평양 시대는 찬란한 한국의 여명을 알리는 자명종이다.[27]

중국, 이미 하나가 됐다

2009년 12월 31일 후진타오 중국주석이 대만에 대해 군사 교류를 시작하자고 전격적으로 제안했다. 후 주석은 '대만 동포에게 고하는 글' 발표 30주년을 기념하는 좌담회에서 대만에 대해 기존의 경제 분야 교류를 넘어 군사 분야에서 접촉과 교류를 시작하고 군사안보 상 상호 신뢰 시스템을 구축하여 적대관계를 종식하자고 말했다.

1979년 중국은 '대만 동포에게 고하는 글'을 발표하고 무력을 통한 대만 통일정책을 평화통일로 전환한 이후 대만의 독자적인 정부 조직과 군대유지를 보장하는 등 획기적인 양안(兩岸)교류를 제안해 왔다. 대만에 대하여 홍콩과 마카오의 흡수통치원칙인 일국양제(一國兩制)보다 한 차원 탄력성이 강한, 사실상의 '일국삼제(一國三制)'를 제시해 온 것이다.

· 一國三制 목표 군사교류 제안

군사교류로써 대만과의 일국삼제 방식의 통합을 견인해내겠다는 의도로 보이는 후 주석의 제안에 대한 대만의 반응은 환영 일색이다.

마잉주 대만 총통은 2009년 1월 1일 신년연설을 통해 대만과 중국의 양안관계 개선이 주권을 저해하지 않는 선에서 전체 중국에 긍정적인 변화를 일으키기를 희망한다고 화답했다. 대만 최대 일간지 연합보(聯合報)도 신년사설에서 후 주석이 보낸 값진 연하장에 대해 대만은 전방위 전천후 화해시대를 가속화하기 위한 행동으로써 답장을 대신하자고 강조했다.

양안관계는 2008년 5월, 대만의 국민당 집권 이후 한층 가까워졌다. 국공내전 이후 60년 만에 중국과 대만은 해운 직항, 항공 직항, 우편 직통 등 대삼통(大三通)의 양안 1일 생활권 시대를 열었다. 엄밀히 따지고 보면 양안 밀월관계는 정치지도자의 일방적인 화해 제스처나 진정성이 의심스러운 일회성 이벤트에 의해 단숨에 뜨거워진 것은 아니다.

중국과 대만은 점진적 실질적으로 경제 사회 문화적 통합을 이루어갔다. 대만독립을 공언하던 민진당 집권기간에도 꽁꽁 얼어붙은 겨울 강 밑바닥에서 도도히 흐르는 물처럼 정치 군사 부문을 제외한 거의 모든 분야에서 교류의 폭이 넓어지고 신뢰의 깊이가 더해갔다.

지난 40년간 대만에서 중국대륙을 방문한 총인원 수는 1억 명이 넘는다. 대만 인구의 배보다 많고 우리나라 인구보다 많다. 2016년 말 현재 7만 2000여 개의 대만기업이 중국 방방곡곡에 진출했으며 양안의 연간 교역액은 2300억 달러를 초과했다.

중국 당국의 대만과 홍콩기업 우대정책은 내국인 대우 정도가 아니라 초(超)내국인 대우 수준이다. 오죽하면 대만과 홍콩기업들이 진출한 지역에 한국 기업이 투자했다간 백전백패한다는 말이 나돌 정도였을까? 내가 상하이와 베이징 장기체류시절에 임차한 주택의 소유주도 각각 대만사람과 홍콩사람이었다. 그들은 간혹 '대만해협에 일촉즉발 전운 감돌아' 식의 서방 매체와 그것을 앵무새처럼 되뇌는 외신보도를 접할 때마다 "SF 소설보다 더 황당한 소리"라며 실소를 참지 못했다.

・정신적으론 통일된 超大國

세계무역기구(WTO)에서 중국과 독립관세지역인 대만, 홍콩, 마카오는 각각 회원국 지위를 갖는다. 그러나 유엔에서는 중국의 자리는 하나다. WTO와 달리 유엔에서는 오직 국가만이 회원국이 될 자격이 있기 때문이다.

"우리 중국을 약소국가라고 하지 말라, 중화인민공화국을 보라! 우리 중국을 독재국가라고 하지 말라, 대만을 보라! 우리 중국을 더러운 후진국이라고 하지 말라, 싱가포르를 보라!"

몇 년 전 베이징에서 만난 대만친구 린(林) 교수는 이렇게 외쳤다. '우리 중국을…'이라는 말머리가 그의 입에서 연거푸 나오는 동안 얼핏 나는 무언가를 봤다. 그것은 이미 통일된 거나 다름없는 일체다면(一體多面) 국가, 중국이라는 거대한 회전목마였다.

'베이징 사자'와 조련사

잠에서 깨면 귀찮아진다는 중국이 개혁개방의 소용돌이 속에서 서서히 눈을 떴다. 20여 년 전 중국 신세대 지식인들은 1000만 권이상 팔린 초베스트셀러, 'NO라고 말할 수 있는 중국(中國可以說不)'에서 온 몸의 솜털이 일어서는 듯한 경고의 말을 내뱉었다.

"사자(중국)가 조련사(서구열강)보다 훨씬 강하다. 그런 사실을 조련사는 알지만 사자는 모른다. 그러나 사자가 그 사실을 알아버렸는데도 조련사가 예전처럼 사자를 길들이려 한다면 어떻게 될까?"

200여 년 전, 나폴레옹은 말했다. "중국? 잠자는 사자를 깨우지 말라. 잠에서 깨면 귀찮아질 테니까."

베이징올림픽 개막식에선 전례 없는 일이 벌어졌다. 중국 수뇌부들이 단상의 VIP석에 앉는 대신, 이역만리 머나먼 길을 마다 않고 찾아온 미국의 조지 W 부시, 러시아의 블라디미르 푸틴, 프랑스의 니콜라 사르코지를 비롯한 100여 명의 각국 정상은 단하의 작고 딱딱한 일반석에 앉아야 했다. 그리고 무려 1억 달러가 투입된 개막식은 아이러니하게도 공자의 논어를 인용해 '유붕자원방래 불역낙호(有朋自遠方來 不亦樂乎; 먼 데서 벗이 찾아오니 이 또한 즐겁지 아니한가)'라는 구호로 시작되었다.

웅장하고 화려하기 전례가 없지만 5,000년 해묵은 문명만을 긁어모아 중화(中華)정신으로 재포장한 자아도취성 쇼를 접하면서 전 세계 시청자들은 왠지 모를 두려움에 전율했다. 마치 조련사보다 훨씬 강함을 오래전에 알고 있었지만 이날이 오기만을 기다리며 꾹 참고 있었다는 사실을 온 세상에 포효하는 한 마리 사자와 마주한 것처럼.

올림픽은 국력 상승기의 아시아권 개최국을 한 차원 높게 발전시켜주는 변속기 역할을 했다. 1964년 도쿄올림픽은 일본을 저가제품 생산국으로부터 선진국 행렬로 들어서게 했고, 1988년 서울올림픽도 한국의 위상을 높이고 경제사회발전과 민주화·세계화에 박차를 가하는 계기를 마련해 주었다.

그렇다면 아시아의 노대국, 중국에게서 베이징올림픽은 어떤 의미인가? 경제대국에서 문화대국으로 향하는 전환점이다. 중국은 이 전환점을 돌고나면 찬란했던 8세기 당나라 시대에 비견되는 영광의 탄탄대로가 눈앞에 펼쳐질 것이라고 기대하고 있다.

중국인은 지난 200여 년을 제외하고는 역사상 자존심이 매우 강한 민족이었다. 예로부터 중국인은 자신들이 세계의 중심에 있고 가장 높은 문명을 발달시켜왔으며 황제가 이러한 정치·문화의 중심인 중국을 통치한다고 믿어왔다. 이러한 중국인의 자존심은 물리적인 힘보다는 문화적인 힘에서 나오는 것이다.

베이징올림픽은 전 세계에게 중국의 역량을 확인시켜 주는 계기이자 중국인 스스로 자존심을 회복하는 전기가 되었을 것이다. 그동안 중국의 대외정책을 지배해온 기조는 덩샤오핑이 제창한 "칼날의 빛을 감추고 어둠 속에서 힘을 기르자"는 도광양회였다.

그런데 국제정치·군사·우주과학 분야의 대국 중국의 2008년 말 현재 외환보유고와 외자유치액은 세계 1위, 대외무역액은 세계 2위, 국내총생산(GDP)과 국민총소득(GNI)은 세계 4위다. 명실상부한 경제통상대국이다.

게다가 금상첨화 격으로 베이징 올림픽 금메달 획득 수에서 미국을 압도적 차이로 제치고 종합 1위를 차지, 스포츠 초강대국으로까지 등극한 마당에 중국은 더 이상 칼날의 빛을 감추려고 하지 않는다. 그 대신 '평화롭게 국제사회의 강대국으로 우뚝 선다'는 화평굴기(和平堀起)의 시대로 본격 진입하였음을 베이징올림픽을 통하여 전 세계에 재확인하였다.

이제 굽히고만 있지 않고 힘을 과시하겠다는 화평굴기의 깃발을 내건 중국의 국가원수가 포스트 올림픽 시대를 여는 첫날, 첫 해외 순방국으로 우리나라를 정한 의미는 무엇일까? 어금니를 꽉 깨물어야겠다.28)

중국에 가까운 나라는 북한이 아닌 한국

개인 간이나 국가 간이나 우호관계를 위해선 상대와 상대의 대외관계에 대한 정확한 인식이 필요하다. 우리가 북·중 관계, 중·일 관계, 미·중 관계 및 한·중 관계의 실상을 알아야 하는 이유다.

사드 배치와 관련한 북·중 관계의 실상을 살펴보고자 한다. 국내의 주류 관·언·학계의 시각은 여전히 중국이 사드 배치에 반대하는 까닭은 북한의 혈맹관계인 중국이 한·미 동맹 관계를 약화시키고 북한에 유리한 입지를 제공하려는 목적이라고 한다.

한마디로 말하면 '아니다.' 북·중 관계는 옛날엔 '혈맹 관계', 지금은 '단순수교 관계'다. 우리나라에서는 북·중 관계를 '혈맹관계'라고 쓰지만 이는 중국의 헌 책방에서나 찾아볼 수 있는 '사문(死文)'이다. 명실상부한 '혈맹관계'였던 북·중 관계는 1992년 한·중 수교, 1993년 북한의 베이징 올림픽 개최 반대표 행사, 1994년 김일성 사망을 계기로 1995년부터 중국의 각종 공식 비공식 매체와 문서에서 '전통적 우호관계'로 표기되기 시작했다. 더군다나 2009년 북한의 2차 핵실험 직후 최저 단계인 '단순수교 관계'로 급전직하한 바 있으며, 그 후 다시 명목상으로는 '전통적 우호관계'로 회복됐다.

그러나 법과 제도에 의한 의법치국(依法治國)과 유교식 충효사상을 강조하는 시진핑 시대 이후 북·중 관계는 이름만 '전통적 우호관계'일 뿐, 실질상 '단순수교'의 밋밋한 상태를 지속하고 있다.

중국이 북한을 지원해온 이유는 6.25전쟁에 참전했다는 혈맹관계에서가 아니라 중국 자신의 국가이익 때문이다. 북한에 대한 중국

사회의 통념은 사회주의 형제국가가 아닌 럭비공같이 어디로 튈지 모르는 사이비 종교집단 극빈국이다. 오늘날 중국인에게 가장 큰 욕은 "북한에 가서 살아라!"다.

2017년 12월 2일 일본 요미우리 신문은 왕양(汪洋)이 방중한 야마구치 나쓰오(山口那津男) 일본 공명당 대표에게 북·중 관계가 과거 '혈맹관계'에서 핵 문제로 인해 이제는 '대립관계'가 됐다고 말한 것으로 보도했다.

북·중이 혈맹관계라서 한·미 동맹만으로 부족하니 유사시 자위대의 한반도 진주 등 일본 군사력의 도움이 필수라는, 속보이는 궤변을 펼치던 일본 언론은 중국 권력서열 4위 왕양이 북·중 관계를 '대립'으로 표현한 것은 이례적인 일이라고 호들갑을 떨었다.

韓-中정상회담:11회, 北-中정상회담:2회
(2013.1~2018.5)

중국 現정치국상무위원 訪韓:18회, 訪北:5회
(2000.1~2018.5.)

서열	1위	2위	3위	4위	5위	6위	7위	합계
성명	시진핑	리커창	리잔수	왕양	왕후닝	자오러지	*한정	
방한 회수	5	5	2	2	2	0	*2	18
방북 회수	3	1	0	0	1	0	0	5

21세기(2000년~2018년 5월)까지 중국 현 정치국 상무위원 7인의 방한 횟수는 18회이나 방북횟수는 5회에 불과하다.

또한 2013년 시진핑 시대 2018년 5월 말 현재까지 한·중 정상회담은 11회 열렸으나 북·중 정상회담은 2회에 불과하다. 문재인 대통령은 2017년 7월 6일 독일 베를린 주요 20개국(G20) 정상회의, 11월 11일 베트남 다낭 아시아태평양경제협력(APEC) 정상회의, 12월 14일 국빈 방중에 시 주석과의 정상회담 등 취임 8개월간 세 차례 한·중 정상회담을 가졌다(전화통화 제외).

이처럼 '경제는 온탕, 정치는 냉탕'으로 잘못 각인되어온 한·중 관계는 사실 북·중 관계보다 경제·사회·문화뿐만 아니라 정치·외교적으로도 긴밀해진 지 이미 오래다.

심지어 사드(THAAD·고고도 미사일배치) 배치 문제로 한동안 양국 관계가 경색됐던 때도 정치·경제·사회·문화 모든 면에서 한·중 관계는 북·중 관계보다 친밀한 관계를 유지했다.

요컨대 중국에 가까운 나라는 한국보다 북한이라는 인식은 1970년대 냉전시대 사고방식에 기반한 오래된 잔상이거나 위험한 착각이다. 사드 배치에 관련한 중국의 대외전략에 관해 한·중 관계에 대한 환상도 버려야 하지만 북·중 관계를 과대평가함으로써 한·중 간 신뢰를 약화시켜서는 안 될 것이다.

북·중 관계 바라만 봐야 하나

937년, 신라 마지막 왕 경순왕 김부(金傅)는 마의태자의 만류를 뿌리치고 고려 태조 왕건에게 나라를 송두리째 바쳤다. 왕건은 경순왕에게 경주를 식읍으로 주고 지방의 질서를 잡는 사심관 벼슬을 내렸다. 역사는 이를 '경순왕의 귀부(歸附 · 스스로 와서 복종함)'로 기록하고 있다.

중국 관영 신화통신은 2010년 8월 30일 후진타오 중국 주석이 북·중 정상회담에서 김정일 북한 국방위원장에게 제안한 5개 사항을 공개하였다. 가장 눈에 띄는 대목은 '내정 및 외교에서의 소통 강화'이다. 20세기 이후 독립국가 간의 정상회담에서 '내정소통'이라는 외교상 금칙어가 오가고, 매체에 공개된다는 것은 외교사적 '사변(事變)'이라 할 수 있다. 중국이 외교원칙의 금과옥조로 삼아온 내정불간섭 원칙을 깨버린 것이다. 김정일의 노쇠와 함께 북한의 붕괴위기는 더 이상 유언비어가 아니다. 세습정권의 연명을 위해서는 오로지 중국에 몸을 맡기는 길밖에 없다고 판단한 것일까? 이번 김 위원장의 방중행렬에서 경순왕의 귀부행렬이 겹쳐진다.

· '혈맹'은 옛말, 갈등 커져

중국을 좀 더 정확하게 꿰뚫어 보아야 한다. 중국의 동향을 예의주시하며 능란하게 대처해야 한다. 중국이 북·중 관계에서 중시하는 국익을 인정하지 않고 중국에 불만을 표출하는 것은 실익이 없다. 일례로 우리나라에서는 북·중 관계를 '혈맹관계'라고 쓰나 이는 중국의 헌책방에서나 찾아볼 수 있는 사문(死文)이다. 북·중 관계는 1992년 한·중 수교와 1993년 북한이 베이징올림픽 개최에 반대표를 던진 사건을 계기로 '전통적 우호관계'로 격하되었다(1995년판 중국외교백서~2009년판 중국외교백서 참조).

중국이 북한을 지원해온 이유는 6.25전쟁에 참전했다는 혈맹관계에서가 아니라 중국 자신의 국익 때문이다. 2010년 5월 3~7일 방중에서 김정일이 정치국 상무위원 9명 전원이 총출동한 이례적인 환대를 받았다고 하지만 과거 베이징을 방문할 때마다 정치국 상무위원 전원이 그를 맞이하였다. 심드렁한 '관례적' 의전행사였을 뿐이다. 오늘날 중국인들에게 가장 큰 욕은 '북한에 가서 살아라!'이다. 북한에 대한 중국사회의 통념은 사회주의 형제국가가 아니라 가난하고 성가신 이웃이다. 중국 지도층은 김정일이 진정성을 가지고 개혁개방을 추진하리라는 기대를 접은 지 이미 오래이다.

이번 김정일의 방중을 전환점으로 중국이 북한의 후원자 지위에서 간섭자 지위로의 변신을 도모하고 있음을 알 수 있다. 북한의 존재가치를 중국에 대한 안보 위협을 줄여주는 완충지대에서 중국모델의 이식과 팽창욕구해소의 최전선으로 변환시키려는 동향을 감지할 수 있다. 중국 차세대 지도층의 정책주력방향이 '동북3성 개발'이라는 지역개발전략을 넘어 '북한의 동북4성화'라는 대외확장노선으로 전환될 가능성도 예견된다. 베이징-단둥 고속철도를 비롯하여 동북3성 내의 교통·통신·발전소·항만 등 인프라 구축 준공시한이 제4세대 집권 마지막 해인 2012년에 집중되어 있었다. 반면에 단둥-평양, 단둥-원산, 투먼-나선, 창바이-김책 등 동북3성에서 압록강과 두만강을 건너 북한 땅을 땀땀이 꿰매 내려가는 고속도로와 철도

건설 준공시한은 제5세대 집권 기간 중으로 맞춰져 있기 때문이다.

· 中, 후원자에서 간섭자로

북·중 국경선의 길이는 휴전선(248km)보다 5배 이상이 긴 1350 km이다. 개울 위쪽 넓은 곳은 터놓은 채 아래쪽 좁은 곳에 둑을 쌓는다고 물고기가 잡히겠는가? 한국이 북한의 포위와 봉쇄를 강화할수록 북한의 갈 길은 결국 중국뿐인 것이다. 정권 교체시마다 '퍼주기'와 포위봉쇄를 반복하는 건 북한을 다루는 데 도움이 안 된다. 북한지역의 동북4성화를 막고 북한정권의 대한민국에로의 귀부를 이끌어내기 위해서는 한·미 동맹 강화와 함께 중국과의 안보협력, 신뢰 강화에도 힘써야 한다. 정권의 성향과 관계없이 대중국외교 및 대북전략을 위한 국가차원의 중장기 로드맵이 마련되어야 한다.[29)]

'쯔위 사태'보다 수백 배 더 휘발성 강한 한국-홍콩 '양국'

· 홍콩은 제주특별자치도보다 작은 중국의 시한부 지방자치도시

'한국-나선특구 양국관계'라는 말을 들어본 적이 있는가? 가령 우리나라 지도층 인사들이 이런 용어를 쓴다면 우리 국민들은 그를 어떻게 처분하겠는가? 그런데 이런 '가령'과 흡사한 구조의 용어가 실제로 우리나라 각계각층에 유포되어 있다면 어떻게 할 것인가?

"한국·홍콩 양국의 활발한 무역관계에 가교역할을", "한국과 홍콩 등 주요 국가들과", "한국과 홍콩 양국관계를 더 전면적으로 진전시키는 촉진제가 되기를", "홍콩, 인도, 중국 등 전략적으로 중요한 국가들", "한국-홍콩의 양국관계자들과 기념촬영", "한국과 홍콩 일본 등 아시아 국가들", "한국과 홍콩 양국의 금융관계자 20여 명이 참석", "한국, 영국, 홍콩 등 90여 개 국가" 등등….

　이상은 '한국·홍콩 양국관계'와 '한국, 홍콩 등 국가'를 검색어로 포털사이트에 입력해보았더니, 우수수 쏟아져 나오는 수천 건의 국내기사 중의 극히 일부이다. 종합국력 세계 10위권의 주권국가 대한민국을 제주특별자치도보다 작은 중국의 시한부 지방자치도시 '홍콩'과 어깨를 나란히 '양국관계'로 표기하다니…

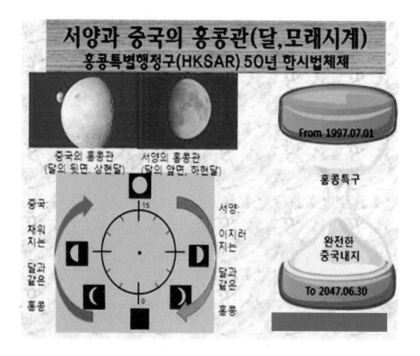

이는 얼마 전 대만의 미녀 아이돌이 대만국기를 흔들다 물의를 빚은, 이른바 '쯔위사건'보다 '한국·홍콩 양국관계' 용어는 더 심각한 위험을 내장하고 있다. UN 비회원국 대만은 국제법상, 특히 한중수교 협정상 국가가 아니지만(아니라고 해야 하지만), 독립적 입법행정사법체제와 세계14위 군대와 세계5위 외환을 보유한 '사실상 국가'이다. 우리나라와 함께 자유세계수호전선의 전우, 동병상련의 역사를 공유한 대만은 우리 국민감정상 '아직도 그대는 내 사랑'이다. 대만아, 미안하다!

그러나 홍콩은 법률상, 사실상 논란의 여지가 없는 중국의 특별지방자치도시의 하나일 뿐이다. 우리 국민들은 쇼핑과 관광의 낙원 이미지 홍콩에서 대만의 눈물과 아픔, 처절함과 미안함이 짙게 배인 페이소스를 공감하기 어렵다.

'00-홍콩 양국관계' 상용자는 누구일까? 홍콩의 중국 본토화를 아쉬워하는 영국과 일본, 미국을 위시한 서방의 주요 언론매체를 의심하고 샅샅이 뒤져보았다. 그러나 '00-홍콩 양국관계' 식 표기는 단 1건도 찾지 못했다. 대신에 '양자관계', '쌍무관계'가 대다수이다.

현대문명사회가 홍콩을 국가라 불러야 할 이성적, 감성적 이유도, 역사적, 현실적 근거도 찾기 어렵다. 그런데도 왜 우리만 '한국-홍콩 양국관계'라는 독창적(?)인 악성용어를 고수하고 있을까? 보다 다각적이고 심층적인 연구 분석이 필요하지만 우선 세 가지 이유를 추론하면 이렇다.

첫째, 글로벌 사회는 광속으로 변하고 있는데 필자 포함 우리 식자층 다수는 과거 서방세계의 쌍팔년도(단기 4288년, 서기 1955년)식 홍콩관(觀)에 매몰되어 있기 때문. 둘째, G2 시대 중국이 바라보는 홍콩의 현재와 미래가 무엇인가를 알려는 진지한 마음가짐이 미흡하기 때문. 셋째, 중국과 홍콩을 올바로 인식하기 위한 노력은커녕 어떠한 개념정립과 대응책 마련이 우리나라 국가위상과 국가이익에 부합되는가에 대한 자기생각이 부족하기 때문으로 분석된다.

· 서양이 보는 홍콩은 달의 앞면, 중국이 보는 홍콩은 달의 뒷면

홍콩은 달과 비슷하다. 우리가 바라보는 달은 달의 앞면이지 달의 뒷면은 아니다. 서방세계가 보는 홍콩이 달의 앞면이라면 중국이 보는 홍콩은 달의 뒷면이다. 또한 서방세계의 홍콩은 이지러지는 달과 같다. 2018년 6월 말 현재 홍콩은 잔여수명이 29년 남은 하현달과 같다. 반면 중국대륙의 홍콩은 차오르는 달이자 2047년 6월 30일 만월을 향해서 커가는 상현달이다. 이처럼 서방세계와 중국의 홍콩관은 달라도 너무 다르다. 그 실례로 상하이 장기체류 시 묻어두었던 충격적 추억 하나를 최초로 공개하고자 한다.

중국의 전국운동회(전국체전)는 올림픽처럼 4년마다 열린다. 1997년 10월 12일 상하이 홍커우 운동장(윤봉길의사 기념관 근처)에서 제8회 전국운동회가 개막되었다. 장쩌민 국가 주석, 사마란치 IOC 회장을 비롯한 내외귀빈들이 대거 참관했다. 상하이 주재 영사단의 눈과 귀는 '홍콩 초대행정장관 동젠화(董建華)' 한 사람에 집중되었다. 그는 홍콩이 중국에 반환된 지 3개월이 막 지난 시공간의 신선한 중심인물이었다.

• "홍콩수장의 중국 내 서열은 과연 몇 위쯤일까?"

각국 영사들은 개막식 시작 선언 전의 짬을 이용하여 저마다 점을 쳤다. 미국과 영국 등 서양의 영사들 대부분은 동젠화가 사마란치 다음의 3순위를 꼽았다. 나머지 대다수는 대개 장관급에서 부총리급으로, 나와 싱가포르 총영사, 둘은 상하이 시장 다음 순위 정도로 예측했었다. 그러나 예상은 다 틀렸다. 홍콩수장은 8명의 상하이 부시장(당시 제8부시장 한정, 현재 상하이 당서기)의 다음 순위였다. 그 다음으로 홍커우구 당서기(구청장)가 호명되었다. 홍콩수장의 지위가 상하이 제8부시장과 구청장 사이라니, 일대 충격이었다. 영사단과 외신기자단이 자리한 외빈석이 한동안 술렁거렸다.

• G2 시대, 용이 아끼는 여의주는 홍콩이 아니라 상하이

우리는 중국 정부가 홍콩의 기를 죽이고 서방세계에 기선을 제압하기 위한 의도적 제스처가 아니었나 의심했었다. 알고 보니 그게 아니었다. 중국의 홍콩에 대한 자리매김은 1회성이 아니라 일관성을 유지했다. 역대 홍콩수장에 대한 카운터 파트너는 특별한 경우를 제외하고 최저 직할시 구청장, 최고 직할시 시장(시장은 2인자, 시당서기가 1인자)이었다. 기실 홍콩은 중국의 31개 성급광역행정단위도 아니다. 마카오와 함께 2개 행정특구 중 하나인 홍콩을 5개 경제특구 중 하나이자 인접한 선전과 병렬하여 취급하는 추세에 있다.

옛날 중국이라는 '용'에게 홍콩은 유일한 여의주였다. 하지만 21세기 용이 가진 여의주는 여러 개다. 한 자리 수에서 두 자리 수로 늘어나고 있다. 지금 용이 가장 아끼는 여의주는 홍콩이 아니라 상

하이다. 세계최대항구 상하이를 필두로 선전, 닝보-저우산, 광저우, 칭다오 및 텐진 등의 세계항구 물동량 TOP 10들과 함께 홍콩은 시나브로 '원 오브 뎀'이 되어 가고 있다.

홍콩은 중국전체 면적의 9000분의 1, 베이징의 12분의 1, 상하이의 5분의 1에 불과하다. 홍콩은 특별한 내력으로 인해 무역과 금융업이 발전한, 자치권이 한시적으로 부여된, 중국의 외향성 중대형 항구도시의 하나일 뿐이다. 더구나 중국정부는 2050년 광저우-선전-홍콩-주하이-마카오 일대를 광둥성에서 분리해내어 중국의 다섯 번째 직할시로 승격시키는 메트로폴리탄 마스터플랜을 수립해놓고 있다. 그때쯤이면 홍콩은 '광저우직할시 홍콩구'로 강등당할 가능성이 높다. 마치 우리나라 진해시가 창원시 진해구로 되듯.

홍콩이 국가가 아니라는 사실은 삼척동자도 다 안다. 그런데도 홍콩을 국가로 표기해도 무방할 것 같은 정당성(?)을 부여해주는 백 그라운드는 크게 두 가지. 첫째, 홍콩이 'WTO 회원국'으로서 경제·무역·금융 분야에서의 차지하는 비중이 워낙 크기 때문. 둘째, 대만에 대한 태도와는 달리 홍콩을 국가로 표기해도 중국이 별다른 항의를 표하지 않기 때문으로 분석된다. 이에 편승, 혹자는 글로벌 경제시대에 실질적 세계대표 국제기구는 UN(국제연합)이 아니라 WTO(세계무역기구)라며 홍콩이 'WTO 회원국'인데 괜한 트집인가? 하고 반문할 것이다.

· 홍콩은 국가도 'WTO 회원국'도 아니다

'한국·홍콩 양국관계'의 악성용어 주요 배후 중의 하나는 'WTO

회원국'이다. UN에서의 중국은 하나이지만 WTO에서 중국은 4개나 된다. 즉, 중국, 홍콩(Hong Kong, China), 마카오(Macao, China), 대만(Chinese Taipei)이다. UN 회원자격은 주권국가이지만, WTO 회원자격은 주권국가와 독립된 관세영역(Customs Territory) 두 가지다.

대만, 홍콩, 마카오는 국가가 아닌 관세영역의 자격으로서 WTO 회원이다. 따라서 'WTO 회원국'은 오기이다. 'WTO 회원'으로 바로잡아야 한다. 중국과 홍콩, 중국과 대만과의 체결한 FTA는 국가와 관세영역 간의 체결한 WTO 체계 내의 협정이다. 홍콩의 경제 무역 금융부문의 지표가 웬만한 국가들보다 높더라도 국가로 불러서는 안 된다. 경제지표가 제아무리 높더라도 홍콩은 국가 아닌, 관세영역일 뿐이다.

또한 '한국의 3대 수출상대국 홍콩', '세계 제7위의 외환보유국 홍콩' 등의 표기는 중국경제라는 전체화면의 20~30% 정도를 블라인드 처리해 버려 정확한 평가와 판단을 흐리게 하고 있다. 하나의 거대생태계로서의 중국경제에 대한 총체적이며 유기적인 관찰과 분석 및 대책의 피드백 시스템 전반에 걸쳐 크고 작은 버그를 발생하게끔 하고 있다.

홍콩특구는 세계사에서 유례를 찾기 어려운 초대형 한시법 체제이다. 서구세계의 시각으로 볼 경우 2018년 6월 30일 현재기준, 홍콩은 잔여수명이 29년 남은 모래시계와 같다. 2047년 7월 1일 이후 중국대륙의 어둠속으로 사라지면 다시 초승달로 되살아나올 가망도 없는, 이지러지고 있는 달과 같다.

덩샤오핑이 고안한 마법의 틀, 행정특구제도는 홍콩을 피 한 방울 묻히지 않고 반환받고 나아가 대만을 흡수통일하기 위해 마련한 제도적 장치이다. 홍콩은 중국 중앙정부로부터 50년간 한시적으로 권한을 위임받아 중국 내지와 점진적으로 일체화시키는 '중국특색적 특별지방자치지역'이다. 중국과 홍콩의 관계는 중앙정부와 1개 지방정부의 관계로서 상명하복의 수직관계이다.[30)]

·'한국·홍콩 양국관계'는 동북공정 유발용어

끝으로 홍콩을 국가로 표기해도 당사국 중국이 잠자코 있는데 웬 호들갑인가 하며 나의 충정 어린 지적과 호소를 씹어버리면 곤란하다. 중국이 가만히 있기 때문에, 바로 이것 때문에 하루빨리 시정하여야만 한다.

중국은 홍콩과 대만에 이중 잣대를 가지고 대응하고 있다. 홍콩은 이미 중국의 뱃속에서 반쯤 삭혀진 것이고 대만은 아직 중국의 입 밖에 있다. 특히 민진당 집권 시 대만은 '식탐 그만 부리고 나를 그냥 놓아두라'며 중국의 식단에서 이탈하려고 하고 있다. 이게 바로 중국이 '쯔위사건'처럼 사소한 해프닝에도 과민반응을 보이는 대신, 주·객관적으로 명백한 오류인 '한국·홍콩 양국관계'에는 아무런 반응을 보이지 않는, 진짜 이유이다.

'뱃속에 삭혀지는 지방정부 홍콩조차 한국은 국가로 칭하며 자국과 같은 동격으로 보는구나, 역시 한국은 우리에게 조공을 바치던 사대주의 근성이 골수까지 스며든 중국의 속방이야, 그래서 동북공정의 일환으로 고구려와 발해를 지방정권이라고 해도 아무렇지 않을 거야.'

'한국·홍콩 양국관계', 이에 대해 중국은 화를 내고 있는 게 아니라 오히려 즐기고 있다. 이거야말로 자신만이 전 세계의 중심이라는 (과대망상적 자아도취성 사고방식에 기반한) 중화사상에 부합하는 용어라며 두 눈을 지그시 감고 '주변국 한국이 보내는 신사대주의'의 깊은 맛을 음미하고 있을지도 모른다.

우리나라가 대만을 국가라 하면 중국에 대한 모독이지만 홍콩을 국가라 하면 대한민국에 대한 자기모독이다. '한국·홍콩 양국관계'는 동북공정 유발용어이자 대한민국 국가모독 용어이다. '한국·홍콩 양자관계'라 하든지 '한국·홍콩 관계'라고 바로잡아야 한다.

홍콩반환 이후 중국은 홍콩의 발끝에서 머리까지, 홍콩의 영혼과 육신 모든 것을 중국 내지와 완벽하게 일체화시키는 작업을 주도면밀하게 수행하고 있다. 일례로 2015년 12월 마윈의 알리바바 그룹은 홍콩의 대표적 영자신문이자 중립정론지 사우스차이나모닝포스트(SCMP)를 인수했다.

우리는 더 이상 홍콩을 중국과 별개로 생각하지 말아야 한다. 자유항 홍콩의 추억은 잊자, 홍콩탈출이 필요하다.[31]

연행 육탄저지 강효백 영사 "이런 수모 당해야 합니까?"

"사건발생 당시에는 잘 몰랐는데 시간이 점점 지나니까 온몸이 욱신거려 다니기조차 힘듭니다."

2002년 6월 13일 오후 베이징(北京) 주재 한국대사관 영사부 밖의 외곽 경비초소에서 탈북자 원모(56)씨가 중국 공안(경찰)에게 강제 연행되는 것을 저지하기 위해 온몸을 던져 한국 민족주의 정신을 고양시킨 한국대사관 영사부의 강효백(姜孝伯) 영사.

특히 중국 공안의 무차별 폭력에도 굴하지 않는 모습이 일본 TV를 통해 방송되자, '탈북자가 같은 동포라는 점'을 감안하더라도 선양(瀋陽) 주재 일본 총영사관 영사들의 대응자세와 큰 대조를 이뤄 일본 언론의 초점 인물로 떠올랐다.

"우리 동포가 왜 남의 나라에 와 이 같은 수모를 당해야 합니까? 정말 참담한 심정입니다." 자신이 백주에 술 취한 20대 중국 공안들에게 폭행당하는 것은 아무 것도 아니라는 그는 같은 동포가 바로 눈앞에서 강제로 끌려가는 장면을 목도하고도 어쩔 수 없었던 것이 더욱 가슴 아팠다고 전한다.

<2002년 6월13일 오후 北京市의 한국 총영사관 정문 앞 경비초소에서 중국 경찰과 외교단지 보안요원들이 탈북자 원모씨를 강제연행하는 과정에서, 이를 말리는 한국 외교관들에게 폭행을 가하고 있다.>

사건의 그 장면..

강 영사가 보여준 민족주의 정신은 하루아침에 이뤄진 것이 아니다. 타이완 정치대 박사인 그는 바쁜 외교 업무를 수행하면서도 틈틈이 한국의 민족주의 정신을 높이는 데 노력해왔기 때문이다. 2001년에는 중국 대륙 땅의 항일사적을 일목요연하게 정리한 '중국 내 한민족 항일독립운동 100대 사적'을 CD롬으로 출판했다.

앞서 2000년 7월 28일 그가 상하이(上海) 총영사관 근무 시절 수차례 답사했던 상하이의 한국 관련 유적지에 관한 글이 중국 인민일보(人民日報)에 게재되어 호평을 받았으며, '차이니즈 나이트 I, II' 등 6권의 중국 관련 저서와 '중국 중심항구 선정 논쟁' 등 중국 관련 논문과 칼럼을 썼다. "영사 업무를 맡고 난 뒤 여행사로부터 격려의 e메일을 받을 때가 가장 즐겁다."는 강 영사는 "미력하나마 한국 외교가 발전하는 데 최선을 다하겠다."고 말했다.[32]

만신창이 중국이 6.25에 참전한 진짜 이유는

도대체 중국은 무슨 의도로 6.25에 참전했던 것일까? 사회주의 진영의 수호를 위해서, 소련의 파병종용 때문에, 이른바 순망치한의 지정학적 안보 이익을 위해서 등등을 국내외의 고명한 정·관·언·학 인사들이 수없이 반복하며 거론하여 왔다. 그러나 필자는 이런 것들만으로는 중국의 그 부나방 같은 6.25 참전이유를 설명하기에 2%는 어림없고 20% 이상 부족하다고 생각한다.

그도 그럴 것이, 짧게는 8년간의 항일전쟁과 4년간의 국공내전, 길게는 1840년 아편전쟁부터 100여 년간 지속되어온 전천후 전방위적 외침과 내란으로 기진맥진의 정도를 넘어 만신창이 상태였는데다가, 건국된 지 한 돌도 채 지나지 않은 신생 정권이 당시 친소일변도인 북한 정권을 도우려고 세계최강 미군을 위시한 16개국 연합군과 맞서 싸워야 할, 국가의 존망을 건 사투를 벌여야 할 절박한 이유가 있었을까?

인류의 보편적·합리적·이성적 가치판단의 잣대로는 도저히 풀기 어려운 미스터리 중의 미스터리이다. 오죽했으면 중국의 참전가능성을 묻는 트루먼 대통령의 질문에 맥아더 원수조차도 '아주 적다'라고 오판했을까!

중국의 한국전 참전에 얽힌 비밀을 풀기 위해 필자는 마오쩌둥과 동북(만주)과 가오강(高崗), 타이완과 장제스와 관련된 지정학적 인식과 중요성, 은원관계를 근래 공개된 중국 내 각종 자료를 참고로 하여 풀어보고자 한다.

1949년 10월 1일 중화인민공화국이 건국되자 중국은 지방군구를 중심으로 크게 동북, 화북, 화동, 중남, 서북, 서남 6대 행정구로 구분했다. 화북만 중앙이 직접관할하고 그중에서 가장 노른자 자리인 동북지역의 당·정·군 최고 책임자를 친소파의 거두인 가오강이 담당하였다. 동북지역은 풍족한 자연자원에다가 일본의 괴뢰정권 만주국과 소련군의 무혈개입 등으로 산업화가 잘 전개 보존된 지역일 뿐만 아니라 당시 최신 장비로 무장된 25만여 명의 정예 병력을 지닌 제4야전군의 본거지였다. 그러나 가오강은 공산정부 수립 이후 최초로 숙청되고 1954년 자살로 비극적 생을 마감하였던 중국 최고위급 정치군사지도자이다.

건국 전 3개월 전, 1949년 7월 류샤오치(劉少奇)와 함께 모스크바를 방문한 가오는 스탈린과의 회담에서 '동북이 소련의 17번째 가맹 공화국으로 편입될 것과 칭다오항에 소련 함대를 파견하고 소련이 점유하고 있는 뤼순과 다롄항에 소련군 병력을 증파하여 미국의 위협에 대응할 것을 제안했다. 류는 가오를 매국노로 질타하며 그의 발언을 베이징에 보고했다.

그러나 마오는 보고서조차 읽지 않은 듯 가오를 더욱 우대해주고 국가 부주석을 겸직시켜 주었다. 1949년 9월 마오쩌둥은 동북지역의 모든 가정과 공공건물에 스탈린의 초상화만 걸려있고 마오의 초상화는 전혀 걸려 있지 않으며 동북은 중국이라기보다는 소련의 일부처럼 보인다는 보고를 받게 되었다. 마오는 정치국회의를 소집하여 가오에게 스탈린의 초상화는 소련관련건물을 제외하고는 모두 철거하라고 지시했다. 그러나 1949년 12월 초 모스크바 방문길에 오른 마오쩌둥은 선양에 도착하여 시찰하는 동안 스탈린의 초상화만 보았지 자신의 초상화는 어디에서도 볼 수 없었다.

외지인에게 동북은 중국보다 소련의 일부처럼 보였다. 또한 가오는 동북인민정부 단독으로 소련 중앙정부와 국제무역협정을 체결하는 호기를 부렸다. 중앙정부의 지시를 묵살하기 다반사였던 가오는 베이징의 방문요청을 바쁘다는 핑계로 거절하는 대신 선양으로 와줄 것을 요구하기도 하였다. 심지어 중앙군구와 타 군구소속의 병력과 군수물자의 동북관내로의 진입을 전면 통제하기도 하였다.

마오가 이처럼 방약무인한 가오를 방치하였던, 또는 속수무책이었던 까닭은 당시 여타 지역을 압도하던 동북의 경제력, 군사력과 아울러 그에 대한 소련의 적극적 후원과 뤼순·다롄항에 거점을 둔 소련의 군사기지와 창춘 철도에 대한 소련의 이권 때문이었다. 그러나 그보다 더 큰 이유는 당시 마오쩌둥의 제1주적은 소련의 괴뢰 가오강보다는 국민당의 장제스였기 때문이다. 마오는 하루빨리 바다 건너 일본식민지였던 섬으로 도망가 내륙남부와 해안도서 지역에서 완강한 저항을 조종하고 있는 장제스 국민당 일당을 섬멸하고 싶었던 것이었다.

· 스탈린에 거부당한 김일성, 다시 마오쩌둥 만나 설득

일찍이 1949년 3월, 김일성은 소련을 방문하여 무력으로 한반도를 통일해보겠다는 구상을 밝혔으나 스탈린은 일언지하에 거부했다. 스탈린이 거부한 까닭은 당시 소련은 핵무기도 없었고(1949년 9월 3일 소련 핵실험 성공), 한국에 미군에 주둔하고 있었기 때문이었다고 추정된다. 이에 김일성은 남침 야욕을 포기하지 않고 그해 4월 하순 내무부상(차관) 김일을 베이징에 파견하여 마오쩌둥의 동의를 구하였다. 이에 마오는 중국이 장제스의 잔당을 궤멸하느라 총력을 기울이고 있으며, 남침은 미국의 참전을 불러일으킬 위험성이 큰 무모한 행위라며 간단한 몇 마디로 김일을 돌려보냈다. 마오쩌둥-김일성의 회담시간은 통역을 포함, 총 20분이 넘지 않은 극히 짧은 것이었다.

일부 기존 자료에는 1949년 12월 마오쩌둥이 소련 방문 시 스탈린과 김일성과 중국 참전에 관한 밀약을 맺었다고 적혀있는데 현재 공개된 구소련 자료에는 이에 대한 기록이 전혀 없다. 중국 측의 자료도 마오쩌둥의 소련 방중의 주요 목적은 타이완과, 신장 위구르, 티베트, 동북(만주) 등지에 대한 소련의 지원과 양보를 얻어내는 것이었으며 북한에 의한 무력통일은 거론조차 하지 않았고, 할 필요성도 없었다고 한다.

그런데 1950년 1월, 미국 국방부 장관 에치슨은 충격적 선언을 하였다. 그동안 미국이 공산주의에 대항해 해당 국가의 안전을 지켜준다는 의미였던 '안전보장선'에서 한국과 타이완을 제외시킨다는 것이었다. 미국의 공산주의 극동방어선이 알류샨 군도에서, 일본열도, 류큐군도에서 필리핀 군도로 이르는 이른바 '에치슨 라인'으로 후퇴되었다. 에치슨 선언을 미국이 남한을 완전히 포기한다는 것으로 지레짐작한 김일성은 그해 2월, 재차 소련을 방문한다. 스탈린은 이번에는 김일성의 남침 주장에 동의하였다. 소련에 원자폭탄도 생겼고 미국이 에치슨 라인 뒤로 물러난다고 공언하였기 때문이다.

5월 13일 베이징을 방문한 김일성은 당일 밤 마오쩌둥과 회담 시 스탈린이 남침을 승낙했으며 남침에 대한 소련의 지원을 약속했다고 밝혔다. 그리고 자신은 마오에 대하여 남침 동의만 요구하는 것이지 중국의 원조는 필요 없다고 장담하였다. 마오쩌둥은 다음날 주중 소련대사를 초치하여 김일성의 발언에 대한 진위여부를 확인·요청하였다. 주중 소련대사는 스탈린에게 유선상으로 통화한 결과 김일성의 발언이 사실임을 재확인했다. 이에 기고만장한 김일성은 세계 공산제국 황제인 스탈린의 지원을 받는다고 자부하며 마오에게는 남침의 구체적 계획을 발설하지 않았고 주로 동북 제1서기인 가오강과의 연락을 긴밀히 취했다. 마오쩌둥 역시 자세히 알려고 하지 않았다.

마오는 애당초 당시 30대 중반인 김일성 출신성분 자체가 가오강보다 더한 극렬 친소파라 경멸했으며(마오가 평생 가장 증오하였던 정적은 친소파였으며, 그의 최후 최대의 주적국은 미국이 아니라 소련이었다.) 때마침 중국의 2번째로 큰 섬인 하이난다오를 점령하여 국민당 잔당의 본부인 타이완 상륙작전에만 모든 정력을 집중하여야 했기 때문이었다.

6.25전쟁 발발 전 중국과 북한은 수교하였지만 주 평양 중국대사관은 정식으로 개설되지 않았으며 중국 초대대사는 병을 핑계대고 우한에서 휴가를 보내고 있었다. 북한 측 역시 베이징에다가는 대사관 청사를 물색조차 하지 않고 오직 가오강이 지배하고 있는 동북위원회 선양에다가 상무대표처만 파견하였다. 즉 6.25 이전 중국은 타이완을 점령하여 장제스 국민당을 섬멸할 것에만 골몰하였지 한반도 전쟁에 적극적으로 개입한 흔적은 찾아보기 힘들다.

1950년 6.25전쟁 발발 후, 중국은 여전히 국민당 잔당과의 전투 중이었다. 6월 27일 미국 트루먼 대통령은 미국공군과 해군부대는 한국정부를 엄호하고 지지할 것과 미국은 중국이 타이완 침공을 무력으로 결정하였다고 선포하였다. 그러자 28일 저우언라이 총리 겸 외교부장은 미국 수중에서 타이완을 해방시킬 때까지 전쟁을 절대로 포기하지 않을 것이라고 선포했다. 그러나 이는 엄포였을 뿐이었다. 미국 지상부대가 실제 참전을 하자 마오쩌둥의 주의력은 타이완에서 동북으로 확 바뀌어버렸다.

아직도 베이징 측이나 타이완 측의 학자들을 비롯한 많은 사람들은 6.25전쟁 발발 덕분에 타이완이 적화되지 않고 살 수 있었다고 주장하는데 이는 엄밀히 말하여 사실과 거리가 멀다. 당시 중국군의 해군 및 수륙양용작전에 투입될 해병대 전력은 0에 가깝고 상륙작전에 동원될 무기수준 역시 형편없었다. 중국군이 역시 섬인 하이난다오 점령에 성공했다고 하지만 하이난다오는 타이완과 달리 육지와의 거리가 매우 가깝고 국민당 주력부대가 없었기 때문이었다. 한마디로 중국 공산군 역시 그들 조상처럼 육전에는 선수였지만 해전에는 젬병이었다. 중국이 해전에 승리다운 승리를 한 번이라도 한 적이 있던가?

불세출의 전략가 마오쩌둥은 '출구전략'이 필요했다. 마침 미국 지상부대가 참전하자 마오의 눈길은 타이완이라는 작은 섬에서 한족이 주체가 된 제국으로는 한 번도 차지한 적이 없는 신천지 저 동북방 광활한 대륙으로 돌렸다. 마오는 8월 11일 중앙군사위원회에 '타이완해방 전쟁 연기'를 지시했으며 '타이완 해방'구호를 잠정 중지하라고 지시했다.

그러나 표면적인 대반전은 9월 15일 유엔군의 인천상륙작전 성공 후 발생했다. 그간 소련의 하수인, 가오강과의 내밀한 연락을 취하고 베이징에 대해서는 얼마나 신속하게 남한을 공산화하는가를 지켜보기만 하라는 듯 기고만장하던 김일성은 박일우 차수(대장)를 압록강 건너 안동(현재 단동)에 파견해 중국의 파병을 애걸했다. 또한 1950년 10월 1일 새벽 2시 50분(모스크바 시각) 스탈린은 김일성의 구원의 편지를 받는다. 10분 후 스탈린은 마오쩌둥에게 전보를 쳐서 중국의 파병을 요청하는 급전을 때렸다. 심야에 받은 급전을 받은 마오쩌둥은 마치 기다리고 있었다는 담담한 표정에 약간의 미소마저 담겨있었다고 그의 러시아어 통역관 스저(師哲)는 후일 회고했다.

10월 2일 새벽부터 10월 4일 오후까지 마오쩌둥은 중앙서기처와 중앙정치국 확대회의를 소집하여 중난하이에서 마라톤 회의를 개최했다.

먼저 국방위원회 부주석 주더가 군사력 면에서 중국은 미국의 상
대가 되지 않는다는 점을 들며 참전을 극력 반대했다. 2개 보병사단
과 1개 기계화사단으로 구성된 미군 1개 군단은 탱크와 70미리 곡
사포와 240미리 장사정 방사포 등 각종 고성능 대포를 1500여 문이
나 보유한 반면 중국 3개 사단, 1개 군단이 갖춘 포는 겨우 198문뿐
이다. 또한 미군은 각종 전투기와 폭격기와 1천 백 여대를 동원하여
제공권을 장악한데 반하여 중국은 공군 자체가 없었으며 해군 역시
타이완 침공을 대비해 1949년 말 급조된 것이라는 구체적 상황을
곁들었다.

정무원 총리 겸 외교부장 저우언라이도 중국인민은 오랜 전쟁으
로 약간의 염전사상이 팽배해 있으며 참전은 세계최강대국 미국과
의 척을 지게 되어 결국 국제관계에서의 고립을 초래할 것이라고 반
대했다.

베이징 군구사령관 겸 베이징 시장인 에지엔잉도 미국과의 전쟁
은 중국을 폐허로 변해버리게 할 수 있는 경거망동이라고까지 격렬
히 반대했다. 중국본토의 안전에 위협을 받게 될 경우 참전을 검토
해도 늦지 않다고 주장했다.

늦게 회의에 참여한 펑더화이, 역시 경거망동은 하지 말아야 한다
며 소련의 공군력과 물자를 지원받는다는 조건이라면 참전을 검토
해볼 만하다고 꼬리를 붙였다.

정치국원 겸 난징 인민정부시장 쑤위(粟裕)도 중국군이 참전한다
해도 북한군은 중국군의 지휘를 받지 않으며 제멋대로 행동할 것이
라면서 참전에 동의하지 않았다. 그는 후일 실제로 동북방어군 총사
령관의 임명됨에도 불구하고 병을 핑계대고 부임하지 않았다.

가오강의 직속선배로서 동북방면의 제4야전군 총사령관이었던 린뱌오(林彪)는 북한은 산이 높고 숲이 우거지고 지형이 동서로 협소하여 북한진입 후 작전방식과 국민당과의 작전방식이 많이 달라 작전수행에 어려움이 많을 것이다. 미군은 국민당군이 보유한 전투기와 탱크, 대포보다 질적 양적 면에서 훨씬 우수하기 때문에 중국군은 더욱더 많은 희생을 거둘 것이라며 참전을 극구 반대했다. 그는 후일 병을 핑계대고 지원군 총사령관의 직위를 거부했다.

·동북의 오랑캐로 서양의 오랑캐를 무찌른 마오의 전략

한편 동북지역 당-정-군 최고 책임자 가오강은 정치국원 대부분이 참전에 반대의견을 표시하자 그렇게 결정될 것으로 알고 침묵을 지키고 있었다.

그러자 마오쩌둥은 참전에 부정적 입장을 견지하는 대다수의 정치국원들을 집요하고 진지하게 설득했다. 마오가 역설한 중국군 참전 이유 요지는 이렇다.

"스탈린은 인천상륙 작전 후 사실상 북한을 포기하고 김일성에게 패잔병들을 동북으로 퇴각하도록 명령했다. 미군은 그들을 끝까지 추격해 올 것이다. 만약 미군이 동북을 침략한다면 소련은 중-소 군사동맹 조약에 근거해 수십만 명의 소련군을 동북에 추가로 진주시킬 것이다. 장춘철도와 뤼순과 다롄항은 여전히 소련이 점거하고 있다.

만약 미군을 패퇴시키더라도 어떻게 그 많은 소련군을 철군시킬 것인가? 동북이 전쟁터로 변하면 전체 중국의 경제건설계획이 파괴되고 민족자산계급과 일부계층이 우리에게 적대적으로 돌아설 것이다. 동북의 미국이나 소련의 영유를 막기 위해서 동북까지 이어지는 전란의 도화선을 미리 끊기 위해서는 북한으로 출병해야만 한다."

그러자 군사적 열세를 들어 가장 먼저 반대하던 주더가 가장 먼저 찬성의 뜻을 표시했다. 그는 호탕하게 웃으며 '순망치한(脣亡齒寒, 입술이 없으면 이가 시리다)'이라는 사자성어를 외쳤다. 필자는 이때 주더가 말한 입술은 '북한'보다는 '동북'을 지칭한 것에 가깝다고 생각한다. 마오쩌둥의 발언 중에 '동북'이 전쟁터로 화하면 '전체 중국'의 안위가 위태로워진다는 사실을 강조했을 뿐이지, 북한의 안전에 대해서는 별다른 언급을 하지 않았기 때문이다. 아무튼 정치국 위원 중 최고 연장자인 그의 '순망치한'의 외침에 정치국 위원들은 박수로써 동의를 표했다.

팔짱을 끼고 침묵을 지키던 가오강이 그때서야 자리를 박차고 일어나 '북한은 소련이 책임지는데 왜 중국이 끼어들려고 야단인가?'라며 고함을 치며 참전반대의사를 고수했지만 대세에 따를 수밖에 없었다. 결국 중국군의 주력부대는 대부분 동북 출신 제4야전군으로 충당, 소모되었고, 총사령관은 펑더화이가, 병참지원은 가오가 떠맡았다. 기름기로 반질반질한 살찐 돼지 등처럼 윤기 넘치던 동북의 인적, 물적 자원과 마오(毛)의 코털도 마음대로 뽑을 것처럼 막강하던 가오의 권력은 하수구에 물이 빠지듯 전쟁 후반부로 갈수록 급격히 소진되었다. 중국보다 소련의 국익에 부합되는 가오의 친소행각과 동북의 독자세력화는 중국의 한국전 참전을 유발하는 한 요인이 되었다.

마오쩌둥은 자신이 가장 총애하던 아들이자 장남인 마오안잉(毛岸英)을 참전시켰으나 압록강을 건넌 지 한 달도 채 못 되어 미군의 폭격기에 의해 폭사 당했다. 마오가 마오안잉을 참전시킨 내면적 동기는 그 어느 책과 자료에도 찾을 수 없다. 다만 필자는 정치국원 대다수의 반대를 무릅쓰고 주로 동북지역출신의 젊은이들을 인해전술로 사지에 몰아넣게 한 데 대한 마오쩌둥식 솔선수범 내지 자기희생, 노블리스 오블리제적 퍼포먼스라고도 분석된다. 마오안잉의 시체는 마오의 명에 의해 북한에 매장되어 있다. 마오안잉의 묘는 중국-북한 간의 혈맹의 상징이자(대다수 우리 언론에서는 이렇게만 표현하지만), 중국이 북한에 대하여 요구하는, 썩지 않는 '피의 채권'이라는 생각도 든다.

마오쩌둥이 중화인민공화국 건국을 선포한 1949년부터 6.25전쟁이 끝나고 숙적 가오강을 제거한 1953년까지 중국은 사실상 삼국시대였다. 중국 내지(동부)의 대부분을 차지한 마오쩌둥의 공산당, 내륙남부와 해안과 도서 지역에서 완강한 저항을 계속한 장제스의 국민당, 그리고 광활하고 윤택한 동북지역을 장악한 가오강의 친소세력, 중국은 여전히 3분된 상태였다. 마오가 가오를 숙청하여 동북을 완전히 독차지한 1954년에서야 중화인민공화국은 제헌헌법을 제정하였음을 보아도 알 수 있다.

한편 중국의 일부 지식인들은 자국의 초대 주석의 장남 목숨까지 희생시켜주며 구해준 북한정권이 3대 세습을 하려는데 대하여 극도의 배신감과 경멸감을 감추지 않고 있다. 반면 비록 일당독재를 유지하지만 이미 30여 년 전부터 세습제는 말할 것도 없고 종신제도 폐지했으며 예측 가능한 임기제와 후계자 양성, 선발제를 순조롭게 실시해오고 있다는데 대해 일종의 체제적 자부심을 느끼고 있다.

마오의 장남을 포함, 20여만 명의 사망자(대부분 동북출신, 만주족이 상당수를 차지)를 낸 한국전에서 중국이 얻은 대가는 무엇인가? 마오는 그의 일생에서 가장 껄끄러웠던 정적을 축출했고, 동북을 소련과 미국의 영향을 받지 않는 중국의 영토로 확보했다. 즉 동북의 오랑캐로써 서양의 오랑캐를 무찌른 이이제이(以夷制夷) 전략이 거둔 전리품이었다. 그 전리품은 현재 중국 곡물생산량의 70% 이상을 생산하는 곡창이자 각종 석유와 석탄 철광이 노다지로 나오는 비옥하고 알찬, 중서부지역 모든 성을 다 준다 해도 바꿀 수 없는 황금땅(전 랴오닝성 당서기의 발언)이 되어가고 있다.

또한 그 전리품은 삼황오제의 전설시대로부터 왕국, 제국이나 공화국시절까지를 모두 포괄한 반만년 중국사에서 한족(漢族)이 주체가 된 정권으로는 처음으로 공식적으로 중국 땅으로 편입된 것이다. 지금으로부터 70년도 채 안 된, 1953년부터.[33]

그래서 우리는 일찍이 다산 정약용이 갈파했던 '만리장성의 남쪽에 있는 나라를 중국이라 한다.'를 이제는 '압록강 북쪽에 있는 나라를 중국이라 한다.'고 고쳐 불러도 누구 하나 이의를 제기하지 않게 되었다.

대립의 'G2'에서 협력의 한·미·중 'C3'로 향하자

흔히들 미·중 관계를 냉전시대 미·소 관계와 비슷한 것으로 알고 있지만 실은 그게 아니다. 'G2(주요 2개국)' 시대 미·중 관계는 겉으로는 대립 관계, 속으로는 동업자 관계이자 자본주의 공생체다. 미·중 관계와 미·소 관계가 근본적으로 다른 점을 다섯 가지만 들겠다.

첫째, G2 양국 간의 세계관 차이다. 미국과 소련은 삼각형 세계의 '정점(Top)'을 놓고 제3차 세계대전 일보직전까지 치달도록 치열하게 싸웠던 반면, 중국은 중화사상에 근거한 세계관, 즉 원형세계의 '중심(Core)'을 회복하려고 하고 있다. 상이한 세계관에서 비롯된 상이한 궁극적 국가목표를 가진 미·중 초(超)강대국 사이에 직접적인 사생결단의 육박전이 발생할 가능성은 매우 낮다고 본다. 원형의 세계관에는 정점 자체가 없고, 삼각형의 세계관에서의 중심은 최고로서의 의미가 없기 때문이다. 기실 두 초강대국의 직접적·전면적 무력충돌 발생은 곧 세계종말을 의미한다.

둘째, 미국은 중국 본토를 침략한 적이 없는 유일한 열강이다. 그만큼 중국은 미국에 대한 역사적 원한이나 피해의식도 없다. 지난 10년여 간 각종 설문조사에서도 미국에 대한 중국인들의 호감도 순위 역시 앞자리를 차지하고 있다. 이념과 체제를 떠나 세계 15억 중국인이라면 누구나 국부(國父)로 부르던 쑨원(孫文)도 미국의 민주공화제를 모델로 삼아 아시아 최초의 공화국, 중화민국을 건국하였다. 중화인민공화국 초대주석 마오쩌둥도 만년에 소련과 대립하고 미국을 가까이 하려 했다(닉슨 미국 대통령, 1972년 2월 방중). '개혁개방의 총설계사' 덩샤오핑도 집권 직후 소련 대신 미국을 최우선 방문했다(1979년 1월 방미).

셋째, 과거 미·소 관계는 "너 죽고 나 살자"라는 제로섬 게임의 정치·군사적 적대국 관계였던 반면, 미·중 관계는 양국이 "내가 죽지 않기 위해 너를 살린다."의 상생해야만 살아남는 경제무역의 라이벌 관계(상호 간의 최대 채권채무국, 상호 간의 3대 무역상대국)다. 정치·군사상의 전쟁과 경제·무역계의 경쟁이 다른 점이 바로 이것이다. 경제·무역계에서는 라이벌을 궁지의 절망상태로 빠져들게 하거나 씨를 말려서는 안 된다. 경쟁이긴 경쟁이되 유한경쟁이어야 하는 것이다.

넷째, 380만 재미 화교의 존재다. 이 중 80만 명 재미화교는 1970년대 미국으로 건너온 신(新) 화교다. 나머지 300만 명은 19세기 후반 캘리포니아 '골드러시'로 몰려온 1인당 1달러의 육체노동자 '쿨리'의 후예들이다. 그들은 미국 횡단철도를 건설한 미국 서부개척사의 주역들로서 미국 사회에 뿌리내린 지 이미 오래다. 80만 명 재미 신 화교는 의사·과학기술자·투자 사업가·유학생과 그 가족들이 대부분이다. 현재 중국계 과학자 중 노벨상을 받은 여섯 명 전원은 미국 국적으로 미국에 거주하고 있다. 미국 내 유수대학 학장 셋 중 하나가 중국계일 정도로 재미화교의 성장세는 눈부시다. 이들의 미국 전체인구 1.2%의 실존은 냉전시대 미·소 관계와 G2 시대 미·중 관계를 극명하게 가르는 주역이다. 이들 380만 명 재미화교는 미국과 소련 사이에 없었던 미·중 양국관계의 동결온도를 저하시키는 부동액이자 방동제와 같은 역할과 기능을 수행하고 있다.

끝으로, 중국은 이름만 사회주의국가일 뿐, 실제는 자본주의 경제체다. 지난 25년간 중국은 '사회주의 시장경제'를 국시(國是)로 삼아

왔다. 앞의 '사회주의'는 악센트도 콘텐츠도 없는 '공정한', '공평한' 따위의 단순 소박한 '평등'의 동의어쯤으로 변질해버려 뒤의 주어 '시장경제'를 꾸며주는 수식어로 변질됐다. 사회주의를 마르크스 식으로 접근하는 목소리는 갈수록 잦아들었다. 중국의 핵심 브레인들은 미국의 힘은 자유경쟁에서 나온다고 분석하면서 중국 시장경제의 본질도 '자유경쟁'이어야 한다고 강조한 지 오래다. 중국은 미국의 풍만한 몸통에서 민주주의 '뼈'(정치제도)는 추려 버리고 자본주의 '살'(시장경제)을 취해 왔던 것이다. 시나브로 중국은 미국과 경제적으로 한 몸 같은 공생체가 됐다.

미국의 대중정책은 냉전종식 이후 아래 네 가지 패턴을 보였다. 첫째, 기존의 협력관계를 유지하며 부분별, 사안별로 제한된 갈등양상을 보였다. 둘째, 국가주의 성향의 공화당 집권 때 미·중 관계는 상대적으로 원만했다. 셋째, 대선 유세 때는 강경하지만, 실제 집권 후에는 협력 관계로 선회했다. 넷째, 집권 초기는 긴장 관계로 출발, 중후반에는 긴밀해져 갔다.

원의 중심을 회복하려는 중국과 삼각형의 정점에서 내려오지 않으려는 미국, 이들 G2 접점에 위치한 한국은 어떤 선택을 해야 할까?

21세기 글로벌 사회의 시공간의 중심축 대한민국은 미국과 중국이 세계를 대립적으로 쟁패한다는 뜻이 담긴 'G2(Group Two)'를 공동협력의 'C2(Cooperation Two)'로 변화시켜야 한다. 중심축 우호관계를 잘라버리는 가위의 사북, 분쟁의 중심축이 아닌 우호협력의 미풍을 불러일으키는 부채의 아랫머리, 즉 평화의 중심축 역할을 해야 한다. '대립의 미·중 G2'에서 '협력의 한·미·중 C3'로 세계를 이끌어 나아가야 한다.[34]

제3장

사드

일본의 주적, 중국은 사드를 자국의 심장부를 찌르는 삼지창으로 우려

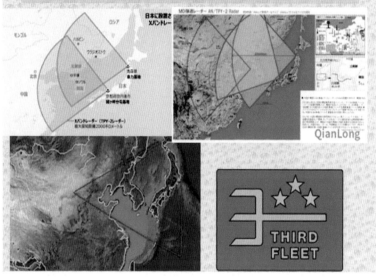

- 사드의 관측 범위는 한반도를 훨씬 넘어서고 중국의 전략안보이익을 침해한다는 것은 누구나 아는 사실이다. 한국 정부의 사드 배치는 분명히 잘못된 선택이다. - 왕이(王毅) 중국 외교부장

- 중국은 정치와 경제가 분리된 나라라서 사드 보복할 리 없다. 중국이 사드 보복한다면 응분의 책임을 지겠다. - 유일호 한국 전 경제부총리

- 사드 문제의 겉포장은 한·중 갈등이고 속포장은 미·중 갈등이지만 그 내용물은 중·일 갈등이다. 사드로 인한 한·중 갈등은 한·중 관계가 겪는 성장통이었다. 성난 얼굴처럼 붉게 물들었던 한·중 관계의 하늘은 저녁노을이 아니다. 새벽노을이다. - 강효백

시 주석이 전화 받지 않은 진짜 이유

최상의 관계라고 자랑하던 한·중 관계가 사드 배치 논란으로 흔들리고 있다.

G2 시대 중국과 미국 관계는 겉으로는 대립 관계이지만 속으로는 동반자 관계다. 미국은 중국 본토를 침략한 적이 없는 유일한 열강이다. 중국도 미국에 역사적 원한이나 피해의식이 없다. 지난 10년간 각종 설문조사에서도 미국에 대한 중국인의 호감도 순위 역시 앞자리를 차지하고 있다. 중·미 관계는 "너 죽고 나 살자"는 제로섬 게임의 정치군사적 적대 관계였던 미·소 관계와 다르다. 중·미 양국은 자본주의 공생체이자 "내가 살기 위해 너를 살린다."며 상생해야 살아남는 경제 무역의 라이벌(상호 최대 채권채무국, 상호 간의 3대 무역 상대국)이다.

북한과 중국 관계는 옛날에는 혈맹, 지금은 단순 수교 관계다. 1992년 한·중 수교 이후 북·중 관계는 '전통적 우호관계'로 격하되더니 2009년 북한 2차 핵실험 이후 최저 단계인 '단순 수교'로 급전직하 된 후 그대로 머물러 있다. 오늘날 중국인에게 가장 큰 욕은 "북한에 가서 살아라."이다. 근래에는 북한을 동북아의 급진세력 이슬람국가(IS)로 부르는 중국 네티즌이 급증하고 있다. 특히 법과 제도에 의한 의법치국(依法治國)과 유교식 충효사상을 강조하는 시진핑 중국 주석은 고모부와 고위층 인사들을 제거한 북한 김정은 국무위원장을 겉으로는 인정하는 체하면서 실제로는 꺼리어 못마땅하게 생각하는 것으로 알려졌다.

중국과 일본의 관계는 예나 지금이나 적대 관계다. 식민사관이나 친일잔재 청산 문제에서 자유로운 중국의 반일 감정은 한국의 그것에 비해 폭과 깊이, 차원 자체가 다르다. 중국인들은 입을 모아 말한다. "서구열강의 침략은 용서할 수 있지만 섬나라 일본의 만행은 영원히 용서할 수 없다." 역대 중국 지도자 중 가장 강력한 반일정책을 펼치는 시 주석은 난징대학살기념일을 국가추도일로 지정하면서 이렇게 말했다. "인면수심의 일본군이 저지른 대학살은 반인륜적 범죄이자 세계인을 경악시킨 인류 역사상 가장 어두운 장면 가운데 하나다." 요즘 중국에서 시 주석의 인기는 하늘을 찌른다. 비결은 부정부패 척결과 항일민족주의를 내걸고 그것을 행동으로 실천하는 데 있다. 반만년 중국 역사상 어느 황제나 주석도 못한 두 가지 큰일을 감행하는 영도자에게 중국인들은 열렬한 호응을 보내며 카타르시스를 느끼고 있다.

중국 입장에서 한국의 전략적 핵심 가치는 일본의 군국주의 재진출을 막아주는 '방파제'이다. 시 주석은 박근혜 정권 초기의 한국을 중국의 항일동맹 전선에 동참시키는 꿈을 품었었다. 그러한 꿈에서 그를 깨운 것은 2015년 12월 28일 한일 위안부협상타결이었다. 믿었던 한국이 돌연 중국의 주적인 일본을 은근슬쩍 끼워 넣은 '한·미·일 동맹'을 외치며 중국의 심장을 노리는 '비수'로 변해버린 것 같은 배신감에 사로잡혔다. 이것이 2016년 1월 6일 북한 4차 핵실험 이후 시 주석이 박 대통령의 전화를 받지 않았던 진짜 이유다. 한마디로 중국은 "한·미 동맹은 참아도 '한·미·일 동맹'은 못 참는다."

북·중 국경선의 길이는 휴전선(248km)보다 5배 이상이 긴 1,350km이다. 개울 위쪽 넓은 곳은 터놓은 채 아래쪽 좁은 곳에 둑을 쌓는다고 물고기가 잡히겠는가? 한·미(일)가 북한의 포위와 봉쇄를 강화할수록 북한의 갈 길은 중국뿐이다. 북한의 도발을 원천적으로 막기 위해서는 가급적 일본을 배제시킨 한·미 동맹에 더하여 중국과의 안보협력, 신뢰회복에 힘써야 한다. 사드 배치를 최대한 늦추는 대신 중국과의 물밑협상을 통해 중국의 실제적인 대북제재 역할을 끌어내야 한다. 현실적인 국익 차원에서는 일본보다 중국을 중시하는 미중일의 외교우선순위를 회복해야 한다. 구한 말 중국 패권 이후의 세계를 준비하지 못해 패망한 경험을 거울삼아 미국 패권 이후를 철저히 대비해 잘못된 역사의 쳇바퀴를 공전시켜서는 안 된다.[35]

사드 배치가 역사상 세 번째 '잘못된 선택'이 아니길

임진왜란과 병자호란 직전에도 이랬을까? "도요토미 히데요시(豊臣秀吉)가 침략할까, 않을까?" "명나라와의 의리냐, 청나라와의 실리냐?" 두 번 다 잘못된 선택을 하여 그토록 참담한 국난을 당해놓고도 "사드 배치에 중국이 보복할까, 보복 않을까?"를 놓고 우리는 또 잘못된 선택을 한 것은 아닐까?

유일호 경제 부총리는 2016년 2월 19일 사드 배치에 대해 중국도 세계무역기구(WTO) 회원국으로서 정치와 경제문제는 별개로 볼 수 있기에 무역보복을 할 수 있는 상황은 아니라고 단언했는데, 우리나라 정·관·언·학계 주류의 시각도 "사드를 배치해도 중국이 무역보복 안할 것"이라는 쪽으로 경도되어 있다.

사드 배치와 관련한 그간의 위정자들의 업무행태가 객관적 인식과 구체적 대안에 주력하는 실사구시 태세와는 거리가 먼 것 같아

혹시 왜란과 호란의 '부지피 부지기(不知彼不知己) 백전백패'의 비극적 역사가 되풀이 될 가능성도 없지 않아 무척 심란하다.

인식의 오류는 자기나라의 문화나 제도, 학습과정에서 배양된 의식구조를 바탕으로 상대방의 세계를 이해하고 해석하려는 습성에서 출발한다. 이에 필자는 사드 배치를 둘러싼 일곱 가지 중요한 인식의 오류를 지적하고자 한다.

・우선, 중국은 정치와 경제가 구분되는 국가인가? 아니다!

권위주의 공권력 우위체제 중국은 WTO 가입과 상관없이 철저한 정경일체 국가다. 중국의 모든 기업들은 당과 정부의 방침을 일사불란하게 실행하도록 시스템화 되어있다. 일례로 중국은 2009년부터 국유자본이 1주라도 들어간 민영회사까지도 국유기업으로 간주하는 등, 기업에 대한 정부의 인사권과 경영권 개입을 합법화한 '기업국유 자산법'을 시행하고 있다.

・둘째, 흔히 알려져 있듯 대중 수출비중은 26%인가?

31.8%(중국본토 26%+홍콩 5.8%)이다. 다이어트하려는 사람이 과체중이 부끄럽다고 신체의 일부를 빼고 몸무게를 달면 안 되듯 1997년 7월 이후 이미 중국의 일부가 된 홍콩을 빼고 산정하면 안 된다. 혹자는 제 아무리 세계적 권위를 자랑하는 서방의 전문연구기관에서 작성한 것이라도 중국의 통계는 믿을 게 못되기에 디스카운트해야 한다고 하는데 이는 서구우월주의에 기반하는 편견이다. 이미 중국의 통계는 디스카운트 많이 된 통계다. 아직도 홍콩을 중국

의 일부로 인정하고 싶지 않은 서방에 의해 중국의 통계는 홍콩을 제외한 것이 많다(특히 경제 무역 분야).

2015년 우리나라의 국가별 수출비중은 1위 중국 26%, 2위 미국 13.3%, 3위 홍콩 5.8%, 4위 베트남 5.3%, 5위 일본 4.9%이다.[36]

흔히들 홍콩이 한국의 3대 수출 상대국이라고 하지만 홍콩은 분명 국가가 아니다. 홍콩은 우리나라 제주 특별행정자치도보다 작은 중국의 특별행정구에 지나지 않는다. 홍콩은 독립된 관세영역(Customs Territory)의 자격으로서 'WTO 회원'일 뿐이다. 우리가 왜 1997년 홍콩의 중국반환을 아쉬워하여 홍콩을 여전히 중국과 별개로 표시하는 영국과 일본의 일부 언론매체들의 보도행태를 따라야 하는가?

우리나라는 수출로 먹고 사는 나라이다. 1960년대 이후 한국 경제를 견인해 온 것은 수출에서 시작해서 수출로 끝난다고 해도 과언이 아니다. 31.8%의 대중 수출 비중은 대미 수출과 대일 수출 비중의 합계(미국 13.3%, 일본 4.9%)의 1.8배나 큰 비중이다. 대중 수출 비중이 낮으면 중국이 보복하더라도 의연하게 버틸 수 있지만 그게 아니잖은가? 이제 와서 대중 수출의존도를 줄이고 수출선의 다변화를 꾀하기엔 이미 너무 늦었다.

· 셋째, 중국도 잃을 것이 많기 때문에 보복은 쉽지 않을 것이다?

중국의 수출총액에서 한국이 차지하는 비중은 4.5%에 불과하다.[37] 거래처를 대만이나 아세안 지역으로 돌려 버리면 그만이다. 비단 무역뿐만이 아니다. 관광·한류·금융·교육 등 사회·문화 전반에 걸쳐 중국이 쓸 수 있는 보복카드는 무궁무진하다.

• 넷째, 중국의 '환구시보(環球時報)'는 무시해도 좋은 신문인가?

중국 공산당 기관지 '인민일보'의 자매지이자 국제뉴스 전문 일간지 환구시보는 중국 공산당과 중앙정부의 대외관련정책의 풍향계 같은 기능을 수행하고 있다. 시진핑 국가 주석이 즐겨 보는 일간지로도 알려진 환구시보는 가독성과 대중성이 높아 일평균 200만 부가 넘고 중국 내 신문 발행부수 3위를 차지하고 있는 메이저급 신문이다.

이러한 「환구시보」가 2016년 7월 8일 사드 배치와 관련된 기업의 상품을 중국 시장에 진입할 수 없도록 하거나 사드 배치를 주장한 한국 정치인의 중국 입국을 막자는 등의 5개 대응방안을 내놓았다. 다음날자 신문은 한 술 더 떴다. 환구시보는 한국기업 및 서비스 기구를 제재하는 것에 대해 중국 누리꾼 전체의 90%가 찬성하는 결과의 설문조사를 내놓았다. 이러한 '환구시보'의 초강경 보도수위를 감안하면 사드 배치에 대한 중국발 후폭풍의 강도는 상상을 초월할 수도 있다.

• 다섯째, 사드문제는 중국선박 불법조업 문제나 마늘파동과 같은 레벨인가?

엄밀히 말해 중국 측 입장에서 불법조업 문제는 설사 우리 해군이 중국 측 불법조업어선 한 두 척을 격침시키더라도 자국민 보호에 대한 '립서비스성' 외교부 대변인 항의 성명 정도로 넘어갈 수도 있는 변두리 문제다.

그러나 사드 배치문제는 차원 자체가 다르다. 그들은 자국의 핵심이익을 침해한 것으로 간주하고 있다.

시진핑 시대의 자유무역구, '일대일로(一帶一路)'로 구체화되고 되고 있는 '중국몽(Chinese Dream)'은 당나라의 부국과 번영, 송나라의 문화와 문명, 원나라의 강병과 팽창을 하나로 통합한 즉, '세계의 중국화'를 이루는 것이다.

그래서 중국은 지금 1969년 미국이 베트남 전쟁의 수렁에서 빠져나오기 위해 '아시아는 아시아인 손으로'를 외치며 실은 아시아를 일본 손에 맡겨놓고 떠난 '제2의 닉슨 독트린'을 기다리고 있다.

즉, 미국이 어느 날 '역불종심(力不從心)', 즉 힘이 마음을 따라가지 못한다며 '아시아는 아시아 손으로', 하지만 이번에는 일본 대신 중국 손에 맡겨놓고 미 대륙으로 퇴각하는 날만 기다리고 있는 것 같아 보인다. 상황이 이런데도 중국이 일본의 군국주의 재무장을 도와주고 '동아시아의 나토(NATO)' 결성의 단초가 된다고 판단하는 사드 배치를 아무런 일도 없었듯 그냥 지나칠 수 있겠는가?

'불의는 참아도 불이익은 못 참겠다.'라는 말처럼 불의에는 눈 감아도 불이익에는 눈을 감은 적이 없는 반만년 중국 역사다. '10년 내에만 복수하면 사나이라고 할 수 있다'는 중국 속담처럼 유사 이래 중국은 다종다양한 보복조치를 감행해왔다.

멀리 갈 것까지 없다. 21세기 중국도 일본과의 댜오위다오 분쟁에 희토류 대일 수출금지조치로 보복했다. 반체제 인사 류샤오보에 노벨평화상을 주었다고 해서 노르웨이의 주요수출 품목의 하나인 연어의 수입을 규제했다. 어쩌면 사소한 것일 수도 있는 문제에도 이처럼 과민한 반응으로 일관되어온 중국의 스펙을 감안한다면 그들의 핵심이익을 침범했다는 사드 배치를 마늘파동 정도로 넘어갈 것 같지 않아 큰 탈이다.

· 여섯째, 시진핑 시대 중국의 제1주적은 미국인가?

'G2 시대' 중국과 미국 간 관계는 겉으로는 대립 관계이지만 속으로는 동반자 관계다. 미국은 중국 본토를 침략한 적이 없는 유일한 열강이다. 중국도 미국에 역사적 원한이나 피해의식이 없다. 지난 10년간 각종 설문조사에서도 미국에 대한 중국인의 호감도 순위역시 앞자리를 차지하고 있다.

반면 식민사관이나 친일잔재 청산 문제에서 자유로운 중국의 반일 감정은 한국의 그것에 비해 폭과 깊이, 차원 자체가 다르다. 중국인들은 입을 모아 말한다. "서구열강의 침략은 용서할 수 있지만 섬나라 일본의 만행은 영원히 용서할 수 없다."

중국은 우리가 상상한 것과는 정반대로 친미적이고 우리가 상상한 그 이상 반일적이다. 왜구의 노략질이 백열화되기 시작한 14세기 때부터 20세기 30만 남경대학살을 비롯 2천만 중국인이 살상당한 중일전쟁-21세기 오늘까지 700년간 중국의 불공대천지 원수, 제1주적국은 일본이다.

한마디로 중국은 '한·미 동맹'은 참아도 '한·미·일 동맹'은 못참는다. 따라서 사드 배치를 강행할 경우 중국은 전방위·전천후·고강도의 보복조치를 감행할 가능성이 크다고 분석된다.

· 끝으로 '안보는 미국, 경제는 중국' 분리시켜 해결할 수 있는 문제인가?

안보와 경제는 동전의 양면과 같이 따로 분리할 수 없다. 이 둘은 모두 국가의 존망과 국민의 생사가 걸린 양대 핵심 문제이다. 또한 한국에게 미·중 양국은 하나를 버리고 다른 하나를 택해야 하는 대체제가 아니라 함께할 때 더 큰 실리를 얻을 수 있는 보완재와 같은 소중한 존재다. '친미반중이냐, 반미친중이냐' 하는 식으로 택일에 집착하기보다는 '용미용중(用美用中)'의 지혜를 모아야 할 시점이다. 38)

사드 배치, 루비콘 강을 건너지 마오

·베스트 황제 vs 워스트 황제

평생 전쟁에 한 번도 져본 적이 없던 당 태종은 645년 9월 고구려 안시성 전투에서 첫 패전의 치욕을 맛보았다. 게다가 그는 양만춘 장군의 화살을 맞아 애꾸가 됐다(정사에는 기록 무). 장안으로 돌아온 당 태종은 전혀 다른 황제가 되었다. 고구려 원정을 하지 말라는 명재상 방현령의 간언을 듣지 않은 것을 깊이 성찰하며 4년 동안 조용히 내정을 보살피다가 649년 5월에 죽었다.

중국 역사상 모두 245명의 황제가 군림했다. 사람들은 그중에서 최고의 명군은 당 태종을, 최악의 폭군은 수양제를 꼽는다. 당 태종이 베스트 황제로 숭앙받는 이유는 과거제와 부병제, 주현제 등 당률을 확립했기 때문이고 수양제가 워스트 황제로 남게 된 이유는 대운하 공사 등 자기과시용 토목공사로 재정을 탕진하고 백성을 수탈했기 때문이다. 그러나 이를 새로운 시각으로 살펴보자.

만일 당 태종이 설욕한답시고 계속 고구려를 침략하는 패망의 지름길, '열고'를 택했더라면? 만일 수양제가 1차 고구려원정에 실패한 후 과오를 반성하고 민생을 보살피는 길로 유턴하였다면? 아마 중국 역사상 베스트 황제와 워스트 황제가 뒤바뀌어졌을지도 모를 일이리라.

정치 지도자들은 왕왕 잘못인 줄 알면서도 그것을 인정하지 않고, 시치미를 뚝 떼며 모르는 체하거나 도리어 고자세로 군림하여 계속 '정면 돌파'라는 이름으로 추켜세우며 나아가려고 한다. 왕도 대통령도 신이 아닌 인간이기에 과오를 저지를 수밖에 없다. 과오를 플러스로 전화시키기 위해서는 먼저 솔직하게 과오를 시인하고 유턴해야 한다. 잘못을 저지른 다음, 얼버무려서 속이려고 한다면 왜 나쁜 것일까? 왜 이런 실수를 했는지 그 원인을 구명하려는 자세가 없으므로 두 번 세 번 똑같은 실수를 반복할 가능성이 크다는 점이다. 그가 한 나라의 최고지도자라면 국가는 쇠망하게 되고 사회는 타락하고 국민은 불행해지게 될 것이다.

중국 공산당 기관지 '인민일보'는 2016년 8월 3일 사드 보복을 공식화했다. 사드 배치가 강행된다면 중국과 러시아는 한·미가 감당 불가능한 대응 카드를 꺼낼 것이고, 만약 충돌이 발생하면 미국과 중국, 러시아의 군사대치에 끼어든 한국이 가장 먼저 공격 목표가 될 것이라고 경고했다. 실제로 한류스타들의 중국내 행사를 봉쇄하였다. 주한 중국대사관은 한국인에 대한 상용복수비자 발급을 제한하는 조처를 취한 것으로 확인됐다.

중국은 사드 배치를 남중국해 문제보다 훨씬 중요한 전략적 핵심이익의 심각한 훼손으로 보고 있다. 사드 배치 문제는 중국 심장부와 멀리 떨어져 있으며 자국이 현재 실효적 지배를 하고 있는 남중국해 문제와는 비교할 바 아닌, 핵심 중의 핵심문제이며 용납 못할 중대 사안이라는 것이다.

"중국은 사드보복 생각지도 않고 있다.", "저들도 손해를 보기에 보복하려해도 할 수 없을 걸.", "중국은 정치와 경제가 분리된 나라라 사드보복 하기 어렵다."라고 말한 주중 한국대사, 경제부총리 등을 비롯한 여러 고관대작들의 민망함을 조금이라도 덜어주기 위해서인가?

관을 보고도 자기가 이미 죽은 지 모르는 새내기 혼령인가? 국내 일부 언론은 전문가들의 입을 빌려 중국이 상징적 수준을 넘어 높은 수준의 보복에 나설 가능성은 낮다고 예상한다는, 너도 속고 나도 속는, 하지만 그는 속지 않는 보도를 하고 있다. 이러한 자기위안성·자기기만성 보도의 행간 사이로 아픈 역사의 반복성의 쳇바퀴 소리가 난다. 임진왜란 직전 왜군이 침략할 리 없다고 잘못 보고한 김성일은 전사하였지만, 그게 다 무슨 소용? 김성일은 국가의 운명보다는 당파의 이익에만 치중한 천추만대의 죄인으로 남아있다.

·루비콘 강 vs 위화도 회군

경남대 박후건 교수는 사드 배치에 대해 박근혜 정부가 불가역적 결정을 너무 쉽게 했다고 비판했다. 더 이상 한국 외교에서 새로운 외교 전략이 나올 수 없다고 판단한다며 한국 외교는 루비콘 강을 건너고 말았다고 한탄했다.

그러나 필자는 생각이 다르다. 아직 루비콘 강을 건너지 않았다. '루비콘 강을 건너다.' 원래 이 구절은 카이사르가 이 강을 건너 폼

페이우스를 제압한 데서 중대한 결의로 일을 새롭게 시작함을 의미하는 것이다. 사드 배치가 북진통일이라도 하기 위한 출정식이라도 된다는 말인가? 사드 배치가 진취적이고 창조적이고 자주적인 결단에서 비롯된 일인가?

사드 배치는 아무리 생각해도 재검토되어야 한다는 생각이다. 사드 배치는 이리 보아도 얻는 것은 적고 잃는 것은 많고(得小失大), 저리 보아도 길함은 적고 흉함은 많고(吉少凶多), 가까이 보아도 큰 것을 버리고 작은 것을 취한 것이고(捨大取小), 멀리 보아도 작은 것을 탐하다 큰 것을 잃는 것(小貪大失)이다.

사드를 배치한다고 북한의 도발이 근절될 것인가? 그렇지 않지 않다. 나아가기란 그래도 쉬운 편이다. 어려운 일은 오히려 뒤로 물러서는 일이다. 사드 배치는 돌아올 수 없는 루비콘 강이 되어서는 안 된다. 사드 배치는 루비콘 강이 아니라 위화도 회군이어야 한다. 이성계는 압록강을 건너지 않고 위화도에서 회군하였기 때문에 조선의 태조가 될 수 있었다. 당 태종은 고구려 침략이 때가 아님을 깨닫고 침략을 반복하지 않았기 때문에 베스트 황제가 될 수 있었다.

푸젠성 미사일 예비사단의 제1정위(사단장보다 높음)를 7년이나 역임했던 시진핑 중앙군사위 주석의 독특한 군 경력을 봐도, 설상가상으로 작금의 국내 정세와 동북아를 비롯한 국제 정세가 돌아가는 상황을 두루 살펴봤을 때, 사드 배치가 과거 '마늘 파동' 정도의 레벨로는 끝나지 않을 것이 분명해 보이는데 어떡하나, 북한고립이 아니라 우리만 고립되면 어떻게 하나, 사드 배치가 종착점이 아니라 안보불안과 경제침체의 출발점이 될까 걱정이 태산이다.

· 문화를 창조하려는 자는 반드시 무력의 준비가 있어야

우리는 예로부터 평화를 사랑하는 한민족이기에, 우리가 남을 공격하지 않으면 우리는 공격받지 않을 것이라고 믿는 경향이 있다. 절대금물이다. 상대방을 과대평가하여 지레 겁을 먹고 주눅이 드는 것도, 상대방을 과소평가하며 아무런 준비 없이 무사태평, 유유자적하는 것 모두 절대금물이다.

'경적필패(輕敵必敗)' 적을 깔보면 반드시 패한다. 요즘 우리 사회 일각에서는 사드 배치에 대해 중국의 대응을 낙관하면 '보수우파'이고, 중국의 대응을 조심하고 만전을 기하자 주장하면 '진보좌파'로 매도하는 경향이 없지 않아 있는데, 이는 매우 위험하고 잘못된 이분법적 사고행태라고 생각한다.

'경적필패' 대신 '유비무환(有備無患)' 하여야 한다. 미리 준비하면 근심할 것이 없다. 보고 싶은 것만 보고 믿고 싶은 것만 믿게 되면 패망하기 십상이다. 깨어있으라. 항상 깨어있는 유비무환의 정신으로 현실을 냉철하게 직시하고 철두철미하게 준비하고 대처하면 나쁠 것 하나 없다.

끝으로 '공자세가'에서 말하듯, '유문사자 필유무비(有文事者 必有武備)' 문화를 창조하려는 자는 반드시 무력의 준비가 있어야 한다. 우리는 막대하고도 참혹한 값을 치르고서야 평화를 사랑하는 것만으로는 평화를 유지할 수 없다는 진실을 배워왔다. 단순히 평화를 사랑하는 것만이 아닌, 정신 무장과 아울러 군비 무장에 힘쓰는, 즉 평화의 창조가 평화를 지키는 가장 유효한 수단의 하나라는 사실을 잊지 말아야 할 것이다.[39]

중국은 왜 사드 배치에 질색하나?

한·미 동맹은 참아도 한·미·일 동맹은 안 된다

만물은 변한다. 세상에 변하지 않는 것은 없다. 사람과 사람의 관계도 변한다. 국가도 국제관계도 변한다. 냉전체제가 종식된 지 강산이 두 번 이상 변하는 세월이 탄환처럼 지나갔다. 국제정세와 동북아의 역학관계는 상전이 벽해한 수준으로 급변했다.

개인 간이나 국가 간이나 우호관계를 위해선 상대와 상대의 대외관계에 대한 정확한 인식이 필요하다. 사드 배치와 관련해 우리가 미·중 관계, 중·일 관계 및 한·중 관계의 실상과 그 변화를 알아야 하는 이유다.

· G2 시대 중국과 미국의 관계는 겉으로는 대립관계이지만 속으로는 동반자관계다.

미국은 중국 본토를 침략한 적이 없는 유일한 열강이다. 중국도 미국에 역사적 원한이나 피해의식이 없다. 중·미 관계는 "너 죽고 나 살자"는 제로섬게임의 정치·군사적 적대관계였던 미·소 관계와 다르다. 중·미 양국은 자본주의 공생체이자 "내가 살기 위해 너를 살린다."며 상생해야 살아남는 경제무역의 라이벌(상호 최대 채권채무국, 상호 3대 무역상대국)이다.

미국의 대중정책은 냉전종식 이후 다음 4가지 패턴을 보였다. ▷기존의 협력관계를 유지하며 부분별·사안별로 제한된 갈등 양상을 보였다. ▷대선 유세에서는 대중 강경책, 집권 후에는 협력관계로

선회했다. ▷집권 초기에는 긴장관계로 출발, 중·후반에는 긴밀해졌다. ▷진보적 성향의 민주당보다 보수적 성향의 공화당 집권 시 미·중 관계가 더 원만했다.

시진핑의 중국은 내심 지난 미 대선에서 공화당 소속 트럼프의 당선을 희망했다. 민주당 힐러리 클린턴이 인권과 민주주의, 소수민족 문제 등 중국의 각종 약점을 지적하면서 강경한 태도를 고수한 반면 미국을 우선시하고 고립주의 성향을 띠는 트럼프가 해양영토분쟁 등 미·중 간 문제에서도 상대하기에 더 낫다고 판단했기 때문이다.

베트남전 수렁에 빠졌던 리처드 닉슨 미 대통령은 1969년 '아시아는 아시아인 손으로'라는 '닉슨 독트린'을 발표했다. 여기서 '아시아인 손'은 '일본인 손'과 동의어다. 미국은 마침내 1972년 5월 일본에 오키나와(沖繩)를 넘기는 대가로 아시아에 대한 짐의 일부를 일본에 맡겼다.

시진핑 시대의 메가 프로젝트는 '일대일로(一帶一路, 육로·해상 실크로드)' 건설이다. 일대일로는 "미국은 북미와 중남미 신대륙을 맡아라. 중국은 아시아-아프리카-유럽을 아우르는 구대륙의 맹주가 되겠노라'는 선언문과 같다. 미국이 비록 '아시아 회귀'를 외치지만 대규모 재정적자에 따른 국방비 삭감으로 '힘이 마음을 따라가지 못하는(力不從心)' 상태다.

자연히 세계경제질서 개편에 따른 아시아-태평양 지역의 질서 재편은 불가피해 보인다. 즉, 미국이 과거 아시아를 일본 손에 남기고 몸을 빼려 했듯 가까운 미래에는 미국이 '제2의 닉슨 독트린', 즉 '아시아를 중국 손'에 맡겨 놓고 미 대륙으로 퇴각하는 날을 중국은 학수고대하는 것이다. 시진핑이 오바마 대통령을 향해 "태평양은 매우 넓어 중국과 미국의 이익을 모두 담을 수 있다"고 한 말은 제2의 닉슨 독트린을 재촉하는 중국의 주문에 다름 아니다. 그러던 차에 고대하던 고립주의를 내건 미국 대통령이 출현했으니, 시진핑에게 트럼프는 '백마 타고 오는 초인'에 버금가는 고마운 존재일 수 있다.[40]

· 악화일로의 중·일 관계

예나 지금이나 적대국 관계인 중·일 관계는 '시진핑 중국 vs 아베 일본' 시대로 들어갈수록 악화되고 있다. 식민사관이나 친일잔재 청산 문제에서 자유로운 중국의 반일감정은 한국의 그것에 비해 폭과 깊이, 차원 자체가 다르다. 중국인들은 입을 모아 말한다.

"서구열강의 침략은 용서할 수 있지만 섬나라 일본의 만행은 영원히 용서할 수 없다."

2010년 9월 센가쿠(중국명 댜오위다오) 인근 해상에서 일본 해상보안청 순시선과 중국 어선이 충돌하는 사건이 발생했다. 그런데 주목해야 할 것은 당시 일본 관계와 언론·학계가 그 비난의 포화를 후진타오 주석은 제쳐두고 당시 군사위 부주석이던 시진핑에게 집중했다는 점이다.

왜 그랬을까? 중국의 강경노선을 주도한 인물이 후진타오가 아닌 시진핑이었기 때문이다. 또 그가 1인자에 오르면 더 강경한 항일(抗日)민족주의가 전개될 것으로 우려했던 것이다. 일본 측은 왜구의 침략과 중일전쟁 등으로 중국에서 가장 반일정서가 강한 3성 1시, 즉, 푸젠(福建)·저장(浙江)·장쑤성과 상하이시에서 군·당·정 최고지도자로 20년간(1988~2007) 임직한 시진핑의 경력이 거슬렸던 것 같다.

특히 푸젠성 미사일 예비사단 최고지휘관(1996~2002)을 7년이나 역임한 시 주석의 독특한 경력이 눈길을 끈다. 일본의 걱정이 기우만은 아니었다. 시진핑은 현대중국의 최고지도자뿐 아니라 반만년 모든 황제·주석 중 가장 강력한 항일민족주의자로 정평이 나 있다. 중국 내에서 시 주석의 인기는 여전히 하늘을 찌른다. 비결은 부정부패 척결과 항일민족주의를 내걸고 그것을 행동으로 실천하는데 있다. 반만년 중국 역사상 어느 황제나 주석도 못한 두 가지 큰일을 감행하는 영도자에게 중국인들은 열렬한 호응을 보내며 카타르시스를 느끼고 있다.

· 한·중 관계-방파제인가, 비수인가?

한·중 관계는 1992년 단순 수교에서 경제·통상 중심인 선린우호를 거쳐 1998년 협력동반자 관계로 들어섰다. 2003년 전면적 협력동반자 관계로 승급되더니 2008년 양국 정상의 상호 국빈방문을 계기로 전략적 협력동반자 관계로 격상됐다. 양국의 전략목표가 '상호이해'에서 '상호공유'로 승격되는 한편, 양국이 맺을 수 있는 최상위 수준까지 발전한 것을 의미한다. 그 후 2015년까지 한·중 관계는 중·러 정도는 안 되지만 중·미나 중·일 관계는 물론 북·중 관계보다 친밀도가 높아졌다.

중국에게 한국의 전략적 핵심가치는 일본의 군국주의 재진출을 막아주는 '방파제'다. 시진핑은 박근혜 정권(2013~2015) 초·중반 3년간 한국을 중국의 항일동맹 전선에 동참시키는 꿈을 품었다. 그

꿈의 절정이 2015년 9월 3일 톈안먼(天安門) 문루의 박근혜였다. 그러나 그가 이러한 꿈에서 깨어난 것은 2015년 12월 28일 '한·일 위안부협상 타결'이었다. 믿었던 한국이 돌연 중국의 주적, 일본을 은근슬쩍 끼워넣은 '한·미·일 동맹'을 외치며 중국의 심장을 노리는 '비수'로 변해버린 것 같은 배신감에 사로잡혔다.

이것이 바로 2016년 1월 6일 북한의 제4차 핵실험 이후 시 주석이 박 대통령의 전화를 받지 않았던 진짜 이유다. 그리고 2016년 5월 욱일기를 단 일본 군함의 진해항 입항사건, 7월의 사드 배치 결정 발표, 12월의 한·일 군사정보협정 등 가속도를 달린 친일반중 노선에 중국의 배신감은 극에 달했다. 한마디로 중국은 '한·미 동맹은 참아도 한·미·일 동맹은 못 참는다.'이다.

중국이 사드의 한반도 배치를 질색하는 까닭은 뭘까? 한마디로 한·미 양국의 미사일방어(MD)체계 통합과 동북아시아 세력균형 변동 가능성에 대한 우려 때문이다. 중국은 자국과 일본의 중앙을 동서로 잇는 선의 정중앙에 위치한 경북 성주의 지정학적 특징에 주목한다. 즉, 중국은 경북 성주에 배치될 사드를 북한 미사일 대응을 위한 것이 아니라 한·미·일 군사동맹 강화를 통한 미국의 대중 포위전략 현실화의 핵심 기제로 판단하는 것이다.

한국의 전략적 가치를 일본열도를 보호하기 위한 부차적·수단적 존재로 인식하는 미국은 일본을 중심으로 한 아태지역에서의 한·미·일 3각 공조를 강화하고 있다. 일본에 배치된 기존의 사드 두 개와 경북 성주의 사드, 이 세 개가 트라이앵글을 이루며 상호 정보를 교환하면서 일본으로 날아오는 미사일을 사전에 차단하고 미국으로 발사된 미사일을 조기에 인식하는 기능을 하게끔 하는 전략이다. 한·미 당국은 성주에 배치되는 사드 레이더의 탐지거리가 최대 800㎞로 중국 내륙 미사일기지 감시는 불가능하다고 중국 측을 설득하고 있으나 여의치 않다. 왕이(王毅) 중국 외교부장은 기자회견에서 "사드의 관측 범위는 한반도를 훨씬 넘어서고 중국의 전략안보이익을 침해한다는 것은 누구나 아는 사실"이라며 "사드는 분명히 잘못된 선택"이라고 재확인했다.

중국으로서는 센가쿠 분쟁이 새끼발가락을 스쳐가는 개미라면, 사드는 심장부를 찌르는 삼지창이다. 중국은 사드 배치를 센가쿠 분쟁보다 훨씬 중요한 전략적 핵심이익의 심각한 훼손으로 본다. 사드를 중국 심장부와 멀리 떨어져 있는 센가쿠와는 비교할 바 아닌 핵심 중의 핵심 문제로 판단하는 것이다.

중국은 사드 실제 배치 시 군사적 타격을 공언하는 등 한국에 유무형의 전방위 보복을 본격화한 지 이미 오래다. 반면 사드 배치 백지화 역시 북한 핵 미사일 위협이 실재하는 상황에서는 해서는 안 된다. 미국의 반발도 확실하다. 한국은 그야말로 진퇴양난, 어떻게 할 것인가?

사드를 배치한다고 북한의 도발이 근절될 것인가? 그렇지 않다. 북한의 고립이 아니라 우리가 고립된다. 나아가 사드 배치는 종착점이 아니라 안보 불안과 경제 침체의 출발점이 되고 있다. 사드 배치 문제와 관련, 미·중 어느 한쪽의 일방적 요구만을 들어주어서는 안 된다. 이러한 사드는 가까이 보아도 얻는 것은 적고 잃는 것은 많고(小貪大失), 멀리 보아도 길함은 적고 흉함은 많은 것(吉少凶多)이다.

·사드 배치 백지화는 안 된다

그렇다면 사드 배치를 즉각 백지화해야 하는가? 그렇게는 할 수도 없고 해서도 안 된다. 사드를 한국에 배치하기로 결정한 이상 사드 배치를 전제로 전략을 짜야 한다. 새는 날개를 무겁게 생각하지 않는다. 한국이 창공을 웅비하는 보라매라면 G2 미국과 중국을 보라매의 양 날개로 삼자. 사드 문제를 대중 외교와 대미 외교에 적극적으로 활용해야 한다. 사드의 실제 배치는 최대한 늦추고 미국과 중국에 특사를 파견하는 등 미·중 간의 협상과 조정을 주선해야 한다.

우선 중국 측에는 북한의 핵무기 위협이 존속하는 한 한국은 한·미 동맹 차원에서 사드를 배치해야 한다는 당위성을 카드로 삼아야 한다. 중국이 북한에 핵무기를 포기하도록 강력한 압력을 넣어야 한다. 중국이 사드 배치를 반대할 경우 한국만 비핵화로 남을 수 없으니 전술핵무기를 도입하든지 한국이 독자적으로 핵무장할 수밖에 없음을 분명히 밝혀야 한다. 중국이 가장 두려워하는 시나리오는 자신의 심장부 인근의 남북한이 공히 핵보유국이 되는 날이다.

미국에 대해서도 북핵 문제의 근본적 해결을 위해 중국과 협상해 김정은을 순간급속 제거하든지, 북핵 위협의 근원을 제거할 수 있도록 요구하라. 사드 배치로 중국의 경제보복이 강화되는 만큼 한국에 통상압력을 하지 말 것을 요구하라. 사드 배치는 기정사실화하되 사드를 실제로 배치하는 행위는 중단하고 차기 정부에 맡기는 게 바람직하다.

박근혜 대통령 탄핵 인용은 그가 추진한 대외정책 전반에 대한 근본적 검토를 요구한다. 사실 사드 배치를 비롯해 한·일 위안부협상,

개성공단 폐쇄, 한·일 군사정보교류협정 등 박근혜 정권의 4대 주요 대외정책 결정은 그 효용성을 떠나 국민적 합의와 민주적 절차 없이 박 전 대통령 또는 비선이 독단으로 결정, 돌연 발표하고 밀어붙인 것이다.

· 용미용중(用美用中) 외교로 사드 문제 해결해야

이들 정책은 국민투표 또는 국회의 비준 동의 절차를 거쳐야 하는 중요한 대외정책이다. 한·일 위안부협상과 한·일 군사정보교류협정, 그리고 개성공단 폐쇄는 한국의 국가이익과 남북통일, 동북아 평화를 위해서도 반드시 원점에서 재검토되고 폐기되어야 한다. 특히 사드 배치는 사실상 한·미 자유무역협정(FTA)과 한·중 FTA보다 훨씬 중요한, 외교·통일·국방 및 기타 국가 안위에 관한 중요 정책에 해당한다. 영국이 유럽연합(EU) 탈퇴 건을 국민투표로 결정했듯 국민투표에 붙여 국민적 합의를 받아야 하는 사안이라고 생각한다(헌법 제72조 참조). 여러 제반 여건을 감안해 국민투표는 곤란하더라도 사드 배치는 최소한 국회의 비준 동의를 받아야만 하는 것이라 판단된다.

그러나 어디까지나 사드 배치를 백지화하는 게 아니라 사드 배치에 대한 국민적 합의 등 절차적 합법성을 부여하는 방향으로 나아가야 한다, 미국우선주의 터프가이 트럼프라 할지라도 명색이 세계 자유민주주의 종주국 미국의 대통령인데 한·미 동맹의 우방국인 한국, 그것도 정부가 아니라 국회 차원에서 합법적·민주적 절차를 밟겠다는 걸 막을 수 있겠는가?

북한의 도발을 원천적으로 막기 위해서는 김정은 정권의 제거가 최선이지만 차선책으로는 가급적 일본을 배제한 한·미 동맹에 더해 중국과의 안보협력, 신뢰회복에 힘써야 한다. 사드 배치를 최대한 늦추는 대신 중국과 물밑협상을 통해 중국의 실제적 대북제재 역할을 이끌어내야 한다.

현실적인 국익차원에서 일본보다 중국을 중시하는, 미-중-일-러 외교 우선순위를 원상회복해야 한다. 한·중 간의 인적·물적 교류는 한·일 간의 그것을 훨씬 초과했다. 2015년 한국의 대중수출 비중은 31.8%(홍콩 5.8% 포함)로 대일 수출 비중 4.9%의 6배가 넘는다.

사드 배치와 관련해 미국과 중국 어느 한쪽 편만 들어 미국과 중국 어느 한쪽과는 척을 지는 우를 범해서는 절대 안 된다. 한국에 미·중 양국은 하나를 버리고 다른 하나를 택해야 하는 대체재가 아니라 함께할 때 더 큰 실리를 얻을 수 있는 보완재와 같은 존재이다. '친미반중이냐, 반미친중이냐' 하는 식으로 택일의 강박관념에 집착하기보다 용미용중(用美用中)의 지혜를 모아야 할 시점이다.

대륙세력과 해양세력이 교차하는 중심에 위치하는 대한민국은 미국과 중국이 세계를 대립적으로 쟁패한다는 뜻이 담긴 G2(Group Two)를 공동 협력의 C2(Cooperation Two)로 변화시켜야 한다. 미·중 양국의 이익이 교차하는 공통분모를 탐색 포착하고, 거기에 한국의 국익을 착근, 삼투하게끔 창조적 외교력을 발휘해 나가야 한다. 이래야만 사드 문제와 북핵 문제를 평화적으로 해결할 수 있을 뿐 아니라 나아가 남북통일의 초석도 마련할 수 있을 것이다.[41]

사드 톺아보기: "너는 내게 모욕감을 줬어"

"너는 내게 모욕감을 줬어" <영화 '달콤한 인생' 대사>

"박근혜는 내게 모욕감을 줬어" <지금 시진핑(習近平) 중국 국가 주석의 마음?>

최악의 상태는 종종 최상의 상태에서 나오는 법인가? 최상의 상태라던 한·중 관계가 왜 이 지경이 됐는가? 한·중 관계가 파탄의 급물살을 탄 변곡점은 박근혜 전 대통령이 2015년 9월 3일 '항일전쟁 및 세계 반파시스트 전쟁 승리 70주년' 톈안먼(天安門) 망루에서 백치미의 찬란한 미소를 짓는 순간부터다.

그때부터 미국은 '한국이 미·일을 버리고 중국을 택하려는가?' 하는 의구심이 촉발해 사드(THAAD·고고도 미사일 방어체제) 배치를 다그치기 시작했다. 그리고 중국은 모욕감에 치를 떨기 시작했다.

현대 중국의 석학 린위탕(林語堂)은 중국은 멘즈(面子,체면)·보은·복수, 3대신(大神)에 의해 지배된다고 말했다. 중국인은 체면을 위해서는 은혜든 원수든 한 번 지면 반드시 갚기 위해 산다는 말이다.

·중국인의 특성을 집약하는 양대 키워드는 '체면'과 '관시(關係)'다.

체면은 관시보다 우선한다. 관시를 한마디로 정의하자면 자기를 중심으로 한 상대방과의 체면의, 체면에 의한, 체면을 위한 중국 특색의 인간관계이기 때문이다.

체면의 본질은 자존심이다. 중국인은 세계 역사상 자존심이 가장 강한 민족으로 정평이 나있다. 중국인은 스스로를 '용의 후예'라고 자부한다. 용은 길들이면 타고 다닐 수 있을 만큼 온순하지만 용의 목 아래에는 길이가 한 자나 되는 거꾸로 난 비늘 역린(逆鱗)이 한 장 있다. 만일 이를 건드리는 자는 용에게 죽임을 당한다.

중국인과 접촉할 때 우리가 반드시 유념해야 할 것 중의 하나가 이러한 중국인의 역린, 중화사상에 기반한 자존심을 건드리지 않는 것이다. 그런 중국인에서도 자존심 높기로 유명한 지역인은 중국 역대 10개 왕조의 도읍지이자 최고의 황성옛터 시안(西安) 사람이다. 시진핑 중국 국가 주석이 바로 시안 출신이다.

시진핑 시대 중국의 최대 역린은 자국의 제1주적 일본과 친해지는 것이다. 중국은 우리처럼 주로 북쪽을 염려하는 게 아니라 동쪽 한반도와 일본 열도의 동향을 예의주시하고 있다. 중국은 한국이 일본 군국주의 팽창을 막아주는 방파제가 되길 바라고 있으며, 한국이 일본과 함께 자신을 찌르는 비수가 될까봐 우려하고 있다.

그런데 공교롭게 일본과 밀접한 기업인 롯데가 사드 부대 부지를 제공한 성주는 더욱 공교롭게도 중국과 일본의 중심부를 동서로 잇는 정중앙에 위치한다. 푸젠성 미사일 예비사단 최고지휘관(1996∼2002)을 7년이나 역임한 강력한 반일주의자 시진핑 주석은 사드를 북한의 미사일공격으로부터 남한 방위를 핑계 삼아 단기적으로는 중국 동향을 감시·관측하고 장기적으로는 자국의 대일본 공격 방위 목적의, 일본을 위한 거라고 판단하고 있다.

그러나 사실 사드 배치보다 시진핑을 더욱 펄펄 뛰게 하는 건 박근혜가 자신의 역린을 건드렸다는 모욕감이다. 톈안먼 망루에서 자신의 왼편 옆에 서게 하는 등 극진히 대했던 그가 중국의 철천지원

수 일본의 아베 신조 총리가 쌍수를 들어 반기는 사드 배치를 비롯해 위안부 협상, 일본군함 진해항 입항, 한·일 군사정보보호협정 등 일련의 친일반중 정책 전환으로 중국을 찌르는 비수가 되어 자신과 중국에 말할 수 없는 모욕감을 줬다고 생각하기 때문이다. 기억해야 한다! 중국은 한·미 동맹은 참아도 한·미·일 동맹은 참지 못한다는 것을.42)

'사드 합의'가 상생의 한·중 관계···새 시대 알리는 자명종 되길

사드(THAAD·고고도 미사일 방어체계) 배치를 둘러싼 한·중 간 갈등은 '3불 원칙(3不·사드 추가배치, 미국의 미사일방어(MD) 체제 가입, 한·미·일 군사동맹의 불가)' 합의로 일단락됐다.

'3불 원칙'의 방점은 한·미·일 군사동맹 불가에 찍혀있다. 무엇보다 기존의 '한·미' 동맹이 아닌 일본을 끼워 넣은 '한·미·일' 군사동맹이라는 점이 심상치 않아 보이는 이유다. 문재인 대통령도 2017년 12월 3일 싱가포르 방송과의 인터뷰에서 '한·미·일' 군사동맹의 부적절성을 유독 강조한 바 있다. 사드 문제의 본질을 통찰한 발언이라고 평가한다.

한·중 관계의 바다에서 미국과 북한은 물 밖으로 모습이 드러난 '현초(顯礁)'라면 일본은 물속에 숨어 보이지 않는 '암초(暗礁)'다. 사드 문제의 겉 포장지는 한·중 갈등, 속 포장지는 미·중 갈등이지만 내용물은 중·일 갈등이다. 사드가 배치된 경북 성주는 중국과 일본의 중심부를 동서로 잇는 선의 정중앙에 위치한다. 그만큼 동북아의 패권을 놓고 중·일 양국이 팽팽한 줄다리기 시합을 벌인다고할 수 있다.

중국의 사드 책략 동선(動線)에서 병법의 정수를 모은 책 '삼십육계' 중 제26계인 '지상매괴(指桑罵槐)' 전략의 바퀴자국이 포착된다. 지상매괴는 '뽕나무를 가리키며 홰나무를 꾸짖는다'는 뜻으로, 직접적인 비난이 곤란할 경우 주변 문제를 비난하는 척하며 실은 핵심문제를 제재하는 계책이다. 사드 배치에 대한 중국의 보복도 지상매괴 계책의 원용이다. '뽕나무(사드 배치)'를 가리키며 박근혜 정권후반기의 '홰나무(친일반중 노선)'를 견제하려는 의도다.

미·중 관계는 겉으로는 대립관계이지만 속으로는 동반자관계이자 세계 자본주의 공생체이다. 반면 중·일 관계는 겉으로나 속으로나 적대관계다. 특히 시진핑-아베 시대 들어 상호 주적국임을 공언하고 있을 만큼 중·일 관계는 악화일로를 걷고 있다.

"당신네 나라 한국엔 유관순이 한명이지만 우리 중국엔 유관순이 30만 명이야! 우리 중국인은 서양의 침략은 용서할 수 있지만 간교잔악한 일본의 만행은 영원히 용서할 수 없다."

2016년 연말 상하이에서 만난 필자의 오랜 지기이자 중국의 대표한국전문가인 푸단대 한국연구중심 소장 스웬화(石源華) 교수가 이렇게 말했다

왜구의 노략질이 백열화하기 시작한 14세기 때부터 19세기 치욕의 완패를 당한 청·일 전쟁, 30만 남경대학살을 비롯 2000만 중국인이 살상당한 20세기 중·일 전쟁, 21세기 오늘까지 무려 800년간일본은 중국의 불공대천지 원수이자 제1주적국이다. 이러한 800년

혐일(嫌日)대륙에서도 반일정서가 가장 강한 지역은 3성(省)·1시(市), 즉, 푸젠성·저장성(왜구와 중·일 전쟁 시 피해 극심)·장쑤성(난징대학살)·상하이시(상하이 사변)다. 공교롭게도 시진핑 주석은 이곳서 당정군 수장을 20년간(1988~2007년)이나 임직했다. 시진핑 국가 주석이 역대 중국 최고지도자 중 가장 강력한 반일주의자로 정평이 나있는 건 이 때문일까?

중국은 우리가 상상한 것과는 정반대로 친미적이고, 우리가 상상한 것보다 훨씬 반일적이다. 사드문제의 숨은그림찾기(핵심 본질)는 한국에게 '미국이냐 중국'이 아니라 '중국이냐 일본'의 양자택일의 문제다.

식민사관과 친일잔재 청산문제에서 자유로운 중국의 반일감정은 한국의 그것에 비해 폭과 깊이 차원 자체가 다르다. 일본을 같은 하늘을 이고 살 수 없는 원수국가로 여기는 중국은 한·미 동맹은 괜찮아도 한·미·일 동맹은 절대 참지 못한다.

그렇다면 한국은 중국에 어떤 전략으로 대응할 것인가? 필자는 '삼십육계' 중 제25계 '투량환주(偸梁換柱)', 즉 '들보를 훔치고 기둥을 바꾼다.'는 뜻으로 동맹국을 바꾸는 등 구도와 판국을 대전환함으로써 승리를 취하는 전략을 제안한다. 구체적으로 말하자면 '한·미·일 동맹'에서 일본을 빼는 대신에 중국을 넣은 '한·미·중 상생의 트라이앵글 3자 협력체제', 즉 '한·미·일 군사동맹' 추구에서 '한·미·중 평화연합'으로 동맹구도를 대전환하는 것이다.

현실적인 국익차원에서 일본보다는 중국을 중시하는, 미-중-일 외교우선순위를 원상회복해야 한다. 한·중 간의 인적 물적 교류는 한·일 간의 그것을 훨씬 초과하였다. 2016년 한국의 대중 수출비중은

31.6%(홍콩 6.6%포함)로 대일 수출비중 4.9%의 6배가 넘는다.

한국에게 미·중 양국은 하나를 버리고 다른 하나를 택해야 하는 대체재가 아니라 함께할 때 더 큰 실리를 얻을 수 있는 보완재와 같다. '친미반중이냐, 반미친중이냐' 하는 식으로 택일의 강박관념에 집착하기보다는 '용미용중(用美用中)'의 지혜를 모아야 할 시점이다.

반면에 한국에게 중·일 양국은 보완재가 아니라 대체재이다. 둘 중 하나만을 택해야 하는 대체재의 문제다. 이제는 일본과 헤어져야 할 시간이 다가오고 있다.

우리는 미·중의 이익이 교차하는 공통분모를 탐색 포착하고 거기에 한국의 국익을 착근, 삼투시키게끔 창조적인 외교력을 발휘해 나가야 한다. 즉, 한국이 평화와 협력의 중심축이 되어 미국과 중국이 세계를 대립적으로 쟁패한다는 뜻이 담긴 'G2(Group of 2)'를 한·미·중 공동협력의 'C3(Cooperation of 3)'로 변화시키는 역할을 모색해야 할 것이다. 그래야만 북핵 문제를 평화적으로 해결할 수 있을 뿐만 아니라 나아가 남북통일의 초석도 마련할 수 있을 것이다

이번 '사드 합의'를 계기로 한·중 양국은 상호이해와 상호존중의 정신으로 상생의 새 시대를 개척해야 한다. 지난 1년여 간 사드로 인한 한·중 갈등은 한·중 관계가 겪는 성장통이었다. 성난 얼굴처럼 붉게 물들었던 한·중 관계의 하늘은 저녁노을이 아니다. 새벽노을이다. 이번 '사드 합의'는 경제·문화 분야뿐 아니라 정치·군사·안보 등 모든 분야에서 상생의 새 시대를 열어가는, 새로운 한·중 관계시대의 여명을 알리는 자명종이 되기를 바란다.[43)]

제4장

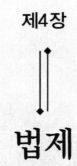

법제

중국투자분쟁시 해결방법 우선순위

1위 화해(협상)>2위 조정> 3위 중재>4위 소송

중국 계약법(合同法) 제128조(핵심조문) 참고

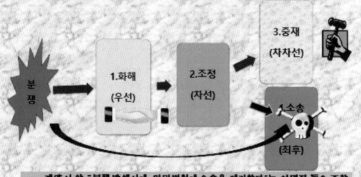

* 계약서 상 "분쟁 발생시에 인민법원에 소송을 제기한다."는 치명적 독소 조항

- "기억하라, 관시(關係)를 믿지 말라" <알리바바 마윈(馬雲) 총재>

- 중국 질주비결 3선
1. 개혁개방과 부국강병에 최적화한 정책의 법제화 및 강력한 집행
2. 중국판 공수처 중기위의 성역없는 반부패활동(2001~2015년, 15년
   간 차관급이상 탐관 91명 무기, 사형)
3. 종일매국, 마약사범, 성범죄에 대한 엄벌주의

- 강효백

- "관시로 사업을 해서는 절대 안 된다. 물이 맑아야 물고기가 산다."
  <중국 대표 여성 기업가 동밍주(董明珠)>

- 21세기 태평양시대, 지역학의 꽃이 중국학이라면 꽃 중의 꽃은 중국
  법이다. 우리나라의 무역 투자 상대국 1위인 중국과의 법무수요가 급
  증하고 있는데 공급은 절대적으로 부족하며, 활용가치가 높은 가장
  장래성 밝은 분야이기 때문이다. - 강효백

법을 보는 한국과 중국의 차이

우리나라 대학생을 비롯한 일반인들에게 '법' 하면 제일 먼저 떠오르는 이미지가 뭐냐고 물으면 재판, 판검사, 변호사, 법원, 고소·고발 등이 떠오른다고 답한다.

반면 중국 사람들에게 같은 질문을 던지면 제도, 법제건설, 규칙, 관리·감독, 입법 등이 먼저 떠오른다고 한다.

한마디로 한국에서의 법은 '재판'이고, 중국에서의 법은 '제도'다. 이것이 바로 한국과 중국의 차이다. 한·중 양국의 종합국력의 격차로 극명하게 나타나고 있다.

시진핑 국가 주석, 리커창 총리 등 중국 최고수뇌부가 법학도 출신이거나 법학박사라 해서 그들의 원래 꿈이 판사·검사·변호사 등 법조인 또는 법학자였을까? 혹시 그들도 학창시절, 우리나라처럼 법조문과 판례와 학설을 암기하고 해석하는 데 몰두했을까?

천부당만부당한 말씀이다. 중국의 법학은 제도창조학, 국가사회시스템 디자인학, 국가경영제도학, 즉 입법학이 주류다.

오랜 세월 역사와 문화를 공유해 온 한국과 중국 두 나라를 비교하여 한마디로 말하자면 '대동소이(大同小異: 크게는 같고, 작게는 다르다)'이다. 그러나 30년에 이르는 실제 중국체험과 20권의 중국정치경제 사회문화역사 법률관련 책을 펴낸 중국학도의 한 사람으로서 연구하면 연구할수록 절실하게 깨닫는 사실은 한·중 양국은 서로 대동소이가 아니라 소동대이(小同大異 : 작게는 같고, 크게는 다르다)라는 것이며 그중 가장 대표적인 분야가 법률분야이다.

우리나라에서 법은 어떤 문제 상황에 직접 개입하여 대안을 제시하지 못하고 사건이 일어난 다음에 토를 달고, 해석하고 재판하는 법해석에만 치중하여 왔다. 법의 제정과 개정에 대한 문제는 '입법론에 맡긴다.'라는 표현으로 방치하고 외면해 왔다. 이미 있는 법을 해석, 적용, 집행하는 사법과 행정의 지평에만 웅크리고 앉아서 법의 사회통제와 분쟁처리기능에만 치중하고 사회발전 기능은 경시해 왔다. 그 결과, 우리 사회는 낡은 법제를 고수하기 위한 반대논리에는 강하나 새로운 시대에 맞는 입법(시스템, 룰과 텍스트 등을 모두 포함한 광의의 개념)에 대해서는 무관심하거나 적대적일 수밖에 없게 되었고 법의 제·개정이 제1의 존재 이유인 국회의원마저도 '입법의 염불'보다는 '이권의 잿밥'에만 관심을 가질 수밖에 없게 되었다.

올바른 법의 기능과 과제는 미래에 대한 인식을 과거에 대한 인식만큼 구체적으로 설계하고 창조하는 것이어야 한다. 미래 지향적인 국가사회의 시스템 설계는 시스템창조, 법률창조, 즉 입법을 통해 가능하다고 생각한다.

지금 하버드와 예일 로스쿨 등 미국의 로스쿨을 비롯한 EU, 중국 등 선진국과 강대국의 법학연구와 교육은 입법학에 주력하고 있다. 세계 초일류 강대국, 미국의 헌법 제1조는 우리나라처럼 '미합중국은 민주공화국이다.'는 식이 아니라, "이 헌법에 의하여 부여되는 모든 입법권은 연방 의회에 속하며, 연방 의회는 상원과 하원으로 구성한다.[44]" 이다. 한글로 번역해서 그렇지, 원문으로 보면 '입법권(legislative powers)'이 미국헌법, 그것도 헌법 제1조에 제일 먼저 나오는 단어이다. 이러한 사실은 지금 우리에게 시사하는 바가 매우 크다.

G2의 한 축, 중국의 법학의 주요 관심도 개혁개방과 부국강병을

위한 '좋은 법 만들기', 즉 입법론에 관한 학설대립이 대부분이다. 중국의 법학은 미래의 비전과 플랜을 법제화하는 제도창조, 즉 입법학에 치중하고 있다. 우리나라 법서의 주연급인 '판례'와 '해석'은 중국의 법서에는 엑스트라 취급당하며 '입법'의 독무대이다. 참고로 중국헌법 제15조도 "국가는 경제 입법을 강화하여 거시조절을 완비한다.45)"라고 규정하고 있다.

중국 질주의 원동력은 정책을 구체적으로 제도화하여 강력하게 실천한 데 있다. 중국은 인권법과 환경법분야를 제외한 대외무역법, 외국인투자법, 기업법, 지식재산권법, 소득세법 등 광범위한 분야에서 활발히 법제개혁을 이루어 냈다. 중국의 법제개혁, 즉 제도화는 정부의 제도화뿐 아니라 기업내부의 관리나 운영 방식도 포함한다. 국가적인 차원의 거시적 제도화나 기업적인 차원의 미시적 제도화가 '사회주의 시장경제 = 공정한 자유경쟁'으로 나아가는 것이 중국 질주의 근원이다. 중국은 좋은 법 만들기를 제정하기 위해 중국의 모든 최고 엘리트들의 인력이 투입된다.

오늘날 덩샤오핑이 개혁개방의 총설계사로 숭앙받는 이유 중의 가장 중요한 부문은 그의 '신의 한 수', '먼저 부자가 되어라'의 선부론(先負論), '가난한 사회주의는 사회주의가 아니다'라면서 노대국의 방향을 '우향우'로 확 돌린 개혁개방 정책노선 등이 그저 슬로건이나 구호로만 그치지 않았다는데 있다. 덩샤오핑 자신의 개혁개방 이론과 정책을 구체적으로 실천하게끔 하는 획기적인 제도적 장치를 창조하여, 강력히 집행하는 데 있다. 사회주의 붉은 바다에 자본주의 푸른 섬을 건설한 경제특구제도를 비롯하여 사유재산 보호와 외자기업의 보호와 장려를 헌법조문으로 명문화하고 사유재산의 축

	한국	중국
한-중 法의 주요차이		
법계	대륙법계 기반+ 영미법계 가미	중화법계+구소련법계+대륙법계+ 영미법계 (다차원 융복합적 법계)
법원(성문)	헌법,법률,명령, 조례, 규칙 5단계	헌법,기본법률,법률,행정법규,부문규 장,지방법규,지방규범,자치조례8단계
법원(불문)	관습법, 조리, 판례(사실적 법원)	국가정책(민법통칙 6조) 그외 모든 불문법 무시
법학 방법론	해석법학 위주 판례연구 중시	법사회학, 입법학위주, 중국법학자의 관심은 좋은 법 만들기에 집중
필수법학	헌민형상,민소, 형소, 행정 법 7법	경제법, 국제경제법,국제법 등 14법 *상법을 포괄한 경제법영역 중시
법조인 양성 경로	로스쿨 일원화 ONE TRACK	중국로스쿨, 사법시험, 학.석.박사과정 3 TRACK SYSTEM
소송대리 인 자격	변호사 독점적 소송대리인	변호사, 로펌 종사자, 당사자의 근친, 동료, 직장 추천인 등 다양성
사법제도	3급 3심제, 검찰권 강력	4급 2심제, 검찰권 미약(오직 기소권)

적이 가능하게 한 상속법 등을 제정했다. 덩샤오핑 개혁개방노선의
아이들, 장쩌민, 후진타오, 시진핑으로 이어지는 역대 중국최고지도
층 모두 개혁개방과 부국강병의 도구로서의 좋은 법제 만들기에 매
진하여 왔다.[46)]

지역학의 꽃 중국학, 꽃 중의 꽃 중국법

"로마에 가면 로마법을 따라야 한다."고 했다. 중국에도 이와 비
슷한 속담이 많은데 그중 하나가 입경수속(入境隨俗)이다.
그 고장에 가면 그 고장의 풍속을 따라야 한다는 뜻이다. 로마에
가면 로마법을 따라야 하듯 중국에 가면 중국의 법을 따라야 한다.

그런데 적잖은 우리 기업들은 아직도 중국이 관시(關係)를 중시하는 나라라고 지레짐작하고, 인맥형성에만 주력하면서 공식화된 투자환경인 중국의 법률과 법규, 정책의 파악에는 소홀히 하고 있다. 이러한 인식의 오류와 잘못된 태도는 중국진출 실패의 근본요인이 되어 왔다. 그중 중요한 몇 가지를 들면 다음과 같다.

첫째, 우리나라의 대통령령(시행령)과 부령(시행규칙), 지방법규(조례)에 해당하는 중국의 하위법령들은 '說明', '解釋', '意見', '通知' 등으로 표기되어있다. 이들을 이름 그대로 단순한 '설명'이나 '해석'으로 잘못 알고 소홀히 대하다 낭패 보는 일이 부지기수로 많다. 그래 놓고 '중국에는 법도 없다'라고 불평한다.

둘째, 합자, 합작, 독자기업법 등 삼자기업법이 회사법(公司法)에 우선한다. 삼자기업법은 중국에 진출한 외자기업에 적용되는 법이고 회사법은 중국 국내기업을 규율하는 법이다. 또한 삼자기업법은 전국인민대표대회에서 제정한 기본 법률로서 전인대 상무위원회에서 제정한 일반법률인 회사법보다 상위법이자 특별법이다.

셋째, 국제법이 국내법보다 우선한다. 개혁개방의 심화와 WTO (세계무역기구) 가입 및 글로벌화에 부응하기 위하여 중국은 조약이 국내법보다 우월한 효력을 지니는, 즉 국제법 우선원칙을 기본 법률에 규정하였다. 이런 점을 우리 기업들은 의외라며 반기는데 꼭 좋아할 일 만도 아니다.

과거 외자유치를 지상과제로 삼았던 중국이 세계 최대의 외환보유국가가 되자 외자에 대해 특혜를 부여하던 '초국민대우'를 접고 국제보편규범인 WTO의 '내국민대우'를 내세우고 있다. 근래 기업소득세법, 노동계약법 등의 제정에서 볼 수 있듯, WTO 의무 이행

차원에서 방어적이던 중국이 이제는 법제개혁의 당위성을 무차별대우, 투명성 원칙 등 국제법에서 공격적으로 근거하고 있는 것이다.

넷째, 중국에서는 국가정책도 법의 일종이다. 관습과 조리(條理)를 불문법의 일종으로 삼은 우리와는 달리, 중국은 "법률에 규정이 없는 경우 국가정책을 준수하여야 한다."라고 규정하고 있다. 따라서 우리는 항상 중국의 정책 동향에 주의를 기울이고 정책변화에 능란하게 대응하여야 할 것이다.

다섯째, 분쟁이 발생하였을 경우 법원소송보다 중재로 해결하는 것이 좋다. 중재는 소송에 비해 시간과 비용절약이 가능할 뿐만 아니라 전문성과 보안성, 공정성이 강한 편이다. 중재인을 당사자가 지정하고, 외국인의 중재대리도 가능하여 중국 실정상 소송보다 더욱 공정성이 보장되어 외국인에게 유리하다.

끝으로, 중국법을 틈틈이 공부할 것을 권장한다. 우리나라와 달리 중국의 법률용어는 일상용어와의 차이가 거의 없어 공부하기가 예상외로 쉽다. 현재 중국은 인치와 관시의 나라에서 법과 제도에 의한 의법치국(依法治國) 국가로의 전환을 강력하게 추진하고 있다.

그리고 과거 최고지도층이 이공계 출신 일색이었던 것과는 달리, 시진핑 주석, 리커창 총리를 비롯하여 리웬차오(李源潮) 부주석, 리우엔동(劉延東) 부총리 등이 모두 법학도, 법학박사라는 메가트렌드의 변화에 주목하여야 할 것이다.

21세기 태평양시대, 지역학의 꽃이 중국학이라면 꽃 중의 꽃은 중국법이다. 우리나라의 무역 투자 상대국 1위인 중국과의 법무수요가 급증하고 있는데 공급은 절대적으로 부족하며, 활용가치가 높은 가

장 장래성 밝은 분야이기 때문이다.[47)]

시진핑 시대 사업 우선순위 1. 법제 2. 정책 3. 관시

· 중국에 대한 오해 3대 키워드: '사회주의', '관시', '아직'

중국에 대한 인식의 오류를 범하게 하는 키워드를 세 개만 든다면 '사회주의', '관시', '아직'이라고 생각한다. 너무 오래가는 중국의 잔상(殘像)과 그 잔상에 가려 잘 보이지 않는 중국의 실상을 단 한 줄로 축약하자면 이렇다.

잔상: 중국은 '사회주의' 국가로서 사업에는 '관시'가 중요하고 '아직' 우리보다 뒤졌다.

실상: 중국은 '자본주의 개발독재국'으로서 사업에는 '법제'가 중요하며 '이미' 우리보다 앞섰다.

이 대목에 고개를 갸우뚱거리고 심지어 일종의 거부감을 느끼는 독자들도 없지 않을 것이다. 이에 나는 몇 마디 반문하고자 한다.

중국이 아직도 평균과 배분을 중시하는 '사회주의' 국가로서 사업에는 '관시'가 제일 중요하다면 어떻게 미국과 함께 세계 주요 2개국(G2)으로 군림할 수 있겠는가?

10만 명의 억만장자(부동산 제외 개인자산 190억 원 이상)와 138만 명의 천만장자가 어떻게 나올 수 있겠는가? 중국이 원대하면서 정교한 법률과 법령, 제도의 인프라 없이 공산당 일당독재의 인치와 관시로 움직여왔다면 어떻게 대외무역액, 외자유치액, 외환보유고,

에너지생산력, 구매력기준 GDP 세계 1위라는 5관왕을 차지할 수 있었으며, 어떻게 글로벌 500대 기업 가운데 106개가 중국기업임을 설명할 수 있겠는가?

조그만 구멍가게도 살아남기 위해서 나름의 시스템과 룰을 세워 운영하는데 하물며 13억 8000만 명 인구의 거대한 중국 정부와 기업이 법제보다 관시를 중시해 왔다고? 그게 가능한 일인가? 만일 정말 그러하다면 오늘날처럼 부강한 중국은커녕 역사의 뒤안길로 이미 사라져버렸을 것으로 생각하는데, 어떠신지, 강호제현의 고견은?

· 관시는 '빽'도 '릴레이션십'도 아니다

이왕 말이 나왔으니 '관시'에 대해 한마디 더 하고자 한다. 적잖은 우리 기업들은 아직도 중국이 관시를 절대시하는 나라라고 지레짐작하고, 인맥형성에만 주력하면서 공식화된 투자환경인 중국의 법률과 법규, 정책의 파악에는 소홀히 하고 있다. 이러한 인식의 오류와 잘못된 태도는 중국진출실패의 근본요인이 되어왔다.

'관시란 무엇인가?' 관시의 개념부터 확실히 할 필요가 있다. 관시는 한자 그대로 관계(關係)다. 하지만 관시와 관계, 이 둘의 뜻과 쓰임새, 사회적 메커니즘에는 미묘한 차이가 있다. 관시는 우리말 가운데 문화적인 뜻을 함축하는 '인맥'에 더욱 가깝다. 영어의 '릴레이션십'(relationship)은 영미식 개인주의가 물씬 풍기는 단어로 '관시'와는 다른 의미이다.

관시가 인맥이나 릴레이션십과 비교하여 가장 다른 점은 의무의 특성을 지닌다는 점이다. 일단 관시가 형성되면 상대방은 언제든 무엇인가를 기대할 수 있다. 상대방이 자신의 요구를 거절할 수 없다는 공통인식이 형성된다. 만일 관시가 이루어졌다는 생각에서 누군가가 무엇인가를 요구했을 때 이를 거절한다면 상대방은 관시가 파괴되었다고 여긴다. 의무보다는 도의적 성격을 강조하는 '인맥'이나 그런 것이 아예 없는 '릴레이션십'은 이런 점에서 다르다.

연못에 돈을 던지면 원을 그리며 퍼지는 동심원처럼 쉽게 다른 사람들에게 전파된다는 것도 관시의 특징 중 하나다. 관시는 상호 간의 통로나 연결이라는 포괄적 의미로 개인과 개인, 회사와 회사 등의 관계로 해석되기 때문에 단순히 뇌물 같은 의미가 아닌 서로 신뢰하고 믿을 수 있는 관계의 의미가 강하다. 미래지향적인 성격을 갖는다.

또한 중국의 관시는 우리나라의 '빽'과도 차이가 있다. 우리의 '빽'은 높은 사람의 권력을 통하여 아래로 내려오는 형태인 반면에 관시는 실무담당자를 통한 직접 해결방식이 주류를 이룬다. 중국에서는 한국식의 '빽'은 잘 통하질 않는다. 고위층에게 가라오케에서 술을 몇 번 사고 뇌물(또는 선물)을 주었다고 해서 관시가 이루어지지 않는다. 중국에서 한국식의 빽을 쓰다가 호되게 망신만 당하는 경우가 부지기수다.

관시는 주로 개인 대 개인 사이에 형성되지만 조직 대 조직으로 발전할 수도 있다. 한 조직이 다른 조직에게 큰 도움과 신뢰를 주며 관시를 구축하면 그 조직은 대부분 반대급부를 얻을 수 있다.

•실세는 '부(副)'자가 달린 자?

한국의 빽과 달리 중국에서 좋은 관시를 맺는 데 주력해야 할 대상은 간혹 회장이나 사장 등 직함상 최상급자가 아니라 '부(副)자'가 달린 자나 현장실무자인 경우가 있다. 참고로, 실세 최고권력자 덩샤오핑의 최고직위도 부총리였다. 공조직·사조직 막론하고 중국의 거의 모든 조직은 1인 단독결정제가 아니라 복수의 집단이 결정하는 집단지도체제라는 사실을 유념해야 할 것이다. 한마디로 어떤 조직의 특정 1인에게만 잘해준다고 해서 바람직한 관시를 맺을 수 있는 것은 아니다.

외국인으로서 사업이나 개인적인 일을 볼 때 관시의 위력을 절실하게 실감할 수 있다. 관시를 오랫동안 유지하면 '라오펑유(老朋友, 오랜 친구)'의 단계에 이를 수가 있는데 이 정도면 관시의 구축은 성공했다고 볼 수 있다.

라오펑유는 관시의 꽃 한가운데 꽃술과도 같다. 라오펑유는 오랜 친구라는 일반적인 개념을 뛰어넘는 그야말로 생사고락을 같이한 전우애 이상의 믿을 수 있는 친구다. 어려울 때 서로 돕고 고충을 나눌 수 있는 친구인 것이다. 라오펑유의 꽃술 주변에는 또 다른 라오펑유가 있기에 서로서로 아름다운 힘을 사방으로 뻗친다.

그런데 아직도 중국에 진출한 많은 기업들이 관시 없인 중국 진출이 힘들다고 한다. 얼마 전 한국의 법원에서도 중국의 관시를 기업의 경영수단으로 인정한 판결이 나왔다. 한국에서 출판된 중국법률 관련서적도 중국에서는 법제보다 관시가 더 중요하다는, 참으로 한심한 쌍팔년도식(단기4288년, 서기1955년) 구절이 적혀 있다. 아직도 중국 사업에서 관시가 절대적으로 중요할까? 과연 그럴까?

답은 과거엔 그러했지만 현재에는 그렇지 않다. 관시는 적어도 20세기 말 개혁개방 초기 중국에서 사업을 잘하는 것은 관시를 어떻게 만들어가고 어떻게 활용하는가에 달려 있다고 해도 지나친 말이 아니었다. 그런데 21세기 오늘 중국에서 관시는 법제와 국가정책 다음으로 밀려났다. 더 이상 관시는 절대적인 위상을 자랑하지 않는다. 대신 상대적인 중요성만 지니게 된 것이다.[48]

'부자 되세요'와 중국헌법 제18조

중국의 설날은 온통 '파(發)' 세상이다. 사람마다 '궁씨파차이(恭喜發財:부자 되세요)'라는 설날 덕담을 나눈다. 식당과 상점마다, 백화점의 쇼윈도마다 '파(發:돈벼락이 쏟아져라)! 파(發)! 파(發)!'가 나붙어있다.

어떤 중국 사람들은 홍콩의 영화배우 저우룬파(周潤發)가 세계적인 스타로 발돋움하게 된 까닭이 그의 잘 생긴 외모와 명연기뿐 아니라 파(發)로 끝나는 이름 덕분이라고 말하기도 한다.

중국인들이 가장 좋아하는 숫자는 '發'와 비슷하게 읽히는 '8'이지만 1에서 100까지 중에서 고르라면 단연 '18'이 우선이다. 그냥 '부자 된다'가 아니라 '곧 부자가 된다(要發)'로 읽히기 때문이다. 그래서 매월 18일에는 결혼식, 개업식, 기공식, 준공식, 상량식 등이 한꺼번에 겹쳐진다. 18로 끝나는 휴대전화번호와 차량번호에는 거금의 프리미엄이 붙는다. 중국 최고급 호텔의 18층은 대부분 VIP층이고 중국 국가대표 축구팀의 스트라이커 등번호도 18번이다.

어디 이뿐이랴. 베이징의 댜오타이(釣魚臺) 영빈관은 1992년 한·중 수교 비밀협상과 북핵 관련 6자회담이 열린 장소로 우리에게도 친숙한 곳이다. 그 가운데서도 국가원수나 수상급 이상의 국빈에게만 허용되는 곳은 풍광이 제일 아름다운 호숫가에 위치한 댜오타이 18호각이다. 노무현 대통령과 부시 대통령, 엘리자베스 여왕 등만이 황실 못지않게 화려하고 웅대한 침실에서 잠을 잘 수 있었다. 그만큼 '18'은 남녀노소 상하귀천 가릴 것 없이 모든 중국인들에게 환영받는 행운의 숫자다.

몇 년 전 겨울방학 동안 내내 베이징대 법학대학원 도서관에서 중국법에 몰두하고 있던 필자는 심심풀이 반, 호기심 반으로 회사법, 계약법, 외자기업법, 대외무역법 등을 비롯한 중국의 주요법규들의 '제18조'들을 살펴보았다. 참으로 신기하게도 그것 모두는 제1조 못지않은 핵심조항들이었다. 국가의 최고규범이자 근본규범인 현행 중국헌법(1982년 제정, 총 138개 조문) 제18조를 들여다보자.

'중화인민공화국은 외국기업과 경제기구 또는 개인이 중화인민공화국 법률의 규정에 의한 중국에서의 투자를 허용하고, 그들과 중국 내 기업과 경제기구와의 각종 형식의 경제협력을 허용한다. 중국 내에서 외국기업 및 합자경영의 기업은 중화인민공화국의 법률을 준수해야 한다. 그 합법적인 권리와 수익은 중화인민공화국 법률의 보호를 받는다.'라고 규정되어 있다.

'외국기업투자유치장려 조항'을 한 국가 실정법체계의 최고규범인 헌법으로까지, 그것도 앞부분 총강부문에 규정하고 있는 나라가 중국 말고 세계에 또 있을까? 여러 권위 있는 헌법학자들에게 자문을 구해보고 관련책자와 자료를 뒤적거려보아도 아직까지 그 비슷한 예조차 찾을 수 없다.

중국은 1980년대 초부터 해외투자유치를 기본국책으로 설정, 꾸준히 추진해왔다. 이는 우리나라의 대외무역진흥(우리 현행 헌법 제126조에 규정)보다 오히려 한 차원 더 높은 것이다. 특히 2001년 말 WTO에 가입한 이후 중국은 외자유치관련 법적체계를 더욱 완비시키고 WTO 가입 시의 이행약속과 대외개방의 새로운 정세의 요구에 따라 관련법규의 정비와 제정을 가속화하고 법과 제도에 따른 업무진행을 적극 추진하여 왔다.

근래들어 외자의 양보다는 질에 선별하여 유치하는 경향이 두드러졌지만 여전히 중국에서는 양질의 외자유치 실적이 공직자의 승진인사평정에서 비중이 큰 항목으로 되어 왔다. 정치인과 관료, 기업가의 출세가 양질의 외자를 얼마나 많이 유치했느냐에 달려 있는 것.

이런 시스템은 중앙정부뿐만 아니라 각급 지방 당과 정부도 당서기와 시장의 진두지휘 아래 외자유치 경쟁에 총력을 기울이도록 만들고 있다. 2013년 말 현재 세계 500대 기업 대부분과 약 만여 개의 외국기업이 들어와 있으며, 이미 미국을 제치고 세계 최대 무역대국이 된 중국, 거품에 불과하다는 질시와 의혹이 뒤섞인 일부 관측이 없지 않았지만 G2 시대 거대 중국의 지속적인 질주의 비결이 그저 즉흥적인 선심성 공약이나 근시안적인 정책남발 등에 있는 건 아니라는 사실을 재삼 확인할 수 있다.[49]

제도야말로 진정한 보스다

· 제도야말로 진정한 보스다(制度才是眞正的老板) - 강효백

- 일류의 집행은 반드시 일류의 제도가 있어야 한다(一流的執行必有一流的制度). - 거리전기 총재 동밍주
- 보스는 천하를 제패하고, 제도는 강산을 확정한다(老板打天下, 制度定江山). - 강효백
  (마오쩌둥은 무력으로 대륙을 통일했고 덩샤오핑은 제도화로 G2 중국의 초석을 확립했다.)

구 독일과 일본의 법학이 해석법학임에 반하여 21세기 미국, 중국, EU 등 'G3'의 주류법학은 사회의 근본문제 해결을 위한 정책 제안까지 포함하는 광범위한 것이다. 즉, 현대 국제사회의 주류법학은 19세기 후반에서 20세기 전반의 주류법학인 법해석학의 영역으로부터 발전하여 정치학, 경제학, 행정학, 경영학, 사회학 등 사회과학은 물론 심리학, 인류학, 언어학, 통계학 기타 인접 학문 영역, 심지어 이공계와 예체능계의 연구방법을 다각도로 응용하면서 각각의 과정의 동태적인 현상에 대한 해결책을 모색하고 처방을 내리는 방향으로 발전하고 있다.

· 덩샤오핑과 나폴레옹의 공통점

오늘날 덩샤오핑이 '개혁개방의 총설계사'로 숭앙받는 가장 중요한 이유는 그가 내세운 '선부론'이나 '일국양제(一國兩制, One Country Two Systems ; 한 개의 중국 내에 사회주의, 자본주의 두 제도를 공

존 공동발전을 모색한다)' 등 개혁개방 노선과 정책이 그저 구호로만 그치지 않았다는 데 있다. 덩샤오핑은 자신의 개혁개방 이론과 정책이 구체적으로 실현되게끔 획기적인 제도적 장치를 창조해 이를 강력히 집행해 나갔다.

덩샤오핑은 1982년 헌법을 전면 개정했다. 홍콩과 마카오의 원활한 회수 및 관리, 나아가 대만을 흡수통일하기 위하여 특별행정구 제도를 창조해 헌법으로 조문화했다(헌법 제31조). 1997년 홍콩 반환보다 무려 15년 앞서 미리 헌법차원으로 제도화해 놓은 것이다.

또 사회주의라는 붉은 바다에 띄운 자본주의라는 푸른 섬, 경제특구를 비롯해 외자기업의 장려와 보호를 헌법 조문으로 명문화하고(헌법 제18조, 제32조), 합법적인 사유재산권의 불가침권을 보장했다(헌법 제13조). 이 밖에 중국에 진출한 외국기업에 대한 보호와 각종 특혜부여를 보장한 합자기업법(1979년), 외자기업법(1986년), 합작기업법(1988년) 등 이른바 '삼자기업법'과 사유재산의 축적을 보장한 상속법(1985년 제정) 등을 헌법에 버금가는 기본 법률 차원으로 제정·시행했다.

나폴레옹은 자신의 영원한 명예는 40번의 승전이 아니라 자신의 법전이라고 말했듯, 그의 정치·군사적 업적은 덧없으나 나폴레옹 법전은 여전히 높은 평가를 받고 있다.

덩샤오핑이 제정 수준으로 개정한 1982년 중국헌법(현행 중국헌법)도 그의 후계자에 의해 다섯 차례 일부 수정, 개선되어 오늘날 부국강병한 G2 중국을 이루는 기틀이 되고 있다. 덩샤오핑식 개혁개방 노선의 아이들인 장쩌민, 후진타오에서부터 현재 시진핑까지, 역대 중국 최고지도층도 개혁개방과 부국강병의 도구로서 좋은 법제 만들기에 매진하고 있다.

우리나라는 사법, 행정, 입법 순으로 인문사회과학 분야의 우수인력자원을 투입하는 반면에 중국은 입법, 행정, 사법 순으로 투입하고 있다. 중국 공산당 당중앙 정법위원회와 베이징대학, 중국인민대학 등 명문대 법학원의 저명 교수진 등(입법은 주로 중견 법학자들의 몫, 판례 해석은 초임교수나 연구원, 법조인들의 몫)을 비롯한 국가 최고 엘리트들의 지력을 '좋은 법 만들기'에 집중 투입하고 있는 것이다. 이는 한·중 양국 간에 매우 뚜렷하게 대조되는 국가인력자원 포지셔닝(positioning) 전략 내지 인재배치의 현 주소다. 이 또한 한·중 양국의 종합국력의 격차로 극명하게 나타나고 있다.

중국의 질주 비결은 구호나 캠페인에 그치지 않고 정책을 구체적으로 제도화해 강력히 집행하는 데 있다. 중국은 각종 세법, 무역법, 투자법, 기업법, 지식재산권법 등 광범위한 분야에서 활발히 법제개혁을 이뤄내고 있다. 중국의 법제개혁, 즉 제도화는 정부의 제도화뿐 아니라 기업 내부의 관리나 운영 방식도 포함한다. 국가적인 차원의 거시적 제도화나 기업적인 차원의 미시적 제도화가 '사회주의 시장경제=공정한 자유경쟁'으로 나아가는 중국 질주의 근원인 셈이다.

·중국 슈퍼리치 "'돈'보다 '룰 만들기'에 관심"

강효백의 저서, '중국의 슈퍼리치'에 등장하는 중국 대표 기업가들의 삶의 궤적을 돌아봐도 그렇다. 2016년 중국 최고 갑부이자 글로벌 슈퍼리치 18위에 오른 완다그룹 총재 왕젠린(王健林)을 비롯하여 알리바바 총재 마윈(馬雲), 중국 대표 여성 기업가 거리전기 총수

동밍주(董明珠), 완샹그룹 루관치우(魯冠球) 회장, 신시왕 그룹 류융하오(劉永好) 회장, 바이두 리옌훙(李彦宏) 회장, 텐센트 마화텅(馬化腾) 회장, 샤오미 레이쥔(雷軍) 회장 등 중국 슈퍼리치의 공통적인 특징과 성공비결은 기업혁신의 시스템과 룰을 끊임없이 창조 개선하고 그것을 실천하는 것이다

중국의 슈퍼리치들은 진취적인 규칙 만들기를 좋아하고 그 규칙대로 자신과 다른 사람들을 다스리길 즐긴다. 이들 대다수는 창업 초창기의 돈 버는 즐거움보다는 끊임없이 기업발전을 위해 참신하고 효과적인 시스템과 룰을 창조하고 개선해 나가는 과정 자체에 무한한 즐거움을 느낀다. 자아실현이라는 정신적 쾌감의 절정, 성취감의 극치를 만끽하는 것이다.

오히려 융성해가는 자신의 기업과 두둑해진 돈주머니를 보며 느끼는 쾌감은 부수적이 되거나 하찮게 여겨지는, 도통의 경지에 오른 슈퍼리치도 관찰된다. 그러나 이들 중 간혹 정상에 오르기까지의 창조와 혁신이 정상에 오른 후부터 자만과 타성, 권태에 빠져 기업경영의 시스템과 룰에 대한 이노베이션을 소홀히 할 경우는 이들의 기업도 여지없이 슬럼프에 빠지거나 쇠퇴일로에 접어드는 흐름이, 피할 수 없는 숙명처럼 감지된다.

요컨대 사회주의 시장경제 체제 확립 후 현대 중국의 정치 지도자들은 원활한 창업과 효율적인 기업경영을 위해 최적화된 법제 인프라 구축에 매진하는 '국가사회시스템 디자이너(National Social System Designer)'이고, 중국의 대표적 기업가 슈퍼리치들은 자신의 기업 발전을 위해 참신하고 효과적인 틀과 룰을 창안해내는 '기업경영시스템 디자이너(Company Management System Designer)'이다.[50]

알리바바 총수 마윈의 수호천사는 '전자서명법'

'삼국지'의 클라이맥스는 적벽대전이다. 그렇다면 세계 전자상거래업계의 슈퍼파워, 알리바바 그룹 사상 최고의 클라이맥스는 어느 대목일까? 그 건곤일척 일대혈전의 전말은 이렇다.

2003년 4월 어느 날, 알리바바 총수 마윈(馬雲)은 도쿄의 한 중화요릿집에서 소프트뱅크 총재 손정의를 만났다. 대화 도중 한국인 3세 글로벌 큰손은 주위를 둘러보며 갑자기 목소리를 낮추었다. 도쿠가와 쇼군, 미야모토 무사시, 청석골 임꺽정을 3분의 1씩 섞은 듯한 어조로 머릿속의 기업경쟁력 평가표를 펼쳐 보였다.

"이베이(eBay)와 알리바바의 플랫폼 수준은 비슷하다. 이베이는 넘을 수 없는 높은 벽으로 보이지만 사실은 '노(NO)'다. 일본에서 야후는 이미 이베이를 제쳤다. 이제 중국 차례다. 당신 마윈이라면 충분히 해낼 수 있다."

2003년 5월 10일 늦은 오후, 마윈의 집 별실에서는 독특한 의식이 거행되고 있었다. 별실 한쪽 벽 위에는 '알리바바' 편액이 걸려있다. 제단 위에는 보물을 쓸어 담는 왕이라는 뜻의 '타오바오왕'(淘寶王) 세 글자를 붉은 색으로 새긴 명패가 놓여 있다. 명패 좌우에는 큰 칼과 화살 통, 향로와 촛불 하나가, 단 앞에는 향 한 묶음도 갖추어 놓았다. 마윈과 10명의 핵심간부는 차례로 명패 앞에서 세 번 무릎을 꿇고 아홉 번 머리를 조아리는 '삼배구고두(三拜九叩頭)'의 예를 올렸다. 이 독특한 의식은 중국 3대 비밀결사의 하나인 '홍방'의 신비의식을 벤치마킹한 것이다.

소상공인의 수호협객을 자처하는 마윈이 신비의식을 끝마친 그날 저녁 8시 정각, 인터넷에 '타오바오닷컴(taobao.com)'이 정식으로 개설됐다. 타오바오의 탄생은 중국 전자상거래 시장에서 이정표적 사건이었다. 사람들이 마윈이 기업 간 거래(B2B) 영역을 수직으로 '드릴링'하고 있다고 여겼을 때, 실상은 은밀히 소비자 간 거래(C2C) 영역을 수평으로 '터널링'하며 나아갔던 것이다. 후일 마윈은 술회했다.

"1995년 내가 중국 최초로 인터넷회사를 차렸을 때 사람들은 나를 사기꾼이라고 했다. 그때는 억울하고 화가 났다. 사기꾼이 아닌 사람보고 사기꾼이라 하니까…. 2003년 타오바오를 내놓았을 때 사람들은 나를 미치광이라고 했다. 그때는 오히려 고맙고 기뻤다. 이제야 사람들이 내가 미치광이라는 사실을 알아차렸구나 하고."

① 남이 없으면 나는 있고(알리바바) → ② 남이 있으면 나는 뛰어나고(중국최고 B2B) → ③ 남이 뛰어나면, 나는 새롭다(타오바오).

마윈은 이러한 승리의 삼단 멀리뛰기로 전자상거래업계에서 중국 챔피언이 되었다. 하지만 눈앞의 경쟁상대 이베이는 클래스 자체가 달랐다. 삼단 멀리뛰기 그랜드슬램을 몇 년간 연속으로 휩쓸고 있는 세계챔피언이 아닌가? 타오바오 출범 당시 중국의 C2C 온라인 쇼핑몰 시장에 대한 전망은 매우 부정적이었다. 중국의 C2C 시장은 미국처럼 성숙하지 않았다.

타오바오의 등장은 곧 글로벌 C2C 강호의 방주 이베이에 내미는 도전장이었다. 당시 이베이의 연간 영업이익은 70억 달러인데 알리바바는 고작 1억 달러에 불과했다. 행여 알라딘의 마술램프 속 거인 '지니'라도 나와서 마윈을 도와주면 모를까, 승산이 없어 보였다.

절망적인 상황 속에 도전자 타오바오는 이베이에 다채로운 광고전을 펼치며 죽기 살기로 덤벼들었다. 그러자 '무서운 범' 이베이는 중국 인터넷업계와 연합하여 하룻강아지 타오바오를 '봉쇄(force-out)' 하는 '미·중 C2C 카르텔'을 체결했다. 미·중 C2C 카르텔 연합군 은 타오바오의 모든 온라인 광고루트를 철저히 차단했다.

공중의 그물망, 인터넷에 가하는 공중봉쇄는 치명적이었다. 타오 바오의 광고루트는 전통 굴뚝산업의 그것처럼 버스와 에스컬레이터, 지하철 벽이나 운동장 등 지상전에 의존할 수밖에 없었다. 이베이 측의 패권·독점적 수법은 타오바오를 절체절명의 위기에 빠뜨렸다.

파멸 일보직전, 행운의 여신이 손을 내밀었다. 방심한 이베이가 돌연 회원 유료화를 실시한 것이다. 마윈은 절호의 기회를 놓치지 않았다. 무림고수는 촌음 사이에 상대방의 허점을 잡아내어 승패를 결정짓는다. '3년간 타오바오 수수료 완전무료'라는 회심의 일격을 가했다. 세계 1위 전자상거래기업 이베이의 바벨탑에 금이 가는 순 간이었다.

마윈의 수수료 무료화는 이베이를 공략하기 위한 것만은 아니었 다. "나는 의심한다, 고로 존재한다"를 '인민 좌우명'으로 삼은 듯, 현금 이외는 '삼라만상 우수마발'을 의심하는 '의심의 끝판왕' 중국 인들을 전자상거래 시장으로 끌어들이기 위한 고육지책이었다.

경영의 성공은 디테일에 있고, 실패는 프레임에 있다. 유료화는 계란을 꺼내기 위해서 닭을 잡는 거나 매한가지, 이베이의 패인은 상대를 경시하고 잘못된 프레임을 짠 것에 있었다. 하지만 상대방의 실수로 얻은 승리는 오래가지 못한다. 수수료 무료화는 그야말로 자 기 몸을 상해가면서 꾸며낸 계책, 고육지책으로서 오래 유지할 것이 못 된다. 여전히 남은 나보다 더 있고 더 뛰어나고 더 새로운데, 어 떻게 해야 남의 높은 벽을 넘을 수 있을까?

그렇다. 멀리뛰기로 안 되면 높이뛰기로 지존 이베이의 높은 벽을 뛰어넘는 거다. 그러려면 대다수 중국인 '현금교 신도'들에게 직접 현금을 주고받지 않는 온라인 거래를 믿게 하는, 견실한 플랫폼을 설치해야만 했던 것이다.

마윈은 2003년 10월 타오바오 플랫폼에서 '남이 새로우면 나는 신기한' 높이뛰기를 시전했다. 즉, 담보 플랫폼 서비스, 제3자 지불결제 솔루션인 알리페이(Alipay, 支付報)를 창제했다.

알리페이는 단 한 번의 클릭만으로도 안전하게 결제할 수 있게 한 온라인 간편결제 시스템이다. 은행계좌나 신용카드를 알리페이 계정에 등록하여 전자상거래 웹사이트에서 물건을 살 때마다 사용한다. 제3자 결제 시스템인 알리페이는 상품 배송기간 동안 구입대금을 가지고 있다가 구입자가 상품수령을 확인한 후에 판매자에게 구입자금을 전해주는 방식이다.

마윈은 알리페이로 온라인구매에 대한 중국인들의 신뢰도를 높이는 데 일단 성공했다. 타오바오는 중국 전자상거래시장을 소비자들이 믿고 구입할 수 있는 환경으로 바꿨다.

자, 여기까지. 끝났다고 다 끝난 게 아니다. 여기서 반드시 짚고 넘어가야 할 치명적인 대목이 하나 있다. 도대체 알리페이의 법적근거는 무엇인가?

2003년 10월 당시 알리페이, 즉 제3자 지불결제시스템과 관련한 중국의 법률 법령 등 제도적 장치는 철저한 공백상태였다. 필자는 당시 우리나라 국회 격인 전국인민대표대회(전인대) 상무위원이 제정한 법률뿐만 아니라 국무원, 각부 위원회가 제정하는 행정법규(국무원령), 부문규장(부령), 심지어 각지의 지방 성규범(조례, 규칙) 들까지

들여다보았으나 단 반 토막의, 한 글자의 법적 근거도 찾지 못했다.

다시 중국에서 출간된 수십 권의 마윈 전기를 비롯하여, 접근 가능한 온·오프라인상의 모든 자료를 샅샅이 뒤져보았다. 혹시나 했더니 역시나 였다. 마윈이 사전에 관계당국과의 사전협의나 긴밀한 교감을 가진 흔적조차 찾을 수 없었다.

한마디로 알리페이는 마윈 개인이 아무런 법적 근거 없이 사사롭게 자의적으로 만든 '불법 사금융 시스템'이었다. 엄격히 말해 마윈은 당시 중국 금융법질서와 금융관행을 파괴한 범법자였다.

"만일 우리나라 같았으면 마윈은 어떻게 되었을까?" 답은 기다릴 필요조차 없는 우문인 것 같다.

그런데 놀라운 일이 벌어졌다. 중국 전인대 상무위원회가 2004년 8월 28일(길일)을 기해 제3자 지불결제시스템을 법적으로 보장해주는 '전자서명법(电子签名法)'을 제정, 2005년 4월 1일 시행하였다. (** 중국인민은행은 2013년 6월 7일 더욱 편리하고 안전한 제3자 지불거래시스템을 보장하는 '지불기구 고객지불준비금관리 판법(支付机构客户备付金存管办法)'을 공포 시행 중)

그렇다. 이베이를 물리친 최대 영웅은 중국정부였다. 다시 말해서, 이베이의 숨통에 마지막 검을 찔러 넣어버린 자는 마윈이 아니라 중국정부인 것이다. 중국정부는 마윈을 엄벌에 처하기는커녕 없던 법률을 새롭게 만들면서까지 경쟁에 살아남겠다고 아등바등 몸부림치는 자국의 볼품없는 기업가를 구해주었다. 결국 2006년 중국시장에서 거의 사체화한 이베이는 미국으로 운구되었다. 즉 이베이는 결국 중국시장에서 철수한 것이다. 소상공인의 수호협객 마윈의 수호천사는 다름 아닌 중국정부였다.

"만일 우리나라 같았으면 마윈은 어떻게 되었을까?" 자신도 모르게 이런 우문을 또 반복하게 되는 필자는 분위기 파악이 덜 된 자임에 틀림없다. 아무튼 원활한 창업과 효율적인 기업경영을 위해 최적화된 법제 인프라 구축에 매진하는 중국정부가 부러울 때가 많은 요즘이다.[51]

중국에서 소송은 패가망신의 지름길

한국인 투자자가 중국에서 법적 분쟁을 만났을 경우 어떻게 해야 하나?

사법연수원에서 펴낸 '중국법' 교재를 비롯한 국내에서 출판된 중국법서 대부분은 중국 인민법원의 민사소송을 통한 분쟁해결의 서술에 주력하고 있다.

그러나 중국 사업 자체에 실패한 한국인의 수보다 중국 측과의 분쟁으로 인민법원 송사에 모든 걸 다 걸기 하는 바람에 철저히 망해버린 한국인의 수가 압도적으로 많다. 지금도 계속 늘어나고 있다. 세계 최강의 한국인의 불타는 열정과 악착같은 승부 근성을 사업에 쏟아 붇는 대신 인민법원 소송에 몰입하는 바람에 망하는 것이다.

"중국에서 사업을 포기하는 쪽이 소송으로 싸우는 것보다 피해가 적다."

"소송은 NO! 중재 OK!"

"협상 조정 중재는 win-win, 소송은 lose-lose"

"소송하면 죽고 협상하면 산다(訴訟死 協商生)!"

중국인은 전통적으로 조화로운 인간관계를 강조하는 '관시(關係)' 문화로서 협상과 화해 방식으로 분쟁을 해결하는 것을 선호해 왔다. 반면, 소송 등 국가기관의 강제력에 의존하는 분쟁처리 방식은 극구 회피해 왔다. 이러한 중국의 전통적 소송 기피 문화는 중국의 현행 법제에도 반영되어 있다.

　중국의 각종 법률과 법령, 특히 외국인과 중국 측 사이의 투자분쟁 해결은 일반적으로 협상(화해), 조정, 중재와 소송 중에서 선택하여 해결할 수 있도록 규정하고 있다.

　중국이 세계무역기구(WTO)에 가입하기 위해 미국의 계약법을 주로 참고하여 1999년 제정한 '계약법(合同法)'은 헌법에 버금가는 중국의 27개 기본 법률 중의 하나이다. 428개 조문으로 이루어진 계약법 조문 중에서도 핵심조항 제128조를 살펴보자.

　당사자는 화해와 조정을 통하여 계약상의 분쟁을 해결할 수 있다. 당사자가 화해 또는 조정을 원하지 않거나 또는 화해와 조정이 이루어지지 않은 경우에는 중재합의에 따라 중재기구에 중재를 신청할 수 있다. 섭외계약의 당사자는 중재합의에 따라 중국 중재기구 또는 기타 중재기구에 중재를 신청할 수 있다. 당사자가 중재합의를 체결하지 않았거나 중재합의가 무효인 경우에는 인민법원에 제소할 수 있다. 당사자는 확정된 판결, 중재결정, 조정을 이행하여야 하고 이행을 거부한 경우에는 인민법원에 강제집행을 청구할 수 있다.

　이처럼 '계약법'을 비롯한 관련 중국 법률과 법령에서는 협상(화해)과 조정을 우선, 중재를 차선으로, 소송은 마지막의 순으로 분쟁해결방법을 명시하고 있다. 이는 세계 어느 나라 국가의 소송법 입법례에서 찾기 힘든 독특한 규정이다.

한국인 투자자는 이처럼 군자대로행 같은 넓은 길을 최대한 활용해야 한다. 따라서 우리나라 중국법 관련 지식인들은 더 이상 한국인 투자자에게 중국 내국인도 기피하는 인민법원 소송의 좁고 길고 어둡고 험난한 절망과 죽음의 길을 가라고 부추겨서는 안 된다. 그러는 게 아니다. 국내거주 한국인에게 하듯이 그러면 못 쓴다!

예나 지금이나 중국에서는 법원에 소송 제기 이외의 방식으로 이루어지는 '대체적 분쟁해결(Alternative Dispute Resolution, ADR)'이 법원 소송보다 오히려 활발하게 활용되고 있다. 이러한 ADR은 자유로운 토론과 변론을 통해 신속하게 분쟁 당사자 간의 합의를 도출하여 분쟁을 종식할 수 있다. 협상(화해), 조정, 중재 등 ADR은 구체적 타당성에 맞는 상식적인 해결을 도모하면서 중국법과 중국사회 간의 거리를 최적화시키고 있다. ADR은 당사자 모두가 승리하는 '윈윈'의 결과를 도모할 수 있다. 즉 협상, 조종, 중재는 윈윈이지만 소송은 제로섬 게임이라는 것이다.

이 대목에서 법의 본질적이고 실재적인 질문을 하나 하겠다. 분쟁이 법원의 판결로 해결될 수 있는가? 엄밀히 말해 동서고금을 막론하고 법원은 분쟁을 '해결'하는 기관이 아니다. (법원의 입장에서는 그렇다고 주장하고 싶겠지만) 법원은 분쟁을 '처리'하는 기관이다.

인간(人間)이라는 즉 '사람(人)' '사이(間)'의 분쟁을 법원에 소송하면 분쟁이 '해결'되는 것이 아니라 사람 사이의 분쟁이 국가권력에 의해 강제적으로 '처리'될 뿐이다. 따라서 법원 소송의 승소자도 패소자도 모두 패자일 뿐이다.

특히 중국의 인민법원은 외국인에게 분쟁을 해결하는 기관이 아니라 분쟁을 처리하는 기관이라는 사실을 사무치게 깨닫게 하는 곳이다. 우주에서 하나 뿐인 소중한 자신의 인생과 사업의 운명을 송두리째 중국 인민법원에서 '처리'당하고 싶은가?

분쟁이 발생했을 경우 당사자 간에 직접적인 화해와 협상으로 해결하는 방법이 제일 좋다. 화목을 해하지 않으므로 협력관계의 유지와 발전에 유리하기 때문이다.

중국에서의 승소 및 집행의 어려움을 고려할 때 약간의 손해를 보더라도 협상으로 해결하는 것이 가장 바람직하다. 만일 당사자 간 직접 접촉하는 화해 협상이 어려울 경우는 제3자가 참여하여 그의 설득과 권유를 통해 분쟁을 해결하는 방식인 조정을 채택하는 것이 좋다.

만일 협상(화해)도, 조정도 통할 수 없다면 어떻게 해야 하는가? 인민법원 대신 중재기관을 찾아가라. 중재는 앞의 사법연수원 '중국법' 교재가 기재한 것처럼 중국에서 법적 분쟁을 만났을 경우 '고려해 볼 수 있는' 분쟁해결제도의 하나가 아니다. 중재는 법원 소송 대신에 반드시 '고려해야만 하는' 최후의 분쟁 해결제도이다.

인민법원에서의 민사소송은 중국의 사법현실상, 공정성, 투명성, 전문성, 신속성 그리고 강제집행이 담보되기 매우 어렵다.

외국인 투자자는 중국인민법원에서의 신속·공정·투명한 판결을 기대하지 말아야 한다.

만에 하나 승소하더라도 판결의 집행이 잘 이루어지지 않는다. 이것을 '집행난(執行難) 현상'이라고 하는데 이것은 중국의 전통적인 행정권력의 압도적 우월성과 사법절차 및 그 집행의 지체성과 낙후성으로 쉽게 개선하기 어려운 중국의 사회 문화적 현상이다.

더군다나 각 지방의 인민법원은 인사와 재정 면에서 지방정부의 통제를 받고 있기에 지방정부의 이익과 관계되는 사건에서 강제집행절차를 진행하는 것이 더욱 더 어려운 실정이다.

중국이라는 나라는 늪과 같은 나라다. 그리고 인민법원은 그 심연을 알 수 없는 깊고 검은 늪의 중심이다.

"소송인에게는 주머니 세 개가 있어야 한다. 지식 주머니, 돈 주머니, 인내 주머니다." - <프랑스 속담>

프랑스 속담대로 자신의 중국법과 제도에 관한 충분한 지식과 10년 넘게 지속되는 소송도 버틸 수 있는 시간과 재력과 인내력이 있다면 중국법원에 소송을 제기해도 좋다. 그렇지 않다면 중국에 진출한 글로벌 대기업도 하지 않는 중국 법원의 민사소송을 통한 분쟁 해결방식은 완전히 잊어버리는 게 좋다.

중국에서 중재는 법원소송과 비교하여 다음과 같은 장점이 있다.

첫째, 1심으로 끝나므로 시간 및 비용 절약이 가능하다. 중재는 일반적으로 종국적이고 법원의 판결같이 2심과 재심이 없으므로 절차상 신속한 사건 종결이 보장된다.

둘째, 형식에 융통성이 강하다. 중재인을 당사자가 지정하고, 외국인의 중재대리도 가능하다. 즉, 한국의 대한상사중재원도 얼마든지 중재기관으로 채택할 수 있다. 또한 현재 중국 실정상 소송보다 더욱 공정성이 보장되어 외국인에게 유리하다.

셋째, 전문성이 강하다. 중재원은 일반적으로 관련분야의 전문가, 학자로서 심오한 전문지식과 숙련된 경험을 가지고 있어, 사건의 정확하고 공정한 처리에 유리하다.

넷째, 비밀유지가 강하다. 중재는 일반적으로 심리를 공개하지 않고 방청을 허용하지 않으며 보도되지 않고 중재 재결도 공표되지 않는다. 이는 당사자의 상업기밀 보호에 유리하며, 특히 특허재결, 독점기술 양도분쟁 시에 중재는 더욱 당사자의 비밀보호 요구에 적당하다.

물론 중재판정의 집행도 반드시 피집행인 주소지나 재산소재지의 인민법원을 거쳐야 하기에 중재에 승소하더라도 강제집행이 안 되는 일이 종종 발생할 수 있다. 그러나 인민법원은 일반적으로 중재판정을 중시하는 경향이 강하기 때문에 중재판정의 집행이 직접 법원소송을 통한 집행보다는 비교적 원활하게 집행되고 있다. 그리고 실무상 외국인투자관련 분쟁은 소송보다 중재를 통한 경우가 외국인 측에 유리하게 해결되어 왔다.

따라서 외국인 입장에서 투자계약서에 "분쟁 발생 시에 인민법원에 소송을 제기한다."라는 식의 문구는 치명적인 독소조항이다. 반드시 협상, 조정 또는 중재를 통한 분쟁해결방법을 채택하되 이를 투자계약서에 분명하게 기재하여야 한다.

분쟁 해결기관을 법원 대신에 중재기관으로 하되 반드시 중재기관의 명칭을 특정하여 명시해야 한다. 중재기관의 명칭을 명시하지 않으면 상대방 기업(개인)의 주소지 법원에서 소송으로 해결하여야 한다. 중재기관을 명시하지 않을 경우 중재조항이 사실상 효력을 발휘하기 어려우며 결국 소송을 통해 진행될 수밖에 없게 된다.

따라서 "본 계약의 집행 또는 본 계약과 관련되는 일체의 분쟁은 우호적인 협상을 통하여 해결하며 협상이 불가능할 경우에는 '000 중재위원회'에 중재를 요청한다."고 기재하여야 한다. 그 중재는 최종적이고 쌍방 모두에게 구속력이 있다.

그리고 중재위원회의 중재 재결(판결)은 종국적, 최종 판결과 마찬가지의 효력을 가지고 있다. 중재위원회의 중재 재결에 불복하여 이를 인민법원에 소를 제기할 수 없다.

"만약 어느 일방이 중재 재결의 결과에 불복할 때에는 중국법원에 소를 제기할 수 있다"는 식의 중재조항은 중재 재결의 종국성에 위반되어 무효다.

중재기구의 선택은 세계적으로 공정성을 인정받고 있는 중국의 '중국국제경제무역중재위원회(CIETAC)'도 믿을 만하다. 우리나라의 '대한상사중재원'도 더 좋다. 둘 중 하나 택일하면 된다. 반드시 1개의 중재위원회를 특정하여 명기해야 한다. 분쟁 발생 시 복수의 중재기관에 하나를 선택하여야 한다는 조항은 어느 중재위원회에도 중재를 신청할 방법이 없으므로 무효화되니 각별한 주의가 필요하다.

설상가상(雪上加霜), 눈 위의 또 서리가 덮인다, 즉 어려운 일이 겹침을 이르는 말이다.

중국에서 사업 실패가 눈이라면 소송은 서리와 같다. 눈(실패)이야 쓸면 되고 녹으면 그만이지만 서리(소송)는 사람의 정신과 영혼을 황폐화시켜버린다.

설상가상, 눈(실패) 위에 또 서리(소송)가 덮이면 살풍경한 죽음이다. 그러나 '설상가설(雪上加雪)' 눈 위에 또 눈이 덮이면 천상의 아름다움이다. 실패 위에 또 실패가 덮이면 더욱 용기가 솟는다. 불타는 열정과 악착같은 승부근성의 유전자를 타고난 한국 기업인이라면 더욱 더 불굴의 투지와 필승의 용기가 솟구친다. 조만간 성공의 대박이 연거푸 눈앞에 펼쳐질 것이다.

끝으로 로마의 위대한 법률가이자 정치가, 로마 공화정시대의 '국부(國父)'로 추앙받는 M.T 키케로의 베스트 맥심을 덧붙인다.

"사람은 소송을 피하기 위해서는 사람이 할 수 있는 모든 일, 아마도 그 이상의 일을 해야 한다. 왜냐하면 때로는 자기의 권익을 조금 손해 보는 쪽이 더 편할 뿐 아니라 어느 때는 그것이 더 유리하기 때문이다."[52]

중국법은 분쟁예방 위한 '가이드'

"어느 날 한 마을에 사는 두 여인이 왕을 찾아왔다. 한 아이를 서로 자신의 아이라고 주장했다. 왕은 칼을 한 자루씩 여인들에게 주며 '살아 있는 이 아이를 둘로 잘라 반반씩 나눠가지도록 하라'라고 판결했다. 한 여인은 판결을 따르겠다고 동의했지만 다른 여인은 아이를 죽이지 말고 산 채로 상대방에게 주라고 말했다. 그러자 왕은 양보한 여인이 진짜 어머니라고 판결했다."

구약성경(열왕기 상 3장 16~28절)에도 나오는 명판결의 대명사, 그 유명한 솔로몬의 재판이다.

중국 인민대학 법학원 방문교수 시절(2009년 9월~2010년 8월), 필자는 세계적으로 저명한 비교법학자, 주징원(朱景文) 교수와 가끔씩 담소를 나누는 기회를 즐겼다.

하루는 주 교수가 솔로몬의 재판에 신랄한 비판을 가했다. 아이의 생명 경시, 수사의 부실은 차치하고, 지금도 마찬가지지만 중국에서라면 그 사건은 재판의 '꺼리'가 아예 되지 않는, '사적자치 문제'에 해당한다는 것이다.

제대로 된 판관이라면 "이런 사사로운 문제는 관아로 들고 오는 게 아니다. 둘 사이에 화해와 협상으로 해결이 안 된다면 마을 어른이나 촌장에게 조정을 부탁해라, 그래도 안 된다면 촌로회의에 중재로 해결해라"라며 타일러 돌려보냈을 거라고 말이다.

그러면서 주징원 교수는 바로 이런 게 재판의 '꺼리'가 되는 명판결이라며 필자에게 원나라의 이행보(李行甫)가 지은 '회란기(灰闌記)'에 나오는 중국 역대 명판관 포청천(包靑天 999~1062)의 한 일화를 들려주었다.

"어떤 부잣집 정실부인이 남편을 죽인 후에 재산을 차지할 목적으로 첩의 아들을 자기의 아들이라고 주장한다. 포청천은 법정바닥에 동그라미를 그린 다음 그 아이를 그 안에 세우고 두 여인에게 아이의 팔을 잡아당기게 한다. 정실부인은 끝까지 아이의 팔을 잡아당겼으나 첩은 아이가 아파 울자 손을 놓아 버린다. 포청천은 첩이 진짜 어머니라는 판결을 내린다. 그런 즉시 정실부인의 머리를 개작두로 썰둥 잘라버린다."

한국에서 명재판의 대명사는 솔로몬의 재판이고 중국에서 그것은 포청천의 작두형이다. 이런 게 바로 한국과 중국에서의 법의 주요 '쓸모' 차이다.

중국은 2001년 세계무역기구(WTO) 가입 후 각 분야에서 법제화가 가속화하고 있고, 시행의 투명성도 개선되고 있으나 우리나라의 법제와 법적용, 법집행 과정과 비교하면 적지 않은 문제가 있다.

그러나 문제의 근원은 한·중 양국의 법제상에 '우열'이 아니라 '다름'에 있다. 문제의 핵심은 한국과 중국 두 나라는 오랜 세월 역사와 문화를 공유해 왔기에, 중국의 법제도 우리나라와 대동소이하겠거니 하는 방심과 착각에서 비롯된다. 로마에 가면 로마법을 따라야 하고 중국에 가면 중국법을 따라야 하는 데도.

• 중국법의 '쓸모'는 분쟁 해결이 아닌 예방

필자의 오랜 현지 실무 경험과 연구 과정에서 체득한 중국 법제에 대한 오해 중 중요한 것 세 가지만 들자면 다음과 같다.

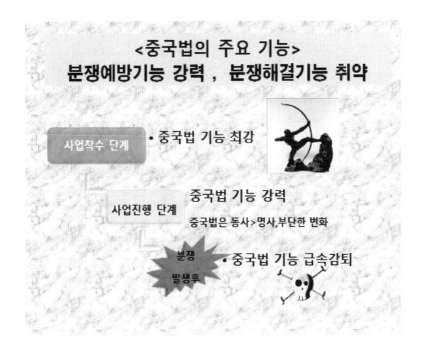

첫째, 중국법의 '쓸모'에 대한 오해다. 중국법은 분쟁 예방에는 유효하나 분쟁 해결에는 취약하다. 우리가 매일 운동을 하고 음식을 가려먹는 이유는 질병의 발생을 예방하기 위해서다. 한마디로 병원에 가지 않기 위해서다. 병원의 의료진이 우수하고 시설이 첨단이라면 그나마 다행이다. 만약 병원 의료진의 수준이 열등하고 시설이 열악한 곳이라면 어떻게 해야 하나? 병을 미리 예방하고 병에 걸리지 않도록 하는 예방의학에 힘을 기울일 수밖에 없다.

"중국법은 예방 법학이다." 우리가 중국법을 잘 알아야만 하는 이유는 이미 발생한 분쟁을 해결하기 위한 것이기보다는 분쟁 발생을 미리 예방하기 위해서다. 중국법은 분쟁 발생을 미리 예방하기 위해 알아야만 하는 필수지식이다. 중국의 법원은 의료인의 수준이 낮고 시설이 열악한 병원이나 마찬가지다.

그래서일까? 중국의 각종 법률, 특히 외국인 투자와 밀접한 법률·법령에는 인민법원 소송으로 가기 전에 반드시 먼저 화해·협상하거나 제3자의 조정에 맡기길 권장하고 있다. 그래도 안 될 경우 중재기구로 가라고 신신당부하고 있다. 인민법원 소송은 마지막에 짤막하게 언급하고 있다(중국 「계약법」 제128조).53)

앞에서 언급한 솔로몬의 재판은 민사재판이고 포청천의 작두형은 형사재판이다. 단적으로 말해 중국에서는 형사법정만이 진정한 법정이다.

민사법정은 사회성 '0점'인 개인들이, 즉 분쟁과 갈등을 타협과 협상, 중재와 조정으로도 해결 못하는, 참으로 형편없는 막장 인간들이 마지막에 오는 종말 쓰레기 처리장 같은 게 바로 민사법정이라는 오랜 관념과 관행이 뿌리내린 곳이 중국이다.54)

'솔로몬의 재판'처럼 개인 간의 분쟁을 해결하는 민사소송에 해당하는 유명 판례는 상고시대부터 현대 중국의 시공을 속속들이 봐도 찾기 어렵다. 송나라의 포청천부터 현대의 포청천이라는 왕치산(王琦山) 당기율심사위원회 서기에 이르기까지 탐관오리의 목을 작두로 내려치는 형사판례만이 반만년 노대국 법정사(法庭史)에 낭자할 뿐이다.

서양 각국 법제의 원형인 로마법이 주로 개인의 권익을 위한 것이라면 진시황 중국통일 이후 당률, 명률, 청률에 이은 오늘날 중국의 법은 주로 국가의 조직과 사회질서 유지를 위한 것이다.

중국의 행정법, 형법, 경제법, 무역 투자법, 세법 등 실체법과 형사소송의 절차법은 효율성과 집행성 면에서만 볼 경우, 세계 최고 수준으로 발전을 거듭하고 있다. 반면 민상법과 민사소송 분야의 낙후성은 세계 최저 수준이라 해도 과언이 아니다.

그 개선 상황조차 굼뜨기 짝이 없다. 오죽 못났으면 개인 간 화해와 협상으로 해결할 문제를 들고 국가의 법정에까지 찾아오다니, 중국당국은 아예 민사소송을 개선할 의지 자체가 없어 보인다. 그래서 필자는 중국에서 민사소송의 현대화·선진화를 기대하는 것은 마치 황하의 강물이 동해 바닷물처럼 푸르러 지는 것을 기대하는 것이나 마찬가지라고 감히 단언한다.

따라서 우리는 중국에서 분쟁이 발생한 후 재판에 이기기 위해서 중국법을 공부해서는 안 된다. 외국인이 중국인을 상대로 한 법원소송에서 승소한 경우는 거의 없을 뿐더러 설령 승소하더라도 집행이 제대로 이루어지기 어렵기 때문이다. 분쟁 발생을 미리 예방하고 중국사업의 최종승자가 되기 위해서는 중국이라는 경기장의 룰, 중국법을 확실히 파악해 두어야만 한다.

다시 말해 우리는 중국법을 잘 파악하여 중국법이 사업에서 훌륭한 가이드 역할을 하도록 하는데 주력해야 한다. 애당초 중국법에게 해결사 역할을 기대해서는 안 된다.

·설명·통지·해석·의견이 진짜 중요한 중국법

실제 사업에서는 상위법보다 하위 법령이 훨씬 구체적이고 직접적인 영향을 미치는 것이다. 한국의 대통령령(시행령)과 행정 각부의 부령(시행규칙)에 해당하는 중국의 하위 법령은 설명(說明)·의견(意見)·통지(通知)·해석(解釋)·규정(規定) 등으로 표기되어 있다.

그런데 우리는 이러한 중국의 하위 법령들을 이름 그대로 단순한 '설명'이나 '의견'··'해석'·'통지' 등으로 잘못 알고 소홀히 대하다 낭패 보는 일이 부지기수로 많다. 그래 놓고 '중국에는 법도 없다'고 불평한다.

우리나라 법조계와 법학계 일각에서는 "우리나라처럼 하위법령들을 '시행령', '시행규칙'이라 하여야지, '설명', '의견'이라 하니 누가 법령으로 알겠는가? 거봐라, 역시 중국은 법제 후진국이야, 우리나라를 따라 오려면 아직 멀었어."라고 비웃고 있는데….

그러나 이는 엄밀히 말하자면 '아큐정전'의 정신승리법식 사고와 언행에 해당한다. '시행령', '시행규칙'이라는 용어 자체가 글로벌 스탠더드가 아닌, 일본식 법률용어라는 사실을 알아야 한다.

우리나라는 법령 명칭으로만 그것이 법률인지 대통령령인지 또는 지방자치단체가 제정한 조례인지 효력의 우선순위를 알 수 있다. 중국은 이같이 다양한 명칭을 효력 순위와 상관없이 사용하기 때문에 중국 법령의 효력 순위를 파악하려면 해당법령을 제·개정한 기관이 어딘지를 먼저 살펴봐야 할 것이다.

• 외국기업이라면 '삼자기업법' 꼼꼼히 살펴야…

끝으로, 외국인 투자기업에 제일 중요한 중국의 기본 법률 세 가지는 합자기업법(1979년), 외자기업법(1986년), 합작기업법(1988년), 이른바 '삼자기업법'이다. (중국 정부는 2015년부터 이른바 삼자기업법으로 불리는 이 세 기본 법률을 '외국투자법'으로 통합·개편하는 과정에 있음)

그러나 많은 사람들은 삼자기업법을 중국 국내기업에 관한 일반 규범인 '회사법(公司法)'의 하위법으로 잘못 알고 있다.

우리나라를 비롯한 대다수 나라의 국회가 제정한 법률은 그 효력이 동일한 것과는 달리, 중국 법률의 효력은 우리의 국회 격인 전국인민대표대회가 제정한 기본 법률(중국헌법 제62조 3호)과 국회 간부로 구성된 전국인민대표대회 상무위원회가 제정한 기타 법률로 이원화되어 있다(중국헌법 제67조 2호).

소헌법(小憲法)으로 불리는 기본 법률은 2016년 7월 말 현재 28개에 불과하며 기타 법률보다 우선적 효력을 지닌다(중국헌법 제67조 3호, 입법법 제7조 참조).

삼자기업법은 제12기 전국인민대표대회가 2016년 3월에 제정한 자선법(慈善法)과 같은 기본 법률로서 기타 법률인 회사법보다 우선하는 상위법이자 특별법이라는 사실을 반드시 유념하여야 할 것이다.

다시 말해 중국 사업에서 우리 기업에게 가장 중요한 것은 삼자기업법과 그 하위법령들이다. 중국 내자기업에 적용되는 회사법은 참고할 만한 법에 지나지 않는다는 사실을 잊지 말아야 한다.

실패의 근본 원인은 네 탓도 그들 탓도 아니다. 내 탓이요 우리 탓

이다. 중국의 법제 미비보다는 중국 법제에 대한 오해라는 생각이다.[55]

타락 놀부 2세 사절법: 기업국유자산법

2015년 글로벌 500대 기업 가운데 106개나 중국기업이라니, 두 눈이 휘둥그러진 사람들은 우선 알리바바, 샤오미, 완다그룹 등 귀에 익은 중국기업들이 몇 위에 랭크되어 있을까 찾아보려고 한다. 아무리 눈을 씻고 찾아보아도 잘 보이지 않는다. 세계 2위 중국석유화공(SINOPEC), 세계 4위 중국석유천연가스(CNPT)를 비롯한 '중국'이나 '장쑤', '허난' 등 중국의 각지 성 이름이 앞에 붙은, 낯선 국유기업만 수두룩하다. '화웨이'나 '레노보' 등 극소수 민영기업을 제외하고 글로벌 500 중국기업은 국유기업 일색이다. 왜 중국갑부 서열과 중국기업서열은 합치하지 않은 걸까?

중국의 '기업'은 일반적인 자본주의 시장경제 국가의 회사와는 구별된다. 중화인민공화국의 장남이라고 부르는 국유기업을 비롯하여, 현재 수만 개의 한국기업과 글로벌 500대 기업 대부분이 진출중인 외자기업, 그리고 중국의 내자 민간기업인 민영회사, 이들 3대 기업 유형이 바로 G2 시대 중국을 웅비하게끔 하는 삼각편대이다.

흔히들 중국의 국유기업개혁을 '국유기업의 민영화'와 동의어로 해석하거나, 자본주의 국가의 '공기업의 민영화'로 오인하고 있는데 이는 대단한 착각이다. '국유기업의 민영화'는 1990년대 장쩌민 집권기에 우선시되었던 국유기업의 소유권 구조개혁을 서구식으로 의역한 용어에 지나지 않는다. '국유기업의 민영화'는 2001년 중국이

WTO에 가입 시 이행을 약속한 경과기간이 종료된 2006년 이후부터는 중국에서 종적을 감춰버렸다. 중국 국유기업 개혁의 본질은 국유기업의 경영을 완전히 민간의 손에 맡기는 '국유기업의 민영화'가 아니다. 국유기업의 효율성을 극대화하기 위하여 서구의 회사조직 형식을 일부 차용하여 운영하는, '국유기업의 회사화'다.

중국당국은 국유기업의 공개에서 민간자본의 지분 참여를 허용하면서도 국유기업의 소유권이 민간자본으로 넘어가는 일을 원천적으로 봉쇄하기 위하여 국유기업의 주식을 유통주와 비유통주로 구분했다. 유통이 불가능한 비유통주는 국유기업 전체 주식의 60% 이상을 차지하고 있다.[56] 지난 20년간 국유지분비율이 축소되어 원래의 국유기업의 지위를 상실한, 즉 민영화된 대형국유기업은 단 1개사도 없다는 사실에서 중국 국유기업개혁의 진면목을 잘 알 수 있다.

그와 반면에 국유자본이 1주라도 들어간 민영회사까지도 국유자본참여회사, 즉 국가출자기업으로 분류되어 중국 국유기업의 범주는 물먹는 스펀지처럼 시나브로 부풀어 오르고 있다.

후진타오 정부는 2007년~2008년 글로벌 금융위기 기간, 세계가 자본주의시장 실패현상을 겪고 있을 당시, 이목을 끌지 않으면서도 가공할 위력의 제도적 무기 하나를 개발해내었다. 그것은 바로 2008년 10월의 길일인 28일에 제정되어 이듬해 5월 1일 노동절부터 시행된 기업국유자산법이다.

필자는 이 법을 볼 때마다 레이더에 포착되지 않는 암흑비행으로 날아가 적진을 초토화시키는 스텔스전폭기가 연상된다. 이 법은 국유자본이 1주라도 들어간 민영회사까지도 국가출자기업으로 간주, 정부의 인사개입권을 보장함으로써 과거 국유독자기업이나 국유자본지배회사에 국한되던 국유기업의 개념과 범위를 거의 무한대로 확장시켜 버린, 상상을 초월하는 파괴력을 가진 핵폭탄 같은 법이다. 국유독자기업과 국가가 50% 이상 투자한 국유자본 절대적 지배회사의 거의 모든 고위임원은 정부가 임면한다. 국유자본이 50%에 미달하지만 기타자본을 상회하여 상대적으로 지배적 지위를 차지하는 회사도 이사와 감사의 대부분을 정부가 임면을 제안한다.

중국당국은 이법 시행 이전인 2008년까지 국유독자기업과 국유자본 절대적 지배회사만 국유기업으로 쳐왔다. 그래서인지 아직도 중국 국유기업의 비중을 중국기업 총자산의 15%에 불과하다고 적고 있는 외신이 많다. 그러나 이법이 시행된 2009년부터 중국당국은 기존의 국유기업에다 국유자본 상대적 지배회사까지 포함한 통계를 공표하고 있다. 이러한 중국정부의 공식 통계에 의하면 국유기업의 총자산 비중은 중국 국내기업의 65%, 상장기업의 약 75%를 차지하고 있다.

저승사자의 암흑비행을 연상하게 하는 스텔스전폭기 같은 이 법의 핵심조항 중에서 치명적 조항은 뭐니 뭐니 해도 "정부는 국유자본 참여회사의 이사나 감사의 인선을 해당 회사의 이사회에 제안한다(기업국유자산법 제22조 3항)."이다. 국유자본이 1주라도 들어간 민영회사까지도 국유기업으로 간주, 해당회사의 인사권에 대한 국가 공권력의 개입을 공식화·합법화시킨 조항이다.

중국의 정치경제체제 특성상 정부의 이사와 감사의 임면 제안권을 거부할 수 있는 중국의 민영기업이 존재할 수 있겠는가? 이 법 시행 이후 중국의 진정한 민영기업은 사라졌다고 해도 과언이 아니다. 이것이 바로 중국의 갑부서열과 기업서열이 서로 부합되지 않은

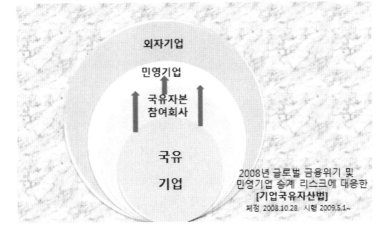

중국 국유기업의 특성변화 및 범위확장추세
국영기업(1949~) < 국유기업(1993~) < 국가출자기업(2009~)

외자기업

민영기업

국유자본
참여회사

국유

기업

2008년 글로벌 금융위기 및
민영기업 승계 리스크에 대응한
[기업국유자산법]
제정 2008.10.28. 시행 2009.5.1~

이유이다. 이것이 바로 1가구 1자녀 정책이 35년간이나 유지되었던
이유이다.

중국 최고지도부가 1가구 1자녀 정책이 민영기업가 2세 승계에
거대한 장애로 작용할 것을 몰랐을 가능성은 거의 없다. 그럼에도
불구하고 그들이 1가구 1자녀 정책을 임계점에 이르기까지 지속했
던 진짜 이유는 무엇일까? 어떤 행위로 결과가 발생할 가능성이 있
음을 알면서도 그 행위를 행하는 심리 상태, 즉 미필적 고의로 중국
최고지도부는 극단적 이기주의로 괴인화된 중국인을 양산하는 위험
을 충분히 예견할 수 있음에도 불구하고 제2세 민영기업가의 출현
을 억제하려 한 것은 아닐까?

인민복보다 신사복이 어울리는, 시크(chic)한 언행이 매력적인 후
진타오, 그의 10년 집권기간을 통틀어 회심의 역작, 필살의 제도적
무기로 평가받을만한 이 법에서는 왠지 모르게 민간 신사복의 산뜻

한 느낌 대신, 관제 인민복의 퀴퀴한 냄새가 물씬 난다. 특히 이 법의 제22조 3항에 이르러서는 인민복이 아니라, 시체를 감싼 수의에서 나는 듯 시체(민영기업)의 악취가 코를 찌른다.

죽은 민영기업의 시취가 진동하는 이 법조항은 중국 최고 갑부 왕젠린을 비롯한 2세 승계를 앞둔 중국의 대다수 억만장자들에게는 자신의 생명과도 같은 기업을 여차하면 국가에 송두리째 헌납하는 참극을 맞게 되는, 사망선고서에 비견되는 악마조항과 다름없다. 상인종의 나라, 중화인민공화국 주식회사 정문 앞에는 '성실 놀부 1세 환영, 타락 놀부 2세 사절'이라는 입간판이 놓여있는 것 같다.[57]

〈표〉국가출자기업 유형별 정부의 인사개입권

구분	I	II	III	IV
국가출자기업	중앙국유독자 회사 국유독자기업	국유자본50% 이상 절대적 지배회사	국유자본 상대적 지배회사	국유자본참여 회사 (민영기업)
정부의 임면권	이사장, 부이사장	이사장, 부이사장		
	이사 전원	이사 대부분		
	감사 전원	감사 대부분		
정부의 임면제안권			이사, 감사 대부분	이사, 감사 일부

출처: 『기업국유자산법』 제22조를 참조하여 필자가 직접작성

중국식 마약과의 전쟁

중국은 지금 다섯 가지 색깔 위기에 처해 있다. 마약, 성폭행, 조

직폭력, 밀수, 공산당 간부의 부패 등 5종의 범죄를 중국은 각각 백색, 황색, 흑색, 남색, 홍색 등 국가 안위를 위협하는 '5색 위기'로 간주, 극형으로 엄단한다.

2010년 초 중국은 일본의 강한 반발에도 불구하고 일본인 마약밀수범 4명에 대한 사형을 집행했다. 2009년 말 영국인 마약사범의 사형 집행 때도 중국은 고든 브라운 영국총리의 감형 요청을 일축했다. 거세게 항의하던 영국과 유럽연합(EU)은 "중국은 법치국가로 법에 따라 사건을 처리하고 있어 외부세력이 간섭해서는 안 된다. 영국이 이성적으로 대응하기를 바란다."라는 중국 외교부 대변인의 훈계조 일갈을 묵묵히 곰삭혀야만 했다. 1840년 아편전쟁 당시 영국총리 파머스톤이 "영국인이 중국에 아편을 파는 것이 왜 죄가 되느냐?"고 반문하는 장면이 프롤로그를 장식하는, 역사가 연출하는 한 편의 역전 드라마를 보는 듯하다.

·창궐하는 중독자에 골머리

중화제국의 굴욕은 마약과 함께 시작했다. 아편전쟁 이후 100여 년간의 중국은 국가 자체가 중증 마약중독자라고 해도 과언이 아니었다. 1948년 중국의 마약중독자는 8000만 명을 넘었으니, 당시 중국인구의 15%가 마약중독자였던 셈이다. 1950년 중국정부는 모든 공권력을 총동원해 마약과의 인민전쟁을 개시했다. 마약사범은 '인민의 공적(公敵)'으로 취급되어 즉결 처형되었다. 1953년 마오쩌둥은 "중국은 마약 없는 나라가 되었다"고 선언했다. 그런데 1980년대 개혁개방과 더불어 노대국의 영혼을 파멸시켰던 하얀 악마, 마약이 부활하더니 2000년대에 이르자 방방곡곡에 창궐하고 있다.

후진타오는 2004년 마약과의 무기한 인민전쟁을 선포했다. 2007년에는 금독(禁毒·마약금지)법을 제정하였고 국가금독(마약금지)위원회의 수장을 장관급에서 부총리급으로 격상시켰다. 2009년 최고인민법원은 중대 마약사범에 대해 사형판결 확정 즉시 형을 집행토록 하는 지침을 공표했다.

중국의 전문가들은 아편 1000g 이상이나 헤로인, 히로뽕 등 마약류 50g 이상을 밀수·판매·운송·제조했을 경우 사형에 처할 수 있도록 규정한 형법 제347조의 기준이 낮다고 지적한다. 헤로인 15g 이상만 취급해도 사형시키는 싱가포르에 비하면 솜방망이 처벌이라는 것이다. 특히 한국과 일본의 마약 제조, 밀수, 판매자에 대한 처벌법규가 너무 약해 이들 국가가 중국인 마약사범의 도피처가 되고 있다고 강조한다.

태국, 라오스, 미얀마의 '황금 트라이앵글'에서 윈난성으로 유입되는 마약은 감소했지만 아프가니스탄, 파키스탄, 이란의 '황금 초승달'에서 신장위구르로 유입되는 마약은 급증추세다. 2000년대 초부터 조선족이 많은 동북 3성 농촌지역이 한국 마약제조 판매상의 생산거점으로 변해 중국당국이 골머리를 앓고 있다.

2017년 말 현재 중국에서 수형 중인 한국인 대다수가 마약사건에 연루된 자들로 알려졌다. 사형집행유예와 무기징역을 선고받고 복역 중인 한국인 24명 가운데 17명이 마약사범들이다. 중범죄자일지라도 자국민은 보호해야 한다는 원칙도 중요하지만 국가 위신을 크게 추락시키는 추악한 한국인들의 마약범죄 근절책 마련도 시급하다.

・사형 등 엄벌로 제압 나서

아직도 많은 사람들이 중국을 법치사회와는 거리가 먼, 인치와 관시(關係)가 지배하는 나라로 알고 있으나 이는 오래된 잔상(殘像)이거나 위험한 착각이다. 중국의 질주 비결은 구호나 캠페인에 그치지 않고 정책을 구체적으로 법제화해 강력히 실행한 데 있다. 마약, 성폭행, 조직폭력, 지도층의 부패에 대한 중국의 엄벌법제는 우리나라의 법제개선과 집행에도 참고할 만한 가치가 있다고 평가한다.58)

中 신재생에너지 법제의 현황과 문제점

14억 인구를 보유한 세계 1위의 에너지 소비대국이며 에너지 순수입국인 중국이 매년 경제성장률 목표치를 달성하기 위해서는 적정 규모의 에너지원을 확보하는 것이 중요하다.

석유와 천연가스 등 화석연료나 원자력에너지가 유발하는 심각한 환경문제와 안전문제, 에너지자원의 해외의존도 증가와 더불어 기후변화 대응과 온실가스 감축에 대한 글로벌 사회의 압력의 가중 등 에너지 안보위기에 직면한 중국은 신재생에너지의 개발과 합리적 이용으로 에너지문제를 해결할 필요성을 절감하게 됐다.

이에 중국정부는 과거 정책의 우선순위를 경제발전에 두고 환경문제를 비용과 규제로만 인식하던 소극적 차원에서 벗어나 신재생에너지 산업에 대한 과감한 투자로 인식과 정책을 과감히 전환했다.

즉 석유와 석탄, 천연가스 등 화석연료 자원보다 풍력, 태양에너지, 바이오매스에너지, 지열에너지, 해양에너지 등 신재생에너지 자원이 더 풍부한 자국의 부존자원상황을 최대한 활용해 경제개발 지속과 환경문제 극복이라는 일석이조의 효과를 거두는 신재생에너지 산업의 집중 육성을 국가 주요 전략사업으로서 설정했다.

중국은 지속가능한 신재생에너지를 개발하는 정책의 법제화를 즉각 추진했으며 2005년 '재생가능에너지법'을 제정해 2006년부터 시행했다.

중앙정부의 신재생에너지 발전과 경제적 인센티브 제공이 입법의 주요취지인 이 법은 총량목표제, 전량매수보장제, 발전차액지원제, 차등전기가격제, 전용자금·발전기금제 등 5대 제도적 장치를 구축했다.

이 법안의 시행은 중국 에너지믹스 구도에 일대 변화를 가져왔다.

우선, 동법의 실시 첫해인 2006년도 풍력 및 신재생에너지 발전량은 이전 5년간 총발전량의 5배를 초과하는 59억 kWh로 급성장세를 보였다. 발전유형별 발전량과 발전용량 가운데 신재생에너지가 차지하는 비율 또한 급증했다. 2007년~2010년 3년간 유형별 발전량 비중의 변화추이를 살펴보면 화력은 82.9%에서 80.5%로, 원자력은 1.9%에서 1.7%로 감소한 반면, 수력은 15%에서 16%로 소폭 증가하고, 풍력 및 신재생에너지발전량의 비중은 0.3%에서 1.7%로 늘었다.

이러한 변화는 '재생가능에너지법'의 제·개정 및 실시와 밀접한 관련이 있다고 볼 수 있다. 이 법을 통해 중국은 신재생에너지원의 전기 생산 장려를 위한 기본 틀을 마련했다는 평을 얻고 있다. 중국정부는 2009년 이 법을 개정, 송전망 기업 우선 배당 및 신재생에너

지 발전 전액 매수보장제를 구체화하고 신재생에너지 발전 기금을
규정했다.

또 하위법규를 통해 신재생에너지의 소비 비중 제고, 전력매수의
무와 송전망 건설 지원, 부가가치세 법인세 등 세제상의 우대, 연구
개발의 지원, 기술 및 설비자립도 제고를 위한 법적 근거를 마련했다.

'재생가능에너지법'은 중국을 2012년 현재 제1의 세계 에너지
생산대국이자 신재생에너지 투자 1위국으로 급성장하게끔 하는 견
인차 역할을 했다.

하지만, 이 법안을 비롯한 중국 신재생에너지법제는 전반적 법률
체계의 낙후, 관련법제와 연계성의 부족, 하위법규의 미비, 상·하위
법규 간 상호모순과 중첩, 신재생에너지 유형별, 지역별 특성을 고
려하지 않은 획일적 규정, 실효성과 강제성의 부족 등 많은 문제점
을 여전히 내포하고 있다.

중국 정부가 신재생에너지의 점유율 향상을 차세대 주요국정목표
로 설정하고 있는 만큼 이 같은 문제점들은 정부의 강력한 정책의지
와 정책의 법제화 등으로 극복될 것으로 전망된다.

특히, 중국과 마찬가지로 우리나라 또한 신재생에너지 산업을 신
성장동력으로 표방하고 있다는 점에서 중국의 관련 법제는 한국의
신재생에너지 정책 및 법제 개선에 있어 참고할 만한 가치가 있다
하겠다.[59)]

G2 중국 질주의 비결: 경쟁의 법제화

정치관련 주제는 권력투쟁적 접근법으로 이야기하는 게 제일 재미있다. 좌파, 우파, 친박, 비박, 상하이방, 태자당, 공청단…, 이들이 펼치는 무한 다큐멘터리 드라마는 『삼국지』보다도 현장감과 박진감이 넘친다. 단, 이 방법은 킬타임용으로는 제격이나 실익이 없다.

반면에 제도적 접근법을 통한 중국이야기는 유익하지만 재미가 없다. 재미있고 유익한 일석이조의 이야기를 하려면 어떻게 해야 할까? 아래 소개하는 두 경험담은 이런 고민 끝에 우러나온 것인데 시식을 한 번 해 보시도록.

한국에 IMF 구제금융 한파가 급습한 1997년 12월 어느 날이었다. 당시 상하이 총영사관 경제담당 영사로 근무하고 있던 필자는 저장성 자싱(嘉興)시 경제개발구 왕모 주임의 초청으로 출장길에 나섰다. 왕 주임은 처음 본 나를 뜨겁게 포용을 하며 고맙다는 말을 반복했다. 곰발바닥 요리 등 산해진미를 총동원한, 이른바 '황제만찬'도 선사했다.

후식을 먹으며 필자가 처음 본 사람에게 왜 이토록 융숭한 대접을 하냐고 영문을 묻자, 그는 자기가 수석 부시장으로 일약 2계급 특진하게 되었다며 이는 모두 필자 덕분이라고 했다.

어리둥절해진 필자가 구체적으로 말해 달라고 하자 특진 사유는 한국타이어의 9,000만 달러를 비롯해 외자 유치에 탁월한 실적을 세운 것으로 이게 다 필자가 힘써준 덕분이라고 했다. 다음에 더 크게 쏘겠으니 자신이 시장이 되도록 더 큰 건으로 하나 부탁한다고도 했다. 솔직히 필자는 그 때 한국타이어가 자싱에 입주한 사실 외에는 아무 것도 모르고 있었는데….

알고 보니 중국에서 정치인과 관료, 기업인의 출세는 외자를 얼마나 유치하였느냐에 달려 있었다. 이러한 정책은 각종 법률·법령뿐만 아니라 헌법조항(중국헌법 제18조 외자투자유치 장려조항)으로 제도화되어 있었다. 이는 중앙 정부뿐만 아니라 각급 지방 당과 정부로 하여금 외자유치 경쟁에 총력을 기울일 수밖에 없게 했다.

아, 그랬구나! 왕 주임은 한국의 시스템도 중국과 비슷하다고 착각했고 필자가 한국타이어('한국'타이어가 국유기업인 줄 알았나보다)의 자싱 유치에 큰 역할을 했다고 여긴 것이었다.

2003년 4월 22일, 필자는 현 정치국 상무위원이자 정치협상위원회 주석, 권력서열 4위, 위정성(俞正聲, 1945~)을 소공동 롯데호텔에서 만났다. 필자는 당시 정치국 위원 겸 후베이성 당서기였던 위정성으로부터 영양가가 쏠쏠한 이야기를 들었다.

중국 거상들의 본고장인 저장의 사오싱(紹興)에서 태어나 하얼빈 군사공과대학을 나온 그가 승승장구의 관운을 펼친 곳은 산둥의 옌타이(煙臺)와 칭다오(靑島)다.

특히 칭다오에서만 부시장, 시장, 서기를 10년 가까이 맡으면서, 중국에 진출한 한국 업체의 3분의 1 가량을 유치하는 위업을 쌓았다. 그 덕분에 일개 지방도시의 수장에서 건설부 부장(장관 격)으로 승진했고, 다시 정치국 위원으로 초고속 출세가도를 걸었다.

산둥성, 특히 칭다오에 진출한 한국 기업 덕분에 이 자리까지 왔다고 수차례 고맙다는 인사를 건넨 뒤 덧붙인 당부의 한마디, 농담 반 진담반(사실 농담 1, 진담 9)으로 던진 위정성의 그 한마디를 영원히 잊을 수 없을 것 같다.

"앞으로는 칭다오보다 후베이에 더욱 많이 투자해주세요, 다음 방한에는 정치국 상무위원이 되어서 올 수 있도록!"

마오쩌둥 이전 중국에서는 공산당 이념에 얼마나 충실한가의 당성과 출신성분이 공직자 인사고과에 중요한 요소였다. 그러나 덩샤오핑 개혁·개방 이후 실적이 절대적 비중을 차지하고 있다. 당중앙위원회 정위원 이상 최고핵심층 고위당정인사는 지방 수장을 맡게 하고 그중 실적이 탁월한 자로 충원해왔다.

중국 최고 권력층, 7인의 정치국 상무위원 중 서열 제1위인 시진핑은 푸젠, 저장성, 상하이시 당서기를, 2위 리커창[60]은 허난성과 랴오닝성 당서기를, 서열 5위 왕후닝을 제외한 정치국 상무위원 6명은 2~3곳의 지방정부 수장을 거쳐 왔다.

현재 중국의 공직자 인사 방식은 실적제에 해당한다. 중국의 인사 행정은 미국식 민주선거에서 관직을 사냥하는 듯, 선거에 승리한 정당이 모든 관직을 전리품처럼 처분하는 엽관제가 아니다. 또, 인사권자의 개인적인 신임이나 혈연, 지연 등 연고 중심의 영국식 정실제도 아니다.

요컨대, 중국 질주의 비결은 슬로건이나 캠페인에 그치지 않고 정책을 구체적으로 법제화해 강력히 실행하는데 있다. 법제에 관한 한 중국이 괜한 G2가 아님을 알게 됐다.[61]

제5장

경제

한국 경제의 키맨 : 중국 역대 상무부총리 일람표

代	성명	재임기간	상무부총리 재임시 당직위(당서열)	비고
1	덩샤오핑鄧小平)	1978.3~83.6	정치국상무위원(2위)	덩샤오핑이 맡았던 정부최고 직위
2	완리(万里)	1983.6~88.4	정치국원(8위)	덩샤오핑의 왼팔
3	야오이린(姚依林)	1988.4~93.3	정치국상무위원(6위)	덩샤오핑의 오른팔
4	주룽지(朱镕基)	1993.3~98.3	정치국상무위원(5위)	상하이개발, 총리역임
5	리란칭(李岚清)	1998.3~03.3	정치국상무위원(7위)	서부대개발
6	황쥐(黄菊)*	2003.3~07.6	정치국상무위원 (6위)	재임중 사망
7	리커창(李克强)	2008.3~13.3	정치국상무위원 (7위)	동북진흥, 현 총리
8	장가오리(张高丽)	2013.3~18.3	정치국상무위원(7위)	일대일로 기획
9	한정(韩正)	2018.3~	정치국상무위원(7위)	상하이 자유무역구 한국경제의 키맨

- 사람들은 다른 사람이 자기보다 열 배 부자이면 그를 헐뜯고, 백 배가 되면 그를 두려워하며, 천 배가 되면 그에게 고용당하고, 만 배가 되면 그의 노예가 된다. - 사마천(司馬遷, BC 145~BC 86) 『사기』, '화식열전'

- 세계를 사고 세계를 팔아라(買世界, 賣世界) - 중국 최고(最古) 상설시장, 한정제의 표어

- "검은 고양이나 흰 고양이나 쥐만 잘 잡으면 좋은 고양이" - 덩샤오핑 중국 상무부총리

- "지도자의 제1책무는 창조와 혁신에 능한 인재를 공정하게 발탁하고 그 인재가 능력을 충분히 발휘하게끔 최선을 다해 돕는 것이다." - <한정(韓正) 중국 상무부총리>

- 중국은 온통 시장이고 중국인은 모두 상인이다. 중국인은 상인종(商人種) - 강효백

한국 경제에 가장 중요한 핵심인물 — 상무부총리

우리나라는 수출로 먹고 사는 나라다. 2016년 우리나라의 총 수출액 비중의 31.7%를 중국(홍콩 6.6% 포함)이 차지했다. 그 뒤를 이어 미국 13.5%, 베트남 6.6% 순으로, 4위인 일본(4.9%)은 5%에도 미치지 못하는 수준이다.[62] 미국과 일본을 합친 것의 두 배에 달하는 대중국 수출비중은 갈수록 커지고 있다.[63] 중국과의 무역수지는 469억 달러로 역시 압도적 비중의 무역흑자 1위를 기록했다.

그렇다면 우리나라의 경제에 가장 중요한 중국의 핵심인물(Key Man)은 누구일까? 단언컨대 상무(常務)부총리(제1부총리)를 맡는 자이다. 특히 시진핑 시대 상무부총리는 '일대일로(一帶一路, 육해상 실크로드)'와 자유무역구 등 메가 프로젝트를 총지휘하는 중국 경제최고 총사령관이다.

중국 경제·금융·무역 중심 도시인 상하이 시장과 당서기를 15년간 역임한 한정(韓正, 1954년생) 신임 정치국 상무위원(당 서열 7위)은 2018년 3월 전국인민대표대회(전인대)에서 5년 임기의 상무부총리에 취임했다.[64]

상하이 시장 시절인 2010년 한정은 세계 엑스포를 성공적으로 마쳤고 상하이 당서기로 승진한 시진핑 집권 원년인 2013년에는 중국 최초의 자유무역구를 출범시켰다. 2016년 6월 16일에는 미국 본토의 디즈니랜드에 견주어 손색이 없는 '상하이 디즈니랜드'도 개장했다. 무엇보다 한정은 상하이에서 과거 '국내총생산(GDP) 지상주의'에서 탈피해 민생과 환경부문에 주력함으로써 중국 최대도시에 질적 성장을 가져온 '스마트 경제통'으로 평가받는다. 시진핑 시대가 추구하는 '신창타이'(新常態·뉴노멀)에 걸맞은 중국 경제총사령관으로 기대를 한 몸에 모으고 있다.

이제 한정 개인보다 '상무부총리' 직위에 중점을 두어 살펴보도록 한다. 우선 중국의 상무부총리를 우리나라의 경제부총리쯤으로 여기고 지나쳐서는 곤란하다. 마오쩌둥을 이은 중국 제2세대 최고 권력자 덩샤오핑은 한사코 국가 주석이나 국무원총리 자리를 사양하는 대신 상무부총리를 맡았다. '정치 9단, 경제 10단' 덩샤오핑이 맡았던 정부 최고직위는 '상무부총리'였다.

덩샤오핑 이후 상무부총리는 제1부총리이자 경제부총리로서 중국 경제의 컨트롤타워의 수장을 의미했다. 역대 상무부총리들은 개혁개방 노선을 진두지휘하며 경제건설을 당차게 밀고 나가면서 오늘날 'G2(주요 2개국)' 중국의 초석을 다져나갔다.

덩샤오핑의 뒤를 이은 상무부총리는 각각 덩의 왼팔과 오른팔로 불리던 실세 완리(萬里, 1982~1988), 야오이린(姚依林, 1988~1993)이다. 장쩌민 시대의 주룽지, 1993~98년)와 리란칭(李岚清, 1998~2003), 후진타오 시대의 황쥐(黃菊, 2003~2007, 재임 중 병사), 리커창, 2008~2013년), 2018년 3월 한정에게 바통 터치하고 퇴임한 장가오리(张高丽, 2013~2018)까지 상무부총리는 모두 중국 당·정 고위인사 중 '에이스 중의 에이스'로만 명맥을 이어 내려온, 카리스마의 아우라가 광휘로운 영광의 자리이다.

• 국가 부주석보다 높은 상무부총리

중국에서 국가 부주석과 상무(제1)부총리 둘 중 누가 더 높을까?
놀랍게도 상무부총리가 국가 부주석보다 훨씬 높다. 장가오리 직전
상무부총리의 당 직급은 정치국 상무위원이었고 리위안차오(李源潮)
직전 국가 부주석의 당 직급은 정치국 위원이었다. 상무부총리가 국
가 부주석보다 당 서열뿐만 아니라 당 직급이 더 높다. 정치국 위원
이 중장이라면 정치국 상무위원은 대장인 셈이다.

중국 공산당이 중화인민공화국을 영도하는 중국 정치체제상 당직
이 정부직보다 우선한다. 시진핑이 중국 권력1인자로 공인받는 근거
는 그가 국가 주석이 아니라 당 총서기이기 때문이다. 시진핑 총서
기가 겸직하고 있는 국가 주석 자리는 내각책임제 아래 대통령직보
다 못한 명예직에 가깝다. 지금 중국에는 국가 주석실이 따로 없다.
국가 주석도 이런데 하물며 국가 부주석은 말해서 뭣하리.

영문으로 'vice president', 즉 '부통령'이라는 뜻으로 번역되는 국
가 부주석이 총리(prime minister)라면 몰라도 부총리(deputy prime
minister)보다 낮은 경우는 현대 세계 각국에서 유례를 찾아보기 힘
들다. 믿기 어렵지만 분명한 팩트다.

일례로 장쩌민 정부 1기 시절(1993~1998) 롱이런(榮毅仁, 1916~
2005) 국가 부주석은 정치국원은커녕 중국 공산당 당원도 아니었다.
사회 · 문화계 명망있는 인사 중 한 사람에 지나지 않았다. 지난 60
년간 중국 국가 부주석의 당 직급과 당 서열이 상무부총리보다 높은
시절은 1998년 3월부터 2013년 3월까지 15년간뿐이다. 즉 장쩌민
정부 2기의 국가 부주석 후진타오(당 서열 5위)와 후진타오 정부 1,

2기의 국가 부주석 쩡칭홍(曾慶紅, 당 서열 5위), 시진핑(당 서열 6위)이다.

그러나 시진핑 정부 1기의 국가 부주석 리위안차오는 정치국 위원(당 서열 8위~25위)에 지나지 않으나 상무부총리 장가오리는 정치국 상무위원(당 서열 7위)으로서 상무부총리가 국가 부주석보다 당 직급과 당 서열이 높게 환원되었다.

· 중국경제 오케스트라 지휘자, 상무부총리

이처럼 중국의 상무부총리 자리는 한국의 경제부총리와는 시스템과 포지션 면에서나, 실제 권력 면에서나 차원 자체가 다르다. 상무부총리는 중국 경제라는 경기장의 야구 에이스 투수, 미식축구 쿼터백 같은 핵심 포지션이다.

상무부총리 휘하에는 국무위원(부부총리) 5인 중 1인을 비롯하여, 상무부·재정부·국가발전개혁위원회·공업 및 정보화부·인력자원 및 과학기술부·국토자원부 등 국무원 부위(部委, 부와 위원회) 25개 중 15개 경제관련 부위가 '명령만 내리소서!' 하듯 상시 대기하고 있다.

상무부총리는 국무원 직속특설기관이자 중국의 모든 국유기업을 관리감독하며 전 세계에서 '가장 돈 많은 부서'라고 정평이 난 국유자산 감독관리위원회도 직속에 두고 있다.

어디 그 뿐인가? 상무부총리는 세무총국(국세청) 등 국무원 직속기관 14개 중 5개, 은행감독관리위원회(우리나라 금융감독원) 등 국무원 직속사업단위 13개 중 4개를 총괄하는 지위와 권한, 지휘책임을 아울러 부담하는 핵심 중의 핵심 직위이다. 한마디로 상무부총리는 중국 경제라는 오케스트라의 지휘자이다.

'정신일도, 하사불성(精神一到 何事不成)'이라, '정신을 한 곳으로 모으면 어떤 일을 이루지 못하겠는가.'라는 고사성어 그대로 '개혁개방의 총설계사', '정치 9단, 경제 10단' 덩샤오핑이 1978년부터 상무부총리를 맡은 후, 2017년 말 현재까지 40년을 한결같이 중국 정치권력 핵심 중에서도 최고의 경제통으로 검증된 자를 상무부총리로 발탁, 중국 경제 컨트롤 타워를 맡아 중국 경제를 성장시켜 왔으니, 오늘날 중국이 미국과 더불어 글로벌 경제를 쥐락펴락하는 G2 국가로 웅비하지 않는다면 오히려 그게 더 이상하지 않겠는가!65)

'상인種 중국인' 중국은 온통 시장이다

번데기 앞에서 주름 잡아도 된다. 공자 앞에서 문자 써도 된다. 그러나 중국인 앞에서는 '돈', '시장', '자본'을 함부로 논하지 말라. 더구나 중국인에게는 '시장경제란 무엇인가?', '자본주의 사회의 마케팅 전략은?'이란 주제로 서구 현대경제이론을 한 수 가르치려 하지 말라.

그대의 '말씀'에 고개를 끄덕거리는 중국인은 거의 없을 것이다. '피식' 웃는 중국인만 마주칠 것이다. 그대의 뇌리 속에는 대다수 중국인의 얼굴 피부 밑 1mm 가량을 스치고 지나가는 그 석연치 않고 마뜩찮은 표정이 혜성의 꼬리처럼 오래 남게 될 것이다.

그들 중국인은 반만년 비단장수 후예, 생래적 자본주의자, 즉 '상인종66)'이기 때문이다. 중국인이 상인종이라는 증거는 너무 많다. 대표적인 몇 가지를 골라 증언하고자 한다.

· 중국은 온통 시장이다

중국의 국시(國是)는 '사회주의 시장경제'다. 우리는 뒤의 명제 '시장경제'보다는 앞의 수식어 '사회주의'에 더 관심을 기울여왔다. 그런데 이상하지 않은가? 동서고금을 막론하고 국가의 기본이념과 기본정책에 감히 '시장(market)'이라는 노골적 자본주의 용어를 수십 년째 명시해온 나라가 중국 말고 어디 있는가?

중국에서 출판된 중문사전이나 중영사전에서 '市'를 찾아보면 항상 제일 먼저 나오는 뜻풀이는 '시장'(market)이다. 그 다음은 동사로서 '사다, 팔다, 사고팔다'의 뜻이 나오고, '도시'(city)는 서너 번째쯤 나온다.

'도시'(都市)의 어원은 시장과 시장을 둘러싼 번화가를 의미하는 '市' 앞에다가 우두머리 관아와 관아를 에워싼 관청가를 뜻하는 '都'를 붙여 만들어진 것이다. 중국의 정치·행정 중심지 베이징은 '시'보다는 '도'에 가까운 반면에 중국의 경제·무역·금융 중심지 상하이는 '도'보다 '시'에 가깝다.

지금 중국에서는 '도시'를 '성시'(城市)라고 부른다. 즉 우두머리 관청을 뜻하는 '도'를 없애는 대신에 시장 '시' 앞에다 건물이나 울타리를 뜻하는 '城'을 붙인 것이다. 따라서 중국의 도시, 즉 성시를 직역하자면 '시장으로 그득한 울타리'라는 뜻이 된다.

여기에 약간의 골계미를 가미해서 말하자면 중국의 도시에는 '시장'(市長, mayor)은 없어도 되지만 '시장'(市場, market)이 없으면 안 된다고나 할까? 상하이시는 '상하이시티'가 아니라 '상하이마켓'이라고나 할까?

2016년 8월 말 현재 중국의 성(省)급 시(직할시)는 4개, 지(地)급 시는 286개, 현(縣)급 시는 368개다. 소상품·다품종 시장으로 유명한 저장성 이우(義烏)시를 비롯하여 다수 현급시는 시 전체가 온통 시장이다.

중국은 이미 2008년에 미국을 제치고 세계 최대 수출대국이 됐다. 2015년 말 현재 중국의 수출총액은 2조 1570억 달러로, 세계 2위 미국(1조 5760억 달러)과 갈수록 격차를 벌려가고 있다.[67]

·상인지상주의… 4억 명 초거대 중국 상인군단

주(周) 무왕이 상(商) 주왕을 토벌하자 천하는 주나라가 되었다. 나라 잃은 상나라 사람들은 설 땅이 없어져 장돌뱅이로 생계를 유지하게 되었는데, 그때부터 세상은 그들을 '상인'으로 그들의 업을 '상업'으로 부르게 되었다. 상인은 이리저리 돌아다니며 파는 행상을 '상'(商)이라 하고, 일정한 장소에 앉아서 좌판 위에 물건을 벌여놓고 파는 좌상을 '고'(賈)라고 했다. '상인'하면 으레 '행상'을 의미했다. 동적(動的)인 '상'이 정적(靜的)인 '고'를 압도했던 것이다.

아담 스미스가 태어나기 전 약 1800년 전에, 예수가 태어나기 약 100년 전에, 신라의 초대 임금 박혁거세(BC 69~AD 4)가 알에서 깨어나기 수십 년 전에, 사마천은 『사기』「화식열전」 편에서 이렇게 적고 있다. "부자 되는 길은 농업이 공업보다 못하고 공업은 상업보다 못하다. 문장을 희롱하는 일은 시장바닥에 앉아 돈을 버는 일보다 못하다. 비록 말업이라고들 하지만 부자가 되는 지름길은 뭐니 뭐니 해도 상업이 최고다."

'1위 상인, 2위 농부, 3위 군인, 4위 선비 (商農兵士)' 이는 청나라 옹정제 시대의 대신 유우의(劉于義)가 황제에게 올린, 청나라 때 중국 전국의 금융시장을 석권했던 산시(山西)지방의 사회적 신분 서열에 관한 보고서 핵심 내용이다.

비단 옛날 중국뿐만이 아니다. "너 그렇게 공부 안하고 놀기만 하면 나중에 커서 관료나 해먹게 된다." 예나 지금이나 중국의 갑부 밀집 지역인 광둥을 비롯한 저장·푸젠 등 중국 동남부 지역에서 부모가 공부에 게으름 피우는 아이를 꾸짖을 때 흔히 쓰는 말이다.

조선시대부터 1960년대 이전 우리나라에서 오래 통용되던 '사농공상(士農工商)'의 신분서열은 중국의 정치 중심도시인 시안, 뤄양, 베이징이나 공자·맹자의 고향 산둥성 서부, 주자의 고향 안후이성 남부에서만 일부 사용된, 중국 사회에서의 비보편적 용어다.

2015년 말 현재 국가행정공상관리총국에 등록한 중국의 소형 사영기업은 750만 개, 종업원 수 8700만 명이고, 개체호(個體戶 자영업) 수는 3200여만 개, 종업원 수 6500만 명이다. 여기에 중대형 서비스업체, 백화점, 대형마트 업계, 온·오프라인 쇼핑몰 등 각종 중대형 유통업체 종사자 약 5000만 명과 국가공상행정관리총국에 미등록된 극소형업체 종사자, 자영업자, 노점상이나 행상 기타 지하경제종사자 등 약 2억 명(소극적 추산)을 모두 합한 중국 상인의 수는 적어도 약 4억 명이다. 그야말로 5000만 우리나라 전체 인구의 8배가 넘고, 8000만 세계 한민족 수의 5배가 넘는 어마어마한 초거대 상인군단이다.

·세계 최초지폐, 세계 기축통화, 일대일로….

자본주의 상징, 아니 자본주의 그 자체라고 할 수 있는 지폐를 세계 최초로 발명, 발행하고 상용해 온 사람 역시 중국인이다.

960년 송나라 초기 쓰촨성의 한 거상은 교자(交子)라는 지폐를 발행했다. 그리고 널리 오래 상용되었던 세계 최초의 지폐는 1287년, 원나라 세조 때 발행된 '지원통행보초(至元通行寶鈔)'다. 이것은 1661년 스웨덴 정부가 서양 최초로 지폐를 발행한 것에 비하면 약 400년 앞선 것이다. 스웨덴의 뒤를 이어 프랑스는 1720년, 영국은 1779년, 독일은 1806년에 각각 자국의 지폐를 발행했다.

13세기 프랑스의 수도사 기욤 드 뤼브릭은 "중국에서 보통 사용하고 있는 화폐는 세로 가로 각각 10cm가량 되는 목면으로 만든 종이로, 그 위에는 황제의 인장 같은 표적이 적혀있다"고 루이 9세에게 보고했다. 이탈리아 베네치아 출신의 마르코 폴로도 1298년에 완성한 책 '동방견문록'에서 지폐 사용이 중국 전역에서 보편화되어 있다고 증언했다.

14세기 아프리카 모로코 출신의 대여행가인 이븐 바투타는 "중국의 주민은 장사를 하는데 금·은화를 쓰지 않는다. 그들은 황제의 도장이 찍힌 손바닥만한 큰 종이로 물건을 사고판다."고 기록했다. 14세기 중엽의 이탈리아인 베고로티의 동방무역 안내서에도 "중국에서는 지폐가 사용되고 있다"고 적혀있다. 1305년 페르시아는 지폐를 발행했는데 이것은 마르코 폴로가 '동방견문록'에서 기록한 바 있던 쿠빌라이 황제의 지폐를 모방한 것이다. 그 페르시아의 지폐 이름도 중국식 발음 그대로 '초우'라고 불렀다.

2015년 11월 중국 인민폐가 세계 기축통화 지위를 획득했다. 중국의 위안화가 국제통화기금(IMF) 특별인출권(SDR) 통화바스켓으로 편입된 것이다. 위안화가 국제 준비통화로서의 지위를 공식 획득하고 무역결제나 금융거래에서 자유롭게 사용될 수 있게 된 것이다. 위안화의 SDR 바스켓 편입비율은 10.92%로 달러(41.73%), 유로화 (30.93%)에 이어 세 번째로 높다. 이로써 위안화는 일본의 엔화 (8.33%)를 제치고 세계 3대 통화로 급부상하게 됐다.

시진핑 시대의 슈퍼 메가 프로젝트, '일대일로(一帶一路, One Belt One Road)'에 소요되는 자금은 중국이 주도하는 아시아 인프라 투자은행(AIIB)을 통해 조달한다. 화폐(인민폐)와 법제, 도로, 무역과 민심의 5대 영역을 하나로 연결시켜 확장하겠다는 일대일로 전략은 중국의 꿈, 즉 '세계의 중국화'의 구체적 표현이다.

· 중국의 맨틀은 시장

중국 땅 서쪽 절반 대부분은 사람이 살기 어려운 사막과 황무지, 고산지대이고, 나머지 동쪽 절반에 경제력의 9할이 쏠려 있다.

그 동쪽 절반 중국 경제지도의 중심부에 위치한 성(省)이 후베이 (湖北)다. 후베이의 중심도시 우한(武漢)에서 동서남북으로 1000㎞ 정도를 가보자, 각각 상하이·충칭·광저우·베이징이 나타난다. 이들 중국의 4대 주요도시를 야구장의 홈, 1루, 2루, 3루라 치고 이를 서로 연결하면 다이아몬드 모양이 나온다. 바로 그 다이아몬드의 중심부, 마운드에 후베이 우한은 투수처럼 우뚝 자리 잡고 있다.

순종 상인종, 중국 상인 팀의 상위 타선, 톱타자 광둥 상인부터 2번 푸젠 상인, 3번 저장 상인은 물론, 슬러거 4번 타자 상하이 상인마저도 후베이 우한 상인 투수의 변화구에 타이밍을 빼앗겨 무릎을 꿇고 만다. 외국 상인은 말할 필요조차 없고, 후베이에서 장사를 하는 거의 모든 타 지역 출신 중국 상인들은 입을 모은다.

"여기서 장사를 하려면 속지 않는 법보다 속고 나서 참는 법부터 배워야 한다. 속고 나서도 할 말 없게 만드는 자들이 후베이의 장사치들이다. 간교하고 음흉한 그들에게 속는 스트레스는 마치 쓰디쓴 '금계랍'을 먹고 난 벙어리의 고통일 것 같다."

오죽 답답했으면, '한 음흉'하는 중국 상인마저 같은 중국의 후베이 상인을 '간교', '음흉'이라는 극단적인 용어까지 동원하며 비판하겠는가?

· "세계를 사고 세계를 팔아라(買世界, 賣世界)"

이는 2001년 중국이 세계무역기구(WTO)에 가입하자 중국 최고(最古)의 상설시장 한정제(漢正街)가 내건 구호이다. 한정제는 명나라 헌종(憲宗) 때인 1465년, 우한의 중심지역 한커우(漢口) 나루터에 모인 배들의 갑판 위에서 벌어진 장터다. 1573년 만력(萬曆) 원년에는 후베이와 후난, 광둥과 광시 지방에서 거둬들이는 모든 조운(漕運)양곡의 집결지를 한커우로 정하면서 본격적으로 발전하게 되었다.

2016년 현재 한정제는 세계 최대의 소상품 도매시장인 저장성 이우와 함께 중국 10대 소상품 도매시장의 하나로서 값싸고 질 좋은 의류·가구·신발·가전·완구류로 유명하다. 특히 해적판 서적이 많기로 타의 추종을 불허한다. 해적들이 정품 배 갑판에 밀어닥치듯, 정품의 5분의 1 가격의 해적서적이 판을 친다.

앞에서 말한 바와 같이 중국 경제지도의 중심은 후베이, 후베이의 중심은 우한, 우한의 상업 중심은 한커우, 한커우의 중심 상가는 한정제이다. '중심'이 다섯 개 겹치는 곳에 위치한 한정제는 중국에서 가장 오래된 상설시장이다

반만년 노대국 시공간의 5중 동심원 핵심에 있는 것이 중국에서 가장 오래된 상설시장이라는 사실은 참으로 의미심장하다.

지구의 지각 안쪽에는 지구전체 부피의 80%를 차지하며 젤리처럼 말랑말랑한 고체 상태의 맨틀(mantle)이 있다. 이러한 자연과학적 지식을 사회과학적 시각으로 치환하여 본다면 중국대륙의 내부 구조에도 시장이라는 '블링블링(bling bling)'한 중국특색적 맨틀이 있는 것은 아닐까?

또한 이래서 중국은 '시장'이라는 노골적 자본주의 용어가 붙은 '사회주의 시장경제'를 수십 년 째 국시(國是)로 명시해오고 있는 것은 아닐까?

· 중국인의 멘탈은 황금

"고객님 많이 당황하셨어요?"

그렇다. 중국 국제공항의 전광판, '구금산'(舊金山)을 보면 많이 당황한다. 같은 한자문화권이지만 중국을 처음 접하는 한국인과 일본인은 '구금산'에 대략 2~3초간 당황한다. '구금산' 다음에 나타나는

'San Francisco'를 보고서야 '아하, 샌프란시스코!' 하며 실소한다.

통산 20년 중국 체류 경험자인 필자도 당황 순간이 2~3초에서 0.2~0.3초로 단축되었을 따름이지 매번 당황하기는 마찬가지. "고객님 많이 당황하셨어요?"가 "고객님 매번 당황하시네요?"로 바뀐 수준에 여전히 머물고 있다.

그래도 국제공항 전광판에는 영문 병기라도 있지만 거의 모든 중국 서적과 매스미디어는 샌프란시스코를 영문 병기 없이 '구금산'으로만 쓰고 부른다. 중국을 모르고 한자만 아는 외국인들은 '구금산, 이게 어디에 있는 산일까?'라고 의아해할 것이다. 지명인지 인명인지 물품명인지 도무지 알 수 없다. 불친절한 중국에 미간만 찌푸린다.

서울을 '서우얼'(首爾), 워싱턴을 '화성둔'(華盛頓)이라 부르듯 중국인은 외국지명을 유사한 발음으로 번역하여 부르는 게 일반적이다. 그러나 대표적 예외 두 군데, 샌프란시스코와 호주의 멜버른을 각각 '구금산', '신금산(新金山)'이라고 칭한다. 19세기에 두 도시 근방에 금광이 발견된 순서대로 부르는 것이다.

이 대목에서 우리는 중국인의 시력과 청력은 대상에 따라 가변적이라는 사실을 유추할 수 있다. 중국인은 특히 황금을 보는 순간 청력 0에 가까운 귀머거리가 된다. 그 대신 시력은 인간표준시력 1.2에서 12.0 정도로 급상승하나 오로지 황금의 노란색만 보이는 '금황색 색맹'이 되는 것 같다.

'금'(金)의 간자체도 정자체와 똑같은 '金'이다. 획수가 꽤 많은 8획의 '金'인데도 간자화하지 않는 까닭은 무엇일까? 생명처럼 소중한 '금'을 조금이라도 축소해서는 안 된다는, 반만년 상인종 민족성과 '중화배금주의공화국' 국민성의 깊은 뜻을 고스란히 담으려는 숭고한 의지에서 비롯된 것으로 추리된다.

또한 중국의 인명이나 상점 이름에는 금 세 개가 한 묶음인 흥성할 '흠'(鑫)이 많이 쓰인다. 전 주한 중국대사 장신썬(張鑫森)에도 금 세 개 묶음이 목(木) 세 개 묶음 앞에 자리하고 있다.

순종 상인종 광둥인의 후예, 패트릭(陳頌雄 1952~, 2016년 글로벌 슈퍼리치 81위, 재미화교 중 최고부자)은 1983년 캘리포니아 구 금산과 가까운 곳에 위치한 의과대학 교수 겸 난치병 전문치료의사 및 의약연구원을 겸하는, 세 개의 금을 한꺼번에 거머쥔 '흠'(鑫), '쓰리잡스'로서의 돈맛을 보기 시작했다. 아내 미셸도 비록 단역배우이지만 꿈에도 그리던 할리우드에 진입해 패트릭 부부는 미국 이너서클의 돈맛을 시식했다. 천하무비의 돈맛, '으~흠(鑫)!'

2015년 말 현재 중국 중앙은행인 인민은행이 홈페이지를 통해 공식적으로 밝히고 있는 금보유량은 1762톤이다. 2014년 말 1054톤보다 700여 톤이나 늘어난 것으로 중국의 공식적 금보유량은 러시아를 제치고 미국, 독일, 영국, 이태리, 프랑스에 이어 세계 제5위를 차지하고 있다.

하지만 일부 경제전문가들은 중국의 실제 금보유량은 이보다 훨씬 많을 것으로 추정하고 있다. 중국이 세계최대의 외환보유국가로서 인민폐를 주요국제통화로 유통시키려고 노력해온 만큼 금보유량도 그에 맞춰 확대해 왔을 것이라고 분석하고 있다. 블룸버그 인텔리전스도 중국내에서 귀금속 또는 산업용으로 거래되고 사용된 금의 양을 집계하면 중국의 실제 금 보유량은 약 3510톤으로 중국이 미국에 이어 세계 2위의 금보유국이라고 발표한 바 있다(2015. 4. 15.).[68]

애덤 스미스의 1800년 선배, 사마천

·음풍농월, 탁상공론 일삼는 선비들은 가라!

사람의 귀와 눈은 음악과 여색을 충분히 즐기라고 존재한다. 입은 온갖 고기 맛을 다 보라고 있으며 몸은 편안하고 마음은 권세의 영화를 자랑하라고 있다. 정부는 사람들의 이러한 욕망을 서서히 충족시킴으로써 백성을 감동시켜야 한다.

현인들은 위험을 무릅쓰고 손쉽게 부자가 된 자들을 고무하고 격려해왔으면서도 부자가 되려면 농사가 최고이고 상공업이 중간이며 사기를 쳐서 부자가 되는 것은 최하라고 말해왔다.

그러니 묻겠다. 산속에 은거하며 음풍농월(吟風弄月)이나 일삼는 선비에게는 참다운 덕행이 있는가? 또 오래 빈궁하면서도 인의를 탁상공론하길 좋아하는 선비는 참으로 본받을 자인가?

사실 그들은 수치스러운 자들이다. 사람들은 다른 사람이 자기보다 열 배 부자이면 그를 헐뜯고, 백 배가 되면 그를 두려워하며, 천 배가 되면 그에게 고용당하고, 만 배가 되면 그의 노예가 된다. 이것이 인간사회의 보편적 도리다.

위 글은 사마천의 사기 '화식열전' 일부를 발췌하여 구어체로 번역해본 글이다. 21세기 오늘을 사는 현대인이 보아도 전혀 예스럽다거나 촌스럽다거나 심지어 고전(?)스럽다는 느낌조차 안 든다.

그때 벌써 중국 땅에는 상하귀천 남녀노소 구별 없이 사회전체가 은성한 경제생활을 누렸고 현대 경제학의 원리와 함께 자본주의적 경제 마인드가 지배할 수 있었던 사회였다니…,

• 애덤 스미스의 1800년 선배 사마천

사마천은 한나라의 경제정책은 자연과 시장질서에 순응하는 것이 최상책이라면 시장을 국가가 통제하는 것은 최하책이라고 밝혔다. 이는 현대 자유시장경제 체제를 추진하는 경제관과 일치한다. 재산과 부귀를 추구하는 인간의 본성은 많은 사상가에 의해 이미 충분하게 입증되었다.

서양의 사상가들은 인간의 식욕과 성욕이라는 동물적 본능을 규명함으로써 그로부터 이익만 좇고 손해는 피하려는 인간의 사회적 본능을 도출해냈다.

자본주의 경제학의 아버지로 불리는 애덤 스미스의 자유방임주의 경제학 체계도 사회경제활동에 참여하는 개개인의 사적 이익 추구의 동기를 기본명제로 하고 있다.

사마천 탄생 후 1800년이 지나서야 유럽에서 시작되었던 이러한 자유경제사상을 아득한 옛날 옛적에 주창하였던 대선각자, 사마천. 그 한 개인보다는 오히려 그를 낳을 수 있었던 당시 중국사회의 선각성과 풍요성이 더욱 놀랍다. 인간의 원초적인 자본주의적 본능에 대한 성찰에 대해 서양인보다 수천 년 빨랐던 중국인들이 무섭다는 생각마저 든다.

그러나 한편으로 오랜 세월 그들과 이웃하며 역사와 문화를 공유하여온 우리로서는 이러한 '실존'이 여간 자랑스럽고 고무적인 것이 아니다.

· 중국 전 총리, 애덤 스미스 애독자

"나는 매일 일과를 누리꾼들이 보내온 이메일에 답신을 쓰는 것으로 시작한다. 국민은 정부가 무슨 일을 하고, 하려고 하고 있는지 정확히 알아야 할 권리와 정부 정책에 비평을 제기할 권리가 있다. 국민과의 소통방식은 여러 가지가 있으나 인터넷을 통하여 교류하는 방식이 가장 좋다. 특히 경제가 어려운 지금에는 온라인 소통이 더욱 필요하다."

이는 원자바오 전 중국 총리가 2009년 3월 28일 3억여 명이 참여한 누리꾼들과의 90분간 실시간 대화에서 나온 발언이다. 익명성이 보장되어서인가? 누리꾼들은 빈부격차, 부패, 금융위기, 부동산, 농촌, 교육, 의료 등 갖가지 문제들에 대해 거리낌 없이 물었다.

'금콩콩 은콩콩'이라는 ID의 누리꾼은 갈수록 커지는 빈부격차 문제를 따졌다. 원 총리는 "요즘 아담 스미스의 '도덕감정론'을 읽고 있다. 책에는 '시장'과 '도덕'이라는 보이지 않는 두 손이 있다"고 했다. 그러면서 "부가 소수에 독점되고 있는 중국의 현 상황은 도덕을 무시하고 시장만을 보고 달려온 후과"라고 솔직하게 답했다.

ID '바람의 상상'은 만연한 부패문제를 물었다. 원 총리는 "경제발전과 공평한 사회와 청렴한 정부는 국가를 안정시키는 3대 기둥이다. 그중에서도 청렴한 정부가 제일 중요하다. 부패는 제한받지 않는 권력의 과도한 집중에서 나오는데 정부는 부패의 근원을 제거하기 위한 제도개혁을 추진하고 있다"라고 강조했다.

필자는 이 기사를 접하며 두 번 놀랐다. 14억 대국의 총리가 누리꾼이 보낸 이메일에 답장을 써주는 것으로 일과를 시작하다니. 물론 보여주기 위한 '쇼'일 수도 있으나 중국 총리가 이처럼 공개적으로 익명의 누리꾼들과 90분 동안 실시간 대화를 했다는 뉴스가 처음에는 믿기지가 않았다. 알고 보니 사실이라서 나중에는 눈물 나도록 부러워졌다. 우리도 익명의 누리꾼들과 실시간 공개난상토론은 아니더라도 누리꾼이 보낸 이메일에 답신을 쓰는 것으로 일과를 시작하는 총리가 나왔으면 좋겠다.

또 하나는 '마지막 남은 사회주의 대국 중화인민공화국'의 1.5인자 국무원총리(중국 정치체제상 중국의 총리는 내각책임제 국가의 총리보다는 못하지만 대통령제 국가의 총리보다는 높고 강력하다)가 사회주의 경제학의 비조 마르크스의 '자본론' 대신에 자본주의 경제학의 아버지라고 불리는 애덤 스미스를 언급하다니…, 그것도 '국부론'이 아닌 당시 들도 보도 못한 '도덕감정론'을.

애덤 스미스하면 그저 '국부론'만 알았던 무식한 필자는 '도덕감정론'이 '국부론' 못지않은 거작인 줄은 꿈에도 몰랐다. 국내에서 2016년 2월에서야 출간된 본격 번역본을 접하기까지는.[69]

중국인의 '삶의 뜻(生意)'은 비즈니스

사람이 살면서 웬만큼 산전수전을 겪지 않고서는 사마천 앞에서 입도 벙긋 할 수 없을 것 같다. 황제의 총신에서 하루아침에 사형수로 굴러 떨어지고, 결국 치욕의 극치인 궁형까지 당했던 사마천. 그의 불멸의 역사서 『사기』는 제왕의 연대기인 본기(本紀) 12편, 제후와 왕을 중심으로 한 세가(世家) 30편, 역대 제도 문물의 연혁에 관

한 서(書) 8편, 연표인 표(表) 10편, 시대를 상징하는 뛰어난 개인의
활동을 다룬 전기 열전(列傳) 70편, 총 130편으로 구성됐다.

열전의 첫머리에는 이념과 원칙에 순사(殉死)한 백이(伯夷)와 숙제
(叔齊)가 등장한다. 예나 지금이나 우리나라 지식층의 존경과 흠모를
한 몸에 받고 있는 두 위인인데도 중국에서는 별다른 주목을 받지
못하고 있다. 이상하다? 소장하고 있는 많은 책들이 첫 부분은 손때
가 묻고 귀퉁이가 닳아 너덜너덜하나 뒷부분은 마치 방금 구입한 새
책처럼 순결(?)을 유지하고 있다. 우리 옛사람들도 열전을 펼쳐놓고
아마 첫 부분만 열심히 공부한 것 같다. 『사기』 중 백미는 열전이고
그 백미 중의 백미는 제일 끝 부분에 있는데.

열전의 대미는 작가의 후기 격인 '태사공 자서(太史公自序)' 바로
앞에 있는 '화식열전'(貨殖列傳)이 장식한다. '화'는 재산, '식'은 재
산이 불어난다는 뜻으로, 이 열전은 춘추시대 말기부터 한(漢)나라
초까지 상공업으로 부를 쌓은 사람들의 활동을 기록한 것이다. 여기
에 등장하는 인물들은 오늘날의 상공인, 즉 기업가에 해당한다.

『신약성경』의 맨 마지막에 '요한계시록'이 있다. 흔히 '요한계시
록'은 신·구약 『성경』의 완성이자 결론이다. 마찬가지로 '화식열전'
은 『사기』의 완성이자 결론이다. '화식열전'을 읽지 않고서는 『사기』
에 대한 결론을 내릴 수 없다. 지금으로부터 약 2100년 전 쓰인 열
전은 역사서이자 예언서이다.

비록 우리나라에서는 엄숙주의와 도덕적 교조주의에 의해 오랜
세월 매몰되고 망각되어 왔지만 '화식열전'은 인간본성에 대한 통찰
력이 가장 첨예하게 빛나는 문장이라고 할 수 있다. 그렇기 때문에
열전의 앞머리인 백이숙제 부문만 읽었거나 그런 류만 달달 외운 도

덕론자나, 공자의 유학이 아닌 주자의 성리학을 유교라는 종교의 일종(철저한 비종교적인 사상 내지 생활철학인 유학을 종교로 떠받드는 신비한 아침의 나라, 대한민국)으로 떠받들며 격식과 체통을 중시하는 유교(주자학)의 문화적 토양에서 살아온 우리나라 지식층에게는 『사기』의 맨 끝의 '화식열전'은 어쩌면 '이욕에 눈 먼 시정잡배들의 잡설'이라는 부제라도 달아 비난하지 않고서는 배겨낼 수 없는 악마 같은 글이다.

'화식열전'을 읽고 난 후 필자에게는 책을 사면 우선 책의 맨 뒷부분부터 읽는 습관이 생겨났다. 그리고 중요한 몇 가지 사항을 더불어 깨우치게 되었다.

첫째, '진리는 시간과 공간에 제약을 받지 않고 언제 어디서나 적용된다.'는 진실을 깨닫게 되었다. 『성경』의 '요한계시록'이 미래시제로 기록됐다고 해서 미래에 일어날 일로만 보면 안 되듯 『사기』의 '화식열전'의 기록이 과거시제로 기록됐다고 해서 과거에 이미 일어난 일로만 여기면 크나큰 오류에 빠지게 된다. 역사는 다만 지나간 일의 기록만은 아니기 때문이다.

둘째, 3000년 전 상(商, 일본에서는 별칭 殷나라로 씀)나라의 후예들인 '상인종(商人種)' 중국인, 그들이 의식·제도적으로 개인의 이익을 추구하는 본성과 행위에 철제 족쇄를 채웠던 기간은 공산당 정부수립의 1949년부터 개혁개방의 길로 나선 1978년까지 불과 30년뿐이었다. 3000년 유구한 상인의 역사에 비하면 1%밖에 안 되는 매우 짧은 기간이었다는 사실을 새삼 알아차리게 된다.

그리고 중국인들은 우리나라와 달리 예나 지금이나 『사기』열전편의 앞머리인 명분의 '백이숙제'보다 맨 뒷부분 실리의 '화식열전'

에 더욱 매료되고 열광해왔다는 점도 덤으로 깨닫게 되었다.

자존심 높은 중국인이 한국인을 경탄해 마지않는 몇 가지 가운데 대표적인 것은 한국인의 순열한 애국심이다. 가깝게는 IMF 시절 온 국민이 다시 한 번 나라를 살려보자며 동참한 금모으기 운동과 멀게는 잃어버린 조국을 되찾기 위해 꽃다운 목숨을 초개와 같이 버린 안중근, 이봉창, 윤봉길 등 수많은 항일 독립투사들, 중국인들은 대부분은 죽었다 깨어나도 흉내조차 낼 수 없는 일들이라고 말한다. 중국인들은 애국이 뭐고 나라가 대관절 뭔데, 천하에 둘도 없는 자신의 목숨이나 또 그 목숨만큼 귀중한 금붙이를 뭐 하려고 나라에 바치는가, 고개를 심히 갸우뚱거린다.

근세 이래 중국인은 사실 민족주의, 자본주의, 공산주의, 민주주의 등 '주의'를 그저 깃발로만 내세우고 무늬로만 치장한 적이 많다. 지금의 사회주의 시장경제에서의 '사회주의'도 그렇다. 개혁개방 이후 중국에서 사회주의는 악센트도 없고 콘텐츠도 없는 공정한, 공평한 따위의 단순 소박한 '평등의 동의어'쯤으로 변질해 버렸다. 그런데도 일본과 서방의 일부 이데올로그들은 사회주의가 중국의 본질인 양 착각한다. 또는 의도적으로 그렇게 설정해놓고, 중국이 조만간—그 '조만간'은 계속 연장되고 있다—구소련과 동구권의 전철을 밟을 거라고 공언하며 아직도 중국분열론, 중국붕괴론 등에 매달리고 있다. 사반세기가 넘도록.

중국인은 한국인이 다 걸기 하며 싸우는 지고지순의 이념조차 아무런 거리낌 없이 실리를 위한 도구로 쓰는데 도가 텄다. '박리다매', 중국인에게 박리는 수단이고 다매가 목적이다. 즉, 박리를 선전용 이념으로 내걸어놓고 그것을 다매를 위한 수단으로 쓰고 결국은 진짜 목적인 '후리다매'를 달성하는 것이다. '사회주의 시장경제'도 마찬가지. 중국에게 사회주의는 수단이고 시장경제가 목적이다. 즉, 사회주의를 선전용 이념으로 내걸어놓고 그것을 시장경제를 위한 수단으로 쓰고 결국은 진짜 목적인 부국강병의 '중국식 자본주의'를 실현하는 것이다. 좌회전 깜빡이를 켜놓고 아무렇지도 않게 우회전 하는 게 중국이고 중국인이다. 왜 좌회전하지 않았냐고, 속았다고 원망하지 말라. 그게 중국이고 중국인이다.

국민 대부분이 애족애국자인 한국인과 달리 그 많은 중국인들 가운데 '이 몸이 죽어서 나라가 산다면' 하고 국가를 위해 자신의 생명과 재산을 바친 위인의 수는 손가락으로 꼽기에도 힘들 만큼 드물다. 실제로 중국에서는 '애국심'보다 '애국주의'라는 말이 훨씬 많이 쓰인다. 중국인의 가슴속에는 '애국'이 '마음'에 있는 게 아니라 마음 바깥에 쪼그리고 앉아 있는, 그저 추상적이고 관념적인 이데올로기에 지나지 않는다. 반면 외국인이 중국인을 이야기할 때 약방의 감초처럼 써온 '실리주의', '실용주의' 따위의 상용어들은 정작 중국인에게는 무척 희한하고 생경한 단어들이다.

오직 '실리'와 '실용' 그 자체만 있을 뿐이다. 중국인에게 실리와 실용, 그 자체가 생명이고 삶인데 감히 '주의' 따위의 사족을 붙이려 드는가! 중국인의 일상용어 '셩이'(生意)는 왜 사느냐 따위의 형이상학적 의미가 아니다. 장사나 비즈니스를 뜻한다. 중국인이 추구하는 삶이란 한 마디로 장사를 잘해 잘 먹고 잘 사는 데 있다. 자본주의 상징, 아니 그 자체라고 해도 좋을 지폐와 수표와 어음 등을 세계 최초로 발명하고 상용해온 중국인이다. 그래서 말인데, 중국인의 유전인자(DNA)는 돈(Don)의 D와 나(Na)가 합쳐진 것은 아닐까? 그래서 우리는 지금 세상의 모든 돈을 빨아들이려는 돈의 초대형 진공청소기 모습으로 물신화한 거대중국을 목도하고 있는 것은 아닐까?[70]

강효백, 중국인의 상술 이야기

중국 전문가 강효백(姜孝伯) 씨의『중국인의 상술(2002. 한길사)』에 중국 장수기업의 정신이 잘 나타나 있다. 저자는 "장사에는 영원한 적도, 우방도 없다"고 했다. 그가 외교관이기 때문에 국제 외교무대에서 널리 쓰이는 말을 인용한 것 같다. "외교에는 영원한 적도 우방도 없다. 오직 국익(國益)만이 있다"는 것이 정설이다.

저자는 상인(商人)이나 상업(商業)이란 말이 중국대륙 상(商)나라로부터 기원했다고 밝혔다. 기원전 1,000년 주판을 발명하고 지폐, 수표, 어음도 서양보다 훨씬 앞서 사용했다. 이 때문에 중국인을 상인종(商人種)으로 부르게 되니 중국인의 상술 속에 정치적 사회적 격변을 이겨낼 만한 장수기업 DNA가 축적되어 있다는 해석이다.

· 명 가정황제 때 6필(必)주점 창업

1530년, 명나라 가정황제 때 주점 '육필거(六必居, 중국말 '리우비쥐)'가 창업됐으니 480년을 넘어 500년 가까운 장수기업이다.

육필거 창립 규장(規章) 제1조가 반드시 지켜야 할 6필(必)이다. 원료인 양곡을 비롯하여 누룩, 그릇, 술병, 연료, 물 등 6가지 요소는 반드시 최상이라야 한다는 원칙이다.

가게의 상징인 '육필거' 편액에도 깊은 역사성이 담겨있다. 당대의 명필이자 재상인 엄숭의 글씨이기 때문이다. 권력자인 재상이 술집 간판을 써줄 것 같지 않아 그의 부인에게 은밀히 접근한 꾀를 냈다. 부인이 서툰 글씨로 '육필거'라고 습작한 것을 보고 엄숭이 "이런 악필이 어디 있느냐"며 일필휘지로 모범답안을 써 보였다. 이를 몰래 가져다 지금껏 걸어 놨으니 주점간판으로 이보다 뛰어난 역사성이 어디 있겠는가?

재상 엄숭의 글씨 편액을 내세운 후 소문이 퍼져 주점 '리우비쥐'는 간장과 조미료 등 식료품 제조업으로 변신하여 오늘의 중국 최고 장수기업 역사를 기록했다는 이야기다.

· 일 다나까 수상, "육필거 잘 있나요?"

1900년 의화단 사건으로 미·영·일 등 8개국이 출병하여 베이징을 점령한 병화로 육필거도 건물이 소진되고 말았다. 이때 종업원 한 명이 불길 속에서 육필거 편액을 꺼내 보관했다가 재개업하며 다시 걸었다.

1935년 중화민국 시절에 이르러 육필거는 전국 철도근접도시 생산품 전람회에서 최우수상을 받고 같은 해 일본 나고야 국제박람회에서도 된장, 간장, 통조림 등이 모두 우수상을 받았다.

육필거는 규율이 엄격했지만 그 대신에 종업원에 대한 처우가 최상이었다. 이 무렵 장개석 총통과 부인 송미령 여사도 육필거를 칭송했다. 1949년 모택동 혁명기에도 육필거만은 무사했다.

그러나 1966년 문화대혁명 때는 홍위병들이 몰려와 자본주의 색

채라며 육필거 편액을 끄집어 내리고 말았다. 1972년 9월, 일본 다나까 수상이 일·중 수교협상차 베이징을 방문하여 주은래 총리와 만찬 때 "리우비쥐는 잘 있겠지요?"라고 물으며 만년필로 '육필거' (六必居)라고 써서 통역관에게 보여주었다.

이를 계기로 주은래가 수교협상을 끝낸 후 국무원에 육필거 편액을 다시 걸라고 특별지시 함으로써 중국 최고(最古)기업의 존재가치를 국가자원에서 높이 평가해 주었다.

·'불용삼야'로 친인척 출입금지

육필거는 1950년 식료품 연간 생산량이 10만 kg이었으나 2001년에는 무려 2천만 kg으로 지난 400년간 생산량의 100배 이상으로 증가했다. 이 같은 성장세를 바탕으로 1999년에는 베이징 남부에 30만평 규모의 대형 종합식품공장을 건설했다.

육필거의 장수비결은 창립규장 제2조의 '불용삼야'(不用三爺) 정신이라고 설명된다. 이는 직계·방계 존비속 및 외가와 처가 등 3족 사람들은 점포 내에 발을 못 붙이게 엄격히 금지하는 규약으로 이를 철저히 준수해 왔다. 지금도 후계자는 주인의 친인척이 아닌 종업원 중에서 선발하는 창립규장과 전통을 그대로 계승하고 있다.[71]

·과거 낙방선비 동인당 제약 창업

중국의 대표적 한약방인 동인당(同仁堂)은 정반대로 창업가문이 경영을 맡아 장수한 기업이다. 1669년, 강희제 8년, 저장닝보 출신 웨준위가 연거푸 과거에 낙방하자 고향으로 돌아가지 못하고 창업했으니 350년 전의 일이다. 창업주 웨준위는 동인당을 가업으로 육성하기 위해 아들에게 대물림하면서 혈족경영의 기틀을 쌓았다. 그의 아들도 역시 과거 낙방생으로 천하제일의 가업(家業)을 이룩하겠다고 다짐했다.

그는 전승되어온 제약비방 362종을 집대성하고 "손해를 보더라도 약제를 감량 말라"는 '동인당 규약'을 제정했다. 동인당 비방이 소문이 나자 1723년에는 황실어용약방으로 지정되고 건륭황제가 '세세대대(世世代代)' 동인당 옥호를 보존하라는 칙령을 내렸다.

1955년, 모택동은 당시 창업 13대손인 웨송성 동인당 대표를 전국 민족상공업 대표 영웅 칭호를 내리고 베이징 부시장을 거쳐 전인대 위원을 3차례나 중임시켰다.

동인당의 장수기업 정신은 '육필거'와는 정반대로 제약과 회계부문 등 경영핵심 분야에 철저한 타성(他姓) 배제원칙을 적용한 혈족정신이었다. 동인당 가문으로 시집 온 며느리에게도 한약 달이기와 한약 포장 일을 반드시 숙련시켰다. 또한 모든 후손들도 한약업을 맡도록 의무화하여 중국의 사회주의 혁명이 일어나기 전까지 지켜냈다.

· 신용과 적선을 저축하듯 장수경영

동인당의 장수경영 비결은 철저한 약재 엄선과 신용이었다. 산삼과 녹용 등 원료구입은 중간 대리인을 배제하고 구매 책임자가 산지로 찾아가 확인구매하고 제조공정 40여 과정은 엄중하게 준수했다.

동인당의 영업원칙은 "좋은 일을 많이 쌓으면 반드시 좋은 일이 생긴다."는 적선지가(積善之家) 필유여경(必有餘慶) 정신이었다. 남을 돕는 것은 곧 인심과 신용의 저축행위라고 믿었다. "신용으로 이익을 얻는다."는 이신구리(以信求利) 정신이었다.

동인당 창업주가 과거 낙방생이었기에 후손들도 과거선비들을 깍듯이 예우했다. 과거보러 상경한 시골선비들에게 보약을 무료제공하고 객고(客苦)에 지친 선비에게는 구급약 우황청심환을 보내주었다. 이 때문에 낙방선비들이 "백골난망이옵니다."라고 모두가 꾸벅 절하고 내려갔다고 한다.

동인당의 불우이웃돕기는 남녀노소, 상하귀천을 가리지 않았다. 여름 우기 때 황토가 넘쳐 황궁 옆 도로를 파기위해 백성들을 동원하면 '동인'이란 초롱불을 밝혀 밤길 사고를 막아 주었다. 또 여름에는 일사병 예방약을 나눠주고 겨울에는 솜이불을 무료로 제공했다.

이 때문에 마오쩌둥 혁명이 성공한 후에 "동인당은 봉건주의 시대에도 사회주의 정신을 실천해 왔다"는 평가를 받을 수 있었다.

· 건륭황제가 옥호를 내린 '두이추'

중국의 밀가루 음식점으로는 '두이추'(都一處)로 275년의 장수기업이다. 1738년, 건륭황제 3년 때 산시성 출신 이씨가 '이기'(李記)라는 옥호로 문을 열었다.

이씨는 따로 비빌 언덕이 없어 새벽닭이 울면 가게 문을 열고 밤 삼경이 지나 문을 닫는 24시간, 365일 영업으로 버티었다. 건륭제 17년, 1752년 섣달그믐밤 눈이 내리는 가운데 인적은 끊어지고 멀리서 폭죽소리만 들려왔다.

늦은 밤에 선비 한사람이 초롱불 하인 둘을 데리고 가게로 들어왔다. 선비가 얇고 하얗게 빚은 '샤오마이'를 맛있게 먹고는 "주점 이름이 뭣이냐"고 물었다. 주인 이씨는 그냥 '이기'라고 부른다고 대답했다.

선비가 "오늘밤 장안에 딱 한군데 문을 열었으니 '두이추'(都一處)로 함세."라고 일러 주었다. 선비가 바로 건륭황제로 연말 민정을 암행시찰하고 황궁으로 귀환하던 길이었다. 그로부터 며칠 뒤 환관 수십 명이 들이닥쳐 황금색 어필 '두이추' 편액을 걸어주고 가니 황은(皇恩) 소문이 온 장안으로 퍼져 나갔다.

그 뒤 1912년 신해혁명으로 황궁이 폐쇄되고 말았지만 두이추만은 계속 성업이었다. 그러나 1966년에는 문화대혁명으로 홍위병의 광풍이 전국을 휩쓸어 두이추도 무사하지 못했다. 홍위병들이 황제의 편액을 떼고 대신에 소대본부 간판을 달았다.

그날 밤 홍위병들이 주방을 뒤지다가 팔다 남은 '샤오마이'를 맛보고 가격표시를 보니 한 접시에 0.2위안으로 값싸고 맛이 있었다. 이때 홍위병 지도자가 "이건 부르주아 착취자들이 먹는 비싼 음식이 아니다."라고 지적하니 다음날 다시 문을 열고 황제의 편액도 내걸어 지금껏 보존되어 있다는 이야기다.[72]

화교에서 중국 본토로 재력이동

노른자는 흰색이고 흰자는 노란색인, 신기한 달걀 이야기를 아시나요? 중국과 화교를 포함한 중화권이 달걀이라면 중국은 핵심의 노른자이고 화교는 주변의 흰자이다. 그런데 개혁개방 이전 중화권을

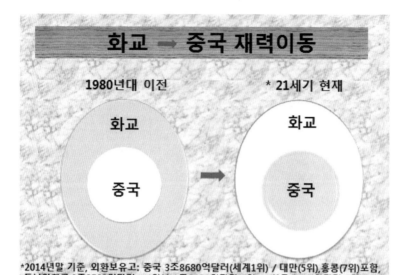

화교 ➡ 중국 재력이동

1980년대 이전　　　　　* 21세기 현재

화교　　　　　　　　　화교

중국　　　　　　　　　중국

*2014년말 기준, 외환보유고: 중국 3조8680억달러(세계1위) / 대만(5위),홍콩(7위)포함,
동남아화교:1조3500억달러.　*일본 1조2601억달러(2위) ** 한국 3636억달러(6위)
https://www.cia.gov/library/publications/the-world-factbook/rankorder/2188rank.html#ch 참조

경제력으로 본다면 노른자 중국은 흰색이고, 흰자 화교는 노란 색인, 이 세상에서 하나뿐인 이상한 나라의 이상한 달걀모습이었다(아래 그림 참조).

1980년, 중국 동남부에 4개의 섬이 나타났다. 광둥성의 선전, 주하이, 산터우(汕頭), 푸젠(福建)성의 샤먼(夏門)이 그것이다. 사회주의 붉은 바다에 자본주의 4개의 푸른 섬을 일컬어 경제특구[73]라고 했다. 덩샤오핑은 동남부지역의 발전을 통해 내륙지역으로의 파급효과를 기대하는 "먼저 부자가 되어라"의 '선부론'을 내걸었다. 마오쩌둥의 균부론(均富論)이 모두가 평등하게 가난하게 살아야 하는 '균빈론(均貧論)'이었음을 간파했던 것이다. 10여년 문화대혁명 광란의 이념투쟁놀음으로 가산을 탕진해버린 중국은 수출하려고 해도 수출할 물건이 없었기에 우선 외자유치에 주력해야 했다. 외자가 위험을 무룹쓰고 중국에 들어오게 하기 위한 경제특구라는 이름의 '창구'가 필요했다.

애당초 덩샤오핑은 서구자본의 유치는 기대조차 하지 않았다. 입장 바꿔 생각해보라, 지금의 북한이나 다름없었던 동방의 빨갱이 극빈국 중국인데 서구자본이 뭘 믿고 들어오겠는가? 자본주의의 섬? 창구? 죄다 '덫'이지.

덩샤오핑은 알고 있었다. 경제특구는 서구자본주의 제국에게 섬도, 창구도 될 수 없다는 사실을 너무도 훤히 간파하고 있었다. 개혁개방 낚시터의 강태공 덩샤오핑의 대상어는 화교[74]들이었다. "바닷물 닿는 곳에 화교가 있다" "한 그루 야자수 아래에 화교가 셋"이라는 말처럼 세계 각지에 널리 분포된 화교들은 돈을 많이 벌어 언젠가는 고향으로 돌아온다는 금의환향의 꿈을 품고 살고 있다. 덩샤오핑은 돈 보따리를 물고 몰려오는 물고기(화교) 떼를 기대하면서 목 좋은 포인트 광둥과 푸젠에 경제특구라는 이름의 좌대를 설치한 것이었다.

실제로 1998년 IMF 이전까지 중국에 진출한 외자기업 중 80%가 화교기업들이었다. 미국을 비롯한 서구 자본주의 국가의 기업들이 본격적으로 동남부의 '경제특구'가 아닌, 중국전역의 각종 '개발구'에 진출하기 시작한 것은 2001년 12월 중국이 WTO에 가입한 이후부터이다.

2014년 말 현재 중국의 외환보유고는 3조 8,680억 달러(세계 1위, 일본+EU+미국의 약 1.8배)로 홍콩과 대만을 비롯한 동남아 화교자본의 총합 1조 3,500억 달러의 3배 가까운 수준으로 황금빛 농도가 훨씬 진해졌다. 다른 각도로 보면 중국 개혁개방 38년사는 화교에서

중국에로의 '재력이동의 역사'이다. 경제특구는 노른자가 흰색이고
흰자는 노란 색이었던 '비정상적 달걀의 정상화 작업'에 동원된 도
구이다. 즉 경제특구는 윤택한 화교자본을 빈한했던 중국 내지로 빨
아들이기 위해 동남연해지역에 꽂아둔 빨대이다.

푸젠 화교 광둥 화교

별빛을 모으면 보름달 빛보다 밝다. 몇 해 전이던가? 음력으로 유
월 보름날 밤, 나는 몽골 초원에 누워 그 사실을 확인했다. 은하수가
금방이라도 폭포수처럼 쏟아질듯 별의 바다에서 오래전 푸젠에서 만
난 한 앳된 사내의 기억이 떠올랐다. 20대 초반의 새파란 나이에 자
신의 업체를 몇 개나 거느리고 있다고 푸젠 총각은 자랑처럼 말했다.
　"여기에는 해도 달도 없어요. 별들만 가득하지요. 하지만 별들이
발산하는 빛은 보름달보다 찬란하지요."
　정말 그렇다. 푸젠은 소형기업의 천국이다. 작은 별처럼 무수한
소형업체가 발하는 경제력의 빛은 한 개의 보름달 같은 대기업보다
강하다. 이렇다 할 대형 국유기업은 하나도 없다. 종업원 수 20명도
안 되는 소규모 사영업체가 경제총량의 90퍼센트 이상을 차지하는
푸젠의 경제는 비할 바 없는 활력이 넘치고 있다.
　약관의 남이 장군은 이시애 난을 평정한 후 백두산에다 평정비를
세우고 비문에 이렇게 새겼다.
　"남아 스물에 나라를 평정하지 못하면 훗날 그 누가 대장부라 하
리요" 후에 이 비문은 '배고픈 것은 참아도 배 아픈 것은 못 참는'

간신배에 의해 '나라를 얻지 못하면'으로 변조되었다. 결국 젊고 푸르던 남이의 목은 서른도 못되어 추악한 음해에 잘리고 말았다. 우리나라와 달리 '배 아픈 것은 참아도 배고픈 것은 못 참는' 중국 푸젠 지방에는 오래전부터 전해오는 말이 있다.

"나이 스물에도 사장이 되지 못하면 사나이라고 말할 수 없다." 푸젠 지방은 예나 지금이나 20대 전후의 청소년 사장들 천국이다. 남이장군 나이보다 훨씬 어린 나이에 대여섯 개 업체의 사장이 되었다는 소식은 푸젠에서는 뉴스거리가 아니다. 겁을 상실한 어떤 '무서운 아이'는 두 자리 수에서 세 자리 수의 업체를 운영하고 있다. 푸젠 상인은 수중에 10만 위안이 있으면 은행에서 다시 10만 위안을 더 빌려 투자하려고 한다. 다른 지역 중국 상인들처럼 쩨쩨하게 은행에 5만 위안을 저축하고 5만 위안을 투자하지는 않는다.

그러나 푸젠 지역에는 작은 부자와 소기업은 많으나 큰 부자와 대기업은 적은, 아주 뚜렷한 특징이 있다. 이러한 유별난 특징은 푸젠 지역발전의 양날의 칼이고 장점인 동시에 단점이다.

2015년 중국 100대 부자 중 푸젠 출신 부자는 3명(43위, 70위, 98위)에 불과하다. 100대 부자출신지 성(省)별 순위는 푸젠이 최하위권인데 반하여 개인재산 19억 원 이상을 보유한 천만장자가 많이 사는 성별 순위는 광둥, 저장, 장쑤에 이은 4강으로, 최상위권이다. 또한 내륙의 신장위구르 자치구(2개), 닝샤회족 자치구(1개), 내몽골 자치구(1개)에도 있는 중국 100대 민영기업이 푸젠에는 단 1개도 없다.

그 뿐만이 아니다. 푸젠의 맞은 편 대만이 중소기업과 가족기업 형태가 발달한 원인도 다른데 있는 것이 아니다. 오늘날 대만사람 대부분은 명말청초에 섬으로 건너간 푸젠사람(특히 푸젠 동남부, 민난 지방)의 후예이다.

대만은 2014년 말 현재 4,239억 달러의 외환을 보유하여 외환보유고 세계 5강(한국은 3,636억 달러로 제6위)인데도 불구하고, 글로벌 슈퍼리치 200에 드는 갑부가 단 1명에 불과한 상황과도 맞아 떨어진다. 중소기업의 천국이라면서 대만을 부러워하는 우리나라 사람의 수가 적지 않은 그 만큼, 삼성, 현대, SK, LG 등 글로벌 대기업들을 지닌 한국을 부러워하는 대만사람의 수도 많다. 남의 떡이 더 커 보이는 건가?

· 광둥보다 푸젠, 푸젠 출신 중국계가 화교의 다수

푸젠에는 중국의 신발수도이자 세계최대의 신발제조의 메카라고 불리는 진장(晋江)이 있다. 쵄저우시(泉州市) 예하의 현급시인 진장은 2015년 현재, 전 중국 5대 경제력 최강 소도시이다. 진장에는 '나이키'와 유사한 로고를 사용하며 중국 체육용품용 1위 기업 안타(安踏)를 비롯해 리녕(李寧), 산싱(三興) 등 수천여 개의 신발업체들이 연간 6억 켤레를 생산하고 그중 50%를 해외로 수출하고 있다. 인구 60만에 불과한 소도시(중국에서는 소형도시로 분류) 진장이 세계최대의 저가신발제조의 메카가 된 내력을 알려면 화교이야기를 하지 않을 수 없다.

홍콩(650만), 마카오(50만), 대만(2300만)을 제외한 세계 각국에는 6천만 화교(개혁개방 이후 신화교 1200만 포함)들이 살고 있다. 해외화교 중에는 푸젠어 사용자가 3,000만 명으로 가장 많고, 광둥어 1,500만 명, 커자어 등 기타 중국방언 1,000만, 만다린 표준어 사용자 500만 명 순이다. 이렇듯 푸젠 출신 화교수가 광둥 출신보다 훨씬 많음에도 불구하고 미국과 서구에서 화교하면 으레 광둥출신으로 잘못 알려진 까닭은 영국치하였던 홍콩의 주민원적이 대부분 인근 광둥성이고 19세기 말 미국의 흑인노예를 대체하는 노무인력으로 수출되었던 중국인 쿨리의 대다수가 광둥출신이었기 때문이다.

푸젠 화교들이 이웃한 광둥 화교들과 가장 다른 부분은 자녀교육이 엄격하다는 것이다. 푸젠 화교들은 특히 자녀를 현지인이나 백인과 피와 살을 섞게끔 절대로 가만 놔두지 않는다. 대만해협 건너편 대만 국민의 90% 이상도 명말 청초에 건너간 푸젠사람들의 후예이다. 대만의 전 총통 천수이벤(陳水扁, 1951〜)과 리덩후이(李登輝, 1923〜)의 원적지도 푸젠성이다. 대만거주 푸젠 후예 2천만 명을 합친다면 대륙 밖에 살고 있는 중국인 가운데 푸젠사람이 압도적인 다수를 차지한다. 말레이시아, 인도네시아, 싱가포르 등 동남아 화교의 60% 이상, 특히 150만 명 필리핀 화교 가운데 90퍼센트가 푸젠의 후예이다. 아세안 각국에서 활약하는 화교 거상들은 대부분 푸젠 출신이다.

앞에서 말한 바와 같이 푸젠 상인은 중국과 대만에서 사업할 경우에는 뭇별이지만 이국만리 멀리 떠나 사업하면 뭇별들은 보름달보다 훨씬 밝은 초신성 슈퍼스타로 확 변한다. 2015년 『포브스』가 선정한 16명의 중국인 글로벌 TOP 110 슈퍼리치 중 5명이 화교인데, 푸젠 출신 2명의 슈퍼리치가 랭크되어 있다. 각각 필리핀과 말레이시아 최고 갑부이자 푸젠 화교 글로벌슈퍼리치 두 사람의 이야기를 해보자.

필리핀 시장에서 노점상이거나 점원으로 일을 하는 사람들은 대부분 필리핀 원주민이고 한쪽 구석에서 돈을 세거나 관리를 하는 사람들은 푸젠 화교들이다. 1억 7백만 필리핀 전체 인구 중 1.5%를 차지하는 푸젠 화교가 필리핀 전체 상장주식의 50% 이상을 차지하고 있다.

말레이시아의 쿠알라룸푸르, 페낭, 조호바루 등 대도시에는 화교, 중소도시와 농어촌 지역에는 말레이계가 살고 있다. 은행이나 관공서의 일선 창구에는 다수 인종인 말레이계가 차지하고 있다. 그러나 뒷줄 관리직으로 갈수록 화교들의 비중이 커진다. 말레이시아는 총인구의 약 29%가 화교이나 이들이 상장 주식의 61%를 소유하고 있다.[75]

아세안 각국의 화교 비중

	필리핀	말레이시아	싱가포르	인도네시아	태국
화교 수	150만 명	570만 명	220만 명	630만 명	610만 명
전체인구 비중	1.5%	29%	77%	3.5%	12%
상장주식자본비중	50%	61%	81%	73%	81%
주류 출신지역	푸젠	푸젠 > 광둥	푸젠	푸젠	광둥 > 푸젠

출처: CIA World Factbook을 비롯하여 각종 온·오프라인상의 자료를 참조하여 필자가 작성

사대강 한국 vs 고속철 중국

장강(長江)은 왜 '장하(長河)'라 부르지 않을까? 황하(黃河)는 왜 '황강(黃江)'이라 하지 않을까? 중국인은 왜 큰 물줄기를 강(江)과 하(河), 둘로 나눠 부를까? 차이점은 뭘까? 필자가 '설문해자(說文解字)'와 '사해(辭海)'를 뒤적여보고 지셴린(季羨林 1911~2009) 베이징대 종

신교수 등 세계적 비교언어학자에게 직접 자문을 들어 어렵사리 구한 정답은 이렇다.

"강과 하는 세월의 흐름에 따라 '장강'과 '황하'가 됐다. 장강의 수량은 일 년 열두 달 한결같고 물줄기의 흐름, 즉 수류(水流)도 백 년 전이나 천 년 전이나 별 차이가 없다. 그래서 송화(松花)강, 흑룡(黑龍)강, 주(珠)강처럼 항상 평온한 군자처럼 장강의 특성을 닮은 물줄기를 강이라고 부른다. 장강과 반대로 황하의 수량은 여름에는 홍수가 연중행사이며 겨울에는 강바닥이 말라붙고 수류도 과거 천년 동안 1500차례나 변해왔다. 이를테면 요하(僚河), 회하(淮河), 해하(海下)같이 수량과 수류의 진폭이 커 변덕이 죽 끓듯 한 물줄기를 일컬어 '하'라고 한다."

중국의 조상들은 이렇게 고삐 풀린 망아지 같은 하(河)의 고삐를 다잡으려고 수천 년 세월을 한결같이 단결해 분투했다. 그러면서 동방의 찬란한 문명을 낳게 된 것이다. 결국 중국 문명은 '안정의 강'보다 '변혁의 하'의 유즙을 먹고 자라왔다고 말할 수 있겠다. 중국의 '강'과 '하'는 물줄기의 대소장단이나 동서남북의 위치에 구분되는 것이 아니라 '안정이냐, 변혁이냐' 그들의 캐릭터에 달려있다. 자연일지라도 그것을 다시 특성에 따라 세분하는 취향은 어쩌면 중국문명만이 가지는 아이덴티티가 아닐까라는, 꽤 흥미로운 생각이 긴 물줄기를 이루며 흘러간다.

현대 전문용어로 말하면 황하처럼 하상계수(하천의 최소 유수량에 대한 최대 유수량의 비를 말하는 것으로, 수치가 클수록 하천 수량의 변화 상태를 의미하는 유량 상황이 불안정함을 의미)가 높은 하천은 '하'라 하고, 장강처럼 낮은 하천은 '강'이라고 할 수 있다.

세계 주요 하천의 하상 계수를 살펴보면, 한강 1:393, 낙동강 1:372, 금강 1:299, 나일강 1:30, 장강 1:22, 라인강 1:8, 콩고강 1:4 등과 같다. 유량 상황이 안정된 라인강과 장강은 내륙수운 교통, 즉 운하가 발달할 만한 여건을 갖추었기에 강다운 강이라고 할 수 있다. 반면 하천의 유역 면적이 좁고, 여름철 집중 호우로 강수량의 계절적 변동이 크고, 홍수·가뭄 등으로 인한 자연 재해의 발생이 많은 우리나라의 강은 엄밀히 말해 강다운 강은 아니고 하(河)일뿐이다.

2008년 글로벌 금융위기 때 중국의 후진타오 지도부는 경기 활성화, 물류혁신, 고용창출, 일일 생활권화를 위해 약 800억 달러(약 90조원)의 예산을 투입해 고속철·지하철·광역철도 등 '삼철(三鐵)' 건설프로젝트에 착수했다. 2016년 말 현재, 중국은 총연장 1만 7500 km의 고속철 노선을 운행 중이거나 2020년까지 개통 예정이다. 중국은 이제 만만디가 아니라 '콰이콰이(快快)'다. 그것도 '여유만만한 콰이콰이'다.

이와 반대로 2008년 우리나라 이명박 정부는 당초 '한반도 대운하'를 '4대강 재정비'로 명칭만 바꿔 '느림의 미학', '4대강에 1000만 중국 관광객유치' 운운하면서 적게는 22조원, 많게는 100조원이라는 천문학적 혈세를 4대강에 쏟아 부었다. 후세 역사는 이처럼 극명하게 대조되는 한·중 양국 위정자의 행태와 국가재원의 용처(用處)가 한·중 양국의 흥망성쇠 명운을 가른 변곡점의 하나로 기록할 것 같아 몹시 우울하다.[76]

한·중 고속철도를 건설하자

　설 연휴를 맞아 중국의 기차역마다 고향을 향한 귀성인파가 절정을 이룬 2010년 2월 6일, 정저우에서 시안의 505㎞를 세계 최고 속도인 시속 350㎞로 1시간 30분에 주파하는 고속철도가 개통됐다. 2009년 12월 26일 우한에서 광저우의 1069㎞를 3시간에 주파하는 고속철도를 개통한 지 두 달도 안 됐는데 또 고속철도 개통이라니, 중국 전체가 마치 통째로 질주하는 한 대의 고속열차로 느껴지는 요즘이다.

　글로벌 금융위기 극복을 위해 중국은 약 4조 위안(약 800조 원)을 경기부양자금으로 투입했다. 이 중 절반 이상인 2조 1500억 위안을 고속철도, 도시 간 광역철도, 지하철 등 이른바 '3철(鐵)' 건설에 쏟아부었다. 사회간접자본 가운데 저탄소, 저에너지, 친환경 교통수단인 철도에 주력한 것이 주목된다.

·中, 양국 해저터널에 부정적

　중국은 2012년까지 1만 3000㎞, 2020년까지는 2만 5000㎞의 고속철 노선을 건설해 전국 22개 성과 4개 직할시 전부를 1일 생활권으로 만들겠다는 구상이다. 중국 철도부가 2010년 공개한 42개 노선의 고속철 건설계획도 중 눈을 비비고 자세히 살펴볼 노선은 둘. 2012년 개통예정인 베이징-선양-단둥노선(980㎞)과 2020년 개통예정인 샤먼-대만해협-대만노선(126㎞)이다.

　한편 우리나라 경기도는 2009년 1월부터 한국 서해안과 중국 산둥성 지역을 연결하는 한·중 해저터널(약 340~390㎞) 건설 계획을 정부에 제안했다. 경기도는 공사 기간을 20년으로 발표한 바 있다. 하지만 일부 전문가들은 이 터널보다 7~8배나 짧은 영·불 해저터널(49㎞)의 공사기간이 8년이었던 점을 들어 실제는 50년 이상이 소요될 것으로 추산했다.

그런데 2009년 12월 2일 우리 정부가 한·중 해저터널 건설을 추진하겠다고 공식 발표하자 중국 공산당 기관지 인민일보(人民日報)를 비롯한 관영언론들이 거부감을 드러내며 반대 여론을 조성하고 있다. 인민일보 전자판은 이 문제의 토론을 위한 웹페이지를 개설했는데 대부분의 공간을 반대론자들의 의견을 소개하는 데 할애하고 있다.

인민일보의 자매지 환구시보(環球時報)도 여론조사를 실시한 결과 중국인들 중 76.4%가 반대하는 것으로 나타났다고 보도하였다. 한·중 터널을 혹평하는 데 반해 통합효과가 뛰어난 대만과의 양안터널이 더 중요하다는 자국의 전문가들의 주장을 부각시키고 있다. 중국 체제 특성상, 인민일보는 중국 공산당과 중앙정부의 대변인과 같은 역할을 수행하고 있는 사실을 고려한다면 한·중 터널은 이미 물 건너 간 것이나 다름없다고 분석된다.

따라서 한·중 터널의 대안으로 필자는 서울-단둥 간의 '한·중 고속철도' 건설을 제안하고자 한다. 한·중 교류 활성화와 남북관계의 획기적 개선 등 막대한 파급효과는 물론 기술적 가능성과 사업비, 공사기간, 경제성과 안전성 등 건설프로젝트 자체만 놓고 보아도 고속철도가 해저터널보다 훨씬 좋다. 한·중 고속철도 건설은 국가 경쟁력 강화를 위한 저탄소녹색성장 정책과도 부합된다.

• '철의 실크로드' 역할도

앞으로 3년 안에 베이징과 압록강 하구의 변방 도시 단둥까지 고속철도로 연결하려는 중국의 동선(動線)을 주의 깊게 살펴보면, 한·중 고속철도 건설 건에 대해 중국은 먼저 청하지는 못하지만 마음속 깊이 바란다는 뜻인 '불감청고소원(不敢請固所願)'의 속내로 호응할 가능성이 없지 않다. 중국의 북한에 대한 영향력과 평화협정 회담을 제의한 북한의 입장 등을 감안한다면 일은 의외로 쉽게 성사될 수도 있다.

한·중 고속철도는 얼음처럼 차갑게 경색된 장벽을 깨뜨려 일거에 국면을 전환하는 '아이스 브레이크'로 작동할 것이다. 남과 북의 가슴 밑에 깔린 얼음장이 쩡하고 갈라지게 할 것이다. 한·중 고속철도는 우리의 국력이 한반도 전체와 아시아와 시베리아를 넘어 유럽까지 쭉쭉 뻗어나가는 '철의 실크로드'의 실현을 의미하는 것이다.[77]

중국 상부(商父)가 든 보험은

장쩌민 전 국가 주석의 모교는 상하이 쟈오통(交通)대학이다.(여기서 '交通'은 소통 또는 교류(communication)라는 의미. 交通大學은 현재 상하이, 베이징, 시안, 청두, 그리고 대만의 신주(新竹) 등 5개소에 소재하는 데 모두 명문으로 손꼽히는 이공계 위주의 종합대학들이다.) 이 대학의 창시자는 성선회(盛宣懷 1844-1916)라는 인물이다. 근대 중국의 상성(商聖)이라 불러지는 호설암(胡雪岩)의 무릎을 꿇게 만든 사람이다.

손문이 근대 중국의 국부(國父)로 추앙받듯, 성선회는 근대 중국의 상부(商父)로 떠받들어진다.

19세기 후반 중국의 해운, 광산, 통신, 방직, 철도, 은행 등 중국 근대자본주의 산물 중 그 어느 것 하나라도 그의 창립과 주도, 조정과 관여하에 이루어지지 않은 것은 없다. 그는 중국의 양무운동시절 대표적 매판관료상인이었으며 신해혁명의 폭발에도 결정적 영향을 끼쳤다.

1873년 성선회는 윤선초상국(輪船招商局)이라는 반관반민의 해운회사를 맡아 근대 중국 최초의 주식회사로 개조하였다. 이듬해 윤선초상국은 미국의 거대 자본인 기창윤선양행(Russel & Co)을 인수합병하였다. 당시 중국 최대 일간지 신보(申報)는 이 중국기업사상 최초의 M&A 사건을 이렇게 보도했다. "중국 뱀이 미국 코끼리를 삼켰다."

성선회는 자신의 기업제국을 건실하게 성장시켜 나갔다. 외부적으로는 인수합병을 통해 확충하거나 가격 카르텔로 연대하고 내부적으로는 구조조정과 변신을 통해 자본주의적 경영합리화를 구현한 그는 명실상부한 근대 중국 최초이자 최고의 CEO이었다. 성선회는 1896년 상하이에 중국최초의 은행인 중국통상은행을 창립하였다.

다음은 그가 국립은행 아닌 민간은행 창립을 주창하며 황제에게 올린 상소문의 일부로서 오늘날까지도 인구에 회자되는 명문이다.

"공자가 다시 태어나서 천하를 다시금 주유할 웅지가 있더라도 이제 돈이 없으면 한 발짝도 뗄 수 없는 시대가 되었습니다. 소신은 수년간 해운과 광산, 철도 등 상공업을 경영하면서 우리 자신의 은행이 없는 설움을 절실히 느꼈습니다. 효도가 백행(百行)의 근본이듯 은행은 백업(百業)의 근본입니다. 은행을 통해서만 국가의 재물을 순조롭게 모을 수 있습니다. 우리의 은행이 있으면 서양인으로부터 차관을 빌리지 않아도 될 것입니다."

중국 개혁개방의 그랜드 디자이너 덩샤오핑이 가장 애호하던 사자성어인 '실사구시(實事求是, 사실로부터 옳은 결론을 얻어 낸다)'는 성선회가 이미 100여 년 전에 가장 즐겨 쓰던 말이었다. 그는 실시구시를 건학이념으로 하여 북양대학당(텐진대학의 전신)과 남양대학당(상하이, 베이징, 시안, 청두, 타이완의 5개소의 쟈오통 대학들의 전신)을 설립하였다.

그러나 그는 관직이 높아지면 높아질수록 외세의 경제침탈에 대한 경계심도, 민족자본을 축적하겠다는 정열도 식어갔다. 노년의 그의 행적은 청나라의 거의 모든 이권을 일본 등 열강에 팔아넘긴 매판자본가였다. 영락없는 매국노였다.

그럼에도 불구하고 그에 대한 후세의 비판은 의외로 뭉뚝하다. 오히려 오늘날 중국사회는 성선회를 근대중국의 상부로 받들어 모시고 있는데 그 까닭은 무엇일까? 지금 그의 동상과 흉상은 텐진대학과 5개 쟈오통 대학들의 경내에 있다. 한 사람을 기리는 기념물이 6개 명문대학 경내에 동시에 모셔져 후학들에게 누대로 존경받는 행복은 마오쩌둥도 덩샤오핑도 누리기 어려운 영광이리라.

비상한 혜안의 소유자, 성선회는 대학을 설립하는 등 교육 사업에 투자함으로써 후세가 그에게 가할 냉혹한 평가에 대비하여 '역사의 보험'을 든 것은 아니었을까?[78]

강효백의 중국 진짜 부자 이야기(상)

중국 상인의 꽃 저장 상인, 꽃 중의 꽃 닝보 상인, 귀신 지갑도 여는 말솜씨로 중국 경제 삼키다.

'하늘에는 천당, 땅에는 쑤저우와 항저우'라 할 만큼 수려한 항저우의 명승지 서호(西湖). 청나라 건륭황제가 저장(浙江) 지방을 순유하고 있었다. 황제는 높은 곳에 올라 바다를 바라보았다. 바다에는 수백 척의 범선이 돛을 달고 남북으로 왕래하고 있었다. 황제가 저장의 순무(巡撫)에게 물었다.

"저 수백 척의 범선들은 어디로 가고 있는고?"

순무가 대답했다.

"제 눈에는 한 척만 보입니다."

"어째서 그런가?"

"폐하, 실재는 한 척뿐입니다. '이익'이라는 이름의 배 한 척입니다."

황제는 고개를 끄덕였다.

우리나라와 가장 가까운 중국의 성은 산둥성. 하지만 가장 닮은 성은 저장성이다. 약 10만 ㎢의 면적과 4500만 인구, 산악과 평야의 7대3 구성, 바다에 2000여 개의 섬이 있는 것이 그렇다. 저장성은 장쑤성 광둥성과 더불어 중국에서 제일 잘사는 성이기도 하다. 그렇게 된 데에는 뭐니 뭐니 해도 자타가 공인하는 중국 상인 서열 1위인 저장 상인이 있었기 때문이라고 해야 한다.

창조와 해방, 개혁과 개방, 실사구시 등의 상업정신을 가진 저장 상인들은 두뇌가 명석하고 행동이 민첩하며 앞날을 내다보는 혜안도 겸비한 사람들로, 그야말로 경영에 능수능란하다. 눈썰미가 좋아

돈 될 만한 장삿거리를 잘 찾아내고, 일단 기회를 잡으면 기막힌 상술을 구사하는 것으로 중국 전역에 정평이 나 있다. 지금도 저장 상인의 고급 인맥, 높은 저축률과 풍부한 자금동원력은 저장성 경제의 원동력이 되고 있다.

용감한 자는 바다로 간다. 무역에는 용기가 필요하고 지혜는 용기와 결합해야 빛이 난다. 바다는 순박한 농부에겐 말할 것도 없고 노련한 어부에게도 변화무쌍하고 간교하며 이상야릇하다. 바다에서 상인은 술수와 눈치와 재치를 배운다. 망망대해를 바라보며 살다보면 자신의 역량도 무한한 것으로 여겨진다. 바다는 상인에게 열린 '물의 땅'이며 포위당해 닫힌 육지를 초탈하려는 용기를 촉발케도 한다. 비옥한 논밭과 평원은 인간을 토지에 속박시키지만 드넓고 변화무쌍한 바다는 인류로 하여금 이윤을 추구하게 하고 상업에 종사하게 선동한다. 바다는 마치 어머니가 자녀를 낳아 기르듯 상업을 낳아 기르는 것 같다. 바다는 유동한다. 그 유동의 씨앗을 바다에 주입하는 것은 다름 아닌 상업의 발전이다.

· 저장사람치고 거지 없다

범려와 서시의 후예인 저장성 사람들은 일찍부터 독특한 학술문화를 만들어왔다. 황종희나 루쉰 등 매우 창조적인 학자와 사상가도 이곳 출신이다. 저장성은 또한 인구유동과 각종 문화의 교류로 발전을 이룩해왔다. 지역문화 중원문화 서방문화가 이곳에 혼거하며 병존해왔다. 오늘날의 활달한 저장문화는 이러한 요인들로부터 비롯된 것이다.

저장사람은 결코 수구적이지 않다. 오히려 항상 넓은 가슴과 근면한 창조로 현실을 바꾸고 미래를 만들어가고 있다. 저장사람은 이론적으로 실리와 실효를 추구할 뿐 아니라 행동으로라도 결코 헛된 설교를 하려 하지 않는다. 그들과 거래를 할 예정이라면 무엇보다 그들의 이러한 상업인문 전통을 알아두어야 한다. 그래야 실패하지 않을 것이다.

저장성은 예부터 "쌀밥에 생선국 먹는 곳(魚米之鄕)"이라 불렸을 만큼 살기 좋은 땅으로 알려졌다. 그러나 저장은 중국의 다른 성에 비해 토지는 좁고 인구는 많은 편이다. 주요산업은 농업이며, 자연자원은 부족한 편인데다가 공업기초가 부실했다.

개혁개방 이전인 1978년만 해도 저장성의 1인당 평균주민소득은 410위안으로 전국평균의 절반도 안 되는 수준이었다. 그러나 2012년에는 27개 성(자치구 포함) 중 전국 1위에 올랐다. 무엇이 이처럼 저장성을 급성장시킨 것일까? 광둥이나 푸젠처럼 경제특구가 있는 것도 아니고 중앙의 개혁개방정책에 의해 특별대우를 받은 것도 아닌데 어떻게 이토록 비약적인 경제발전을 이룰 수 있었던 것일까?

"한 장의 백지 위에는 가장 새롭고 아름다운 그림을 그릴 수 있다." 이 말은 아마 개혁개방 초기 저장경제의 발전을 나타내는 말로 아주 적합할 것 같다. 그동안 여러 가지 원인으로 저장의 대형 국영기업의 비중은 크지 않았으며 계획경제의 통제력도 약한 편이었다.

바로 이 점이 저장사람들로 하여금 경직된 고정관념으로부터 쉽게 벗어나도록 했다. 계획경제체제하의 '기다리고 기대고 요구하기'만 하는 의뢰심을 벗어던지고 시장경제 발전의 새로운 기틀을 확립할 수 있게 한 것이다. 가난에서 벗어나 부자가 되고 싶었던 저장 상인은 개혁개방의 봄바람이 불어오자 시장의 큰 바다로 뛰어들어 사회주의 시장경제의 선봉대가 됐다.

그들은 자금도 없고, 시장도 없는 상태에서 자신의 노력만으로 무에서 유를 창조했다. 스스로의 힘으로 빈곤에서 벗어난 것이다. 그들은 어떠한 고생이나 더럽고 위험한 일도 마다하지 않는다. 그들은 중원의 허난 상인들과 다르다. 그들은 스스로의 노력으로 자신과 식구를 먹여 살린다. 예부터 천시되어오던 시계수리공, 구두닦이, 두부장수, 열쇠장사, 봉제공, 솜을 타는 직종 등 돈을 벌 수 있는 일이라면 가리지 않고 무엇이든 한다. 그래서 저장사람치고 거지가 없다.

· 타고난 장사꾼

1980년대 중반, 타이저우(台州)지역 한 군데만 자그마치 10만여 명의 '두부군단'이 베이징과 상하이 등 대처에서 활약했다. 저장성 200만여 명의 건설노무자가 전국 각처로 돈 벌러 나갔다. 또한 수많은 저장 상인은 바다를 건너 세계 각지로 진출했다. 북두성이 방향을 틀면, 뭇별들이 자리를 옮기듯 몇 년의 세월이 흘러갔다.

구두수선공이나 두부장수들은 고향을 떠나 먼 타향에서 피땀 흘려 번 돈을 한푼 두푼 모았으며 그 과정에서 시장경제의 기본법칙을 배우게 됐다. 그들은 자본이 어느 정도 모이면 대부분 고향에 돌아가지 않고 현지에서 창업했다. 아주 적은 수이지만 귀향한 자들도 물론 고향에서 창업을 했다. 타향에서 뿌리를 박고 또다시 새로운 무언가를 추구했다. 저장 출신의 노무자들 중에서 유수한 기업체 사장들이 하나둘 나타나기 시작했다.

앞에 있는 사람이 용감히 돌진하고, 뒤에 있는 사람이 바짝 뒤쫓아 가는 게 저장 상인 특유의 기질이다. 어디에 돈 되는 일이 있다면 거기에는 꼭 저장 상인들이 있다. 저장 상인이 활약하는 곳이라면 어디서나 활기 넘치는 전문상가가 있다. 현재 저장사람 가운데 외지에서 상업을 하는 사람은 통틀어 300만 명이 넘는다.

저장 상인은 이윤이 한 푼밖에 되지 않는다 해도 장사를 쉽게 포기하지 않는다. 이 방법으로 안 되면 발상을 바꾸어 저 방법으로 새로운 돈벌이 길을 개척한다. 한 지방이나 어느 업종이 더 이상 발전의 여지가 없다고 판단될 때는 새로운 희망의 땅을 찾아 나선다.

1990년대 이후부터 2015년 지금까지 저장 상인들의 중서부지방 투자는 1900여억 위안이고 기업은 17만여 개다. 영특한 저장 상인은 중서부와 저장에서 '전승'을 거두고 있는 것이다.

저장 상인과 관련해 재미있는 이야기가 있다. 한 세관원이 입국심사대에서 저장 출신 할머니에게 물었다.

"이 유리병 안에 무엇이 들어 있습니까?"

"미사용 성수인데요, 프랑스에서 어느 천주교회당 신부가 담아준 것이오."

세관원이 뚜껑을 열었더니 코냑의 향기가 진동했다.

"할머니, 이걸 어떻게 변명하시렵니까?"

세관원이 따지자 저장할머니는 이렇게 외쳤다.

"아, 만능의 천주시여! 이것은 정말로 기적이올시다."

저장사람은 "사람을 만나면 사람소리를 하고 귀신을 만나면 귀신소리를 한다."고 한다. 그만큼 저장사람의 임기응변이 천하무적이라는 뜻이다. 사실 사람을 만나 귀신소리를 내고, 귀신을 만나 사람소리를 내면 좋을 리 없을 것 같다.

저장성은 북쪽 산둥성과 남쪽 광둥성의 정중앙에 위치한다. 그래서인가? 저장 상인은 정직과 신용을 모토로 삼는 우직한 산둥 상인과 돈을 신으로 섬기는 악착같고 약삭빠른 광둥 상인의 장점만 갖고 있는 것 같다.

저장사람의 수완에 대해 중국무역촉진회(우리의 KOTRA에 해당) 부회장을 역임했던 팔순의 리우핑린(劉平林)은 이렇게 회고한다.

"저장사람들은 정말 타고난 장사꾼이야. 장사 하나는 진짜 끝내주죠. 유대인들도 그 앞에서는 기를 못 펴. 세계 오대양 육대주를 수십 년 떠돌아다닌 중국사람 중 나만큼 본 것 많고 접촉한 것 많은 사람은 없어. 내 말 절대 틀리지 않아."

저장 상인들은 십여년 전 베이징 교외에 '저장촌'을 건설했다. 지금 베이징 사람들의 먹는 것, 쓰는 것, 입는 것, 상당 부분이 저장촌에서 나오는 것이다. 그 밖에 베이징 시내의 부동산 임대업, 요식업, 영세 서비스업, 옷 수선, 신발수리 등도 거의가 남방 발음의 저장 상인들에게 농락당하고 있다.

· 저장은 팔고, 상하이는 소비하고

베이징에서 사업한 지 10년이 넘은 산둥 출신 중국인은 이렇게 말한다.

"나 저장 상인들에게 두 손 바짝 들었던 게 10년 전이야. 그때만 해도 세상물정 몰랐지. 이제는 그들에게 두 무릎과 머리, 두 손을 땅바닥에 찧고 또 찧고 있어."

중국의 상업 하면 제1의 무역·상업도시 상하이가 가장 먼저 떠오를 것이다. 그러니 중국에서 상인 하면 상하이 출신이 제일 아니겠는가 하고 어림짐작하는 사람도 적지 않을 것이다. 하지만 실제로 상하이의 소비자는 상하이 사람이고 판매자는 저장사람이다. 상하이의 경제권은 지금 저장 상인들에 먹혔다 해도 과언이 아닌 것이다.

"하늘에는 천당, 땅에는 쑤저우와 항저우."

상하이 체류시절 나는 무수히 이 땅의 천당이라는 쑤저우와 항저우를 가보았다. 처음에는 '과연 중국인의 뻥은 못 말리겠구나.'라는 실망에서 출발했지만 나중에는 풍경을 보는 눈이 약간 틔어 이곳이 천당은 아니더라도 천당에 버금가기는 하겠구나 하는 수준까지 올라갔다. 그래서 예부터 욕심 많은 중국 사람들은 쑤저우에서 태어나 항저우에서 살며 광저우에서 먹고 류저우(柳州: 광시성, 최고급 관의 재료로 쓰이는 목재 생산지)에서 죽길 원했다는 말이 나온 모양이다.

저장 상인을 이야기하려면 그중에서도 가장 뛰어난 닝보(寧波) 상인이나 원저우(溫州) 상인을 먼저 해야겠지만 나는 항저우 상인부터 시작하려고 한다. 물론 항저우가 저장성의 수부(首府)이기도 하지만 '지상 천당의 주민'을 무시할 수 없기 때문이기도 하다.

항저우 상인은 여타의 저장 상인과 다르게 외출을 잘 하지 않는다. 외지인은 토박이 항저우 사람들에게 멸시를 받는다. 항저우 상인의 눈에는 항저우보다 더 좋은 곳이 없는 듯하다.

실제로 항저우 상인은 차라리 항저우 시내의 청소부가 되면 됐지 고향을 떠나려 하지 않는다. 토박이 항저우 상인의 고향에 대한 자부심은 상하이 사람의 그것에 필적할 만큼 강하다.

· 토박이 항저우 상인의 고집

1998년 10월에 개통된 상하이-항저우 간 고속도로를 달리면 불과 2시간 거리에 있는 두 도시이지만 각 지역주민들은 서로 중국에서 최고 좋은 곳에 살고 있다며 한 치의 양보도 하지 않는다.

항저우 상인의 자존심에는 어느 정도의 근거가 있다. 절세미인 서시(西施)를 닮았다는 시후(西湖)를 비롯해 땅의 천당이라고 불릴 만큼 아름다운 자연풍광이 첫째일 테고, 옛날 남송의 수도였다는 긍지가 둘째일 터인데 이는 상하이도 누리지 못했던 영광이다. 항저우 상인이 항저우를 떠나지 못하고 있는 것이다.

항저우 상인은 선조의 영광과 역사의 유산에만 매달려 수구성과 폐쇄성으로만 일관하여 이렇다 할 거부(巨富)가 없다. 그들은 모험과 개척정신이 충만한 닝보 상인이나 원저우 상인들과 달라서 같은 저장 상인이라고 볼 수 없을 정도다.

그러나 항저우 상인의 상술을 절대로 가볍게 보아서는 안 된다. 항저우는 예나 지금이나 중국 최대의 실크 집산지이며 중국 제일의 명차(名茶) 룽징(龍井)차를 거래하는 실크상과 차상(茶商)의 메카이기 때문이다.

항저우 상인은 북방의 베이징 상인들처럼 고급관료를 제일로 친다. 관계로 진출하는 것이 무엇보다 큰 자랑인 것이다. 항저우 상인은 관료가 되는 일과 연결 짓기를 좋아한다. 19세기 항저우에 근거지를 두었던 거상 호설암(안후이 출신)도 따지고 보면 관상야합(官商野合)의 전형이다.

항저우 상인은 닝보나 원저우 상인처럼 자기 자신의 노력에만 의

지하지 않으며 아주 작은 것부터 시작하여 큰 것을 노리지 않는다. 그래도 관료인지 상인인지 구분이 잘 가지 않는 베이징 상인보다는 천성이 사근사근한 편이라 관료적인 냄새를 풍기더라도 우아하고 '문화적'으로 풍기는 편이다.

항저우 상인은 또 체면을 중시하는 것으로도 유명하다. 그들은 체면을 잃는 것을 최악의 수치로 여긴다. 그래서 예부터 항저우 사람은 찢어지게 가난해 냉수로 배를 채우더라도 부채를 들고 시후 호반을 거니는 것을 멋으로 알았다.

어떤 면에서 수도 베이징 상인보다도 더 체면을 중시하는 항저우 상인은 큰돈을 벌 만한 장사를 하게 되었더라도 노골적으로 떼돈을 벌지는 못한다. 마음속으로는 비록 돈을 간절히 갈망한다 하더라도 어떻게 해서든 생업 위에다 체면이라는 외투를 걸치려 들기 때문이다. 그들은 마치 장사를 돈 때문이 아니라 여가생활 비슷한 것으로 생각하며 내놓고 할 만한 건 못되는 것으로 여긴다.

중국인과의 비즈니스에서 상대방의 체면을 살려주는 일은 매우 중요하지만 그가 항저우 상인이라면 더더욱 체면을 살려주는 데 신경을 써야 한다. 거래 시 자신에게 유리하도록 하기 위해 항저우의 특정 제품을 여타 중국지역에 비해 못하다고 말하는 것은 절대 피해야 할 일이다.

거꾸로 항저우의 유구한 남송의 역사와 문화적 유산, 중국 제일의 실크와 명차산지, 항저우 상인의 사업방식과 기질 같은 것은 긍정적으로 평가하는 게 바람직하다. 그들의 자부심을 고양시킬 수 있다면 해당 사업이나 거래가 매우 바람직한 방향으로 진행될 수 있기 때문이다. 항저우 상인들의 체면을 잘 살려준다면 분명 그들에게서 여러 가지 양보나 편의를 답례로 듬뿍 받을 수 있을 것이다.

다시 말해 그들에게는 가격과 품질이 협상의 제일 조건이 아니다. 체면을 살려주는 것이 협상 성패의 최고 관건이라고 할 수 있다. 그렇다고 해서 지나치게 저자세로 일관하면 안 된다. 체면을 중시하는 상대방의 특색을 감안하더라도 그들의 요구가 지나치면 자신의 입장을 분명한 이유와 객관적 근거를 통해 밝혀야 할 것이다.

· 정치는 상하이방, 경제는 닝보방

"전 세계의 닝보방(寧波幇)을 동원하여 닝보를 건설하라."

1984년 8월 1일, 덩샤오핑은 중국 최고지도자들의 여름 휴양소인 베이다이허(北戴河)에서 아주 강한 어조로 지시했다.

명나라 이전에는 '상(商)'은 있었으나 '방(幇)'은 없었다. 명나라 중엽 이후 '상방(商幇)'이 하나둘 생기기 시작했다. 산시(山西)방과 후이저우(徽州)방을 필두로 광둥의 차오저우(潮州)방, 싼시(陝西)방, 닝보방, 산둥방, 푸젠방, 장쑤의 둥팅(洞庭)방, 장시의 장유(江右)방, 저장 서부의 룽요우(龍遊)방 등 이른바 10대 상방이 중국의 돈줄을 움켜쥐고 경제계를 주름잡아왔다.

그러나 격동과 고난의 세기였던 19세기 말엽과 20세기를 거치면서 어떤 것은 역사의 뒤안길로 사라졌고 또 어떤 것은 머나먼 이국만리에서 이른바 화교의 모습으로 변신하여 살아남았다. 모든 '상방'들은 오늘날 이미 '역사'가 됐다. 단 하나, 닝보방만 빼놓고.

제국주의, 군벌, 중화민국의 자본주의, 중화인민공화국의 사회주의를 거치면서도 닝보방은 조금도 노쇠하지 않았다. 불사조처럼 살아남아 여전히 중국과 해외에서 불멸의 광채를 발하고 있다.

중국의 경제·무역·금융의 제1도시인 상하이 상권의 10%는 광둥 상인이, 20%는 기타 지역의 상인이, 나머지 70%를 저장 상인이 잡고 있다. 그 저장 상인 중 과반수가 바로 닝보 상인이다.

이렇게 닝보 상인이 중국의 경제수도를 석권하고 있으니, 중국의 정치를 상하이방이 잡고 있듯 중국의 경제는 닝보방의 손에 달려 있다 해도 지나친 말이 아니다.

불사조 닝보방은 과거의 문제가 아니라 실존의 과제다. 중국에서 사업에 성공하려면 무엇보다 절대적인 경제권력을 휘두르고 있는 닝보방을 파악하는 게 중요하다는 것은 이미 널리 알려진 사실이다.

닝보방의 세력은 상하이와 베이징의 상권은 물론이고 중국 전체를 넘어 유럽과 미주, 남아프리카에까지 널리 확대되고 있다.

저장 상인이 중국 상인의 꽃이라면 닝보 상인은 꽃 중의 꽃이다. 닝보 상인은 저장 상인 중에서도 특수하다. 중국의 웬만한 외항선 선장은 대부분 닝보 출신이다. 뿌리가 깊고 튼튼하면 그만큼 가지와 잎이 무성한 법이다.

닝보는 일찍부터 국내외에 이름이 파다했다. 닝보항은 9세기 초 이미 중국 상인과 신라 상인, 이슬람과 페르시아 상인들의 흥정소리가 끊이지 않았던 국제적 무역항이었다. 동북아 해상왕국을 이끌었던 장보고 선단의 무역활동의 심장부도 바로 닝보항이었다. 또한 고려시대 개성 부근의 벽란도와 함께 자웅을 다투던 세계적인 무역항이기도 했다. 우리의 개성 상인도 이들 지독한 닝보 상인과의 흥정에서 이기려고 애쓰다 보니 한국 최고 상인의 반열에 오르게 된 게 아닌지 모르겠다.

· 쑨원도 극찬한 닝보 상인

닝보는 중국 해안선의 정중앙과 창강 델타의 남부에 위치한 중국 제일의 양항(良港)이다. 이런 닝보는 도시규모로 보면 항저우에 이어 저장성 제2의 도시이지만 경제력으로는 제1의 도시로 성장하고 있다.

여기서 한 가지 재미있는 사실을 발견하게 된다. 중국 전체로 볼 때 정치 중심지가 베이징이고 경제 중심지가 상하이이듯, 지방 성(省)을 놓고 볼 때도 성도(省都)는 단지 제1의 도시인 정치중심에 지나지 않으며 제2의 도시가 경제력에서는 제1도시보다 우위를 차지하고 있다는 것이다. 더구나 바다와 면하고 있어 경제발전이 앞선 성들은 하나같이 제2의 도시가 제1의 도시보다 경제력 면에서 앞서 있다.

북쪽에서부터 차례로 거명해보자면 랴오닝성의 성도 선양보다는 다롄이, 허베이성의 스자좡보다는 탕산이, 산둥성의 지난보다는 칭다오가, 장쑤성의 난징보다는 쑤저우가 우세하다. 저장성의 남쪽 푸젠성도 푸저우보다는 경제특구도시인 샤먼이 앞서 있고, 광둥성도 광저우보다는 역시 경제특구도시인 선전이 훨씬 발전했다.

어쨌든 중국의 국부 손 중산(쑨원)은 닝보 상인을 입에 침이 마르도록 높이 평가했다.

"닝보 상인들은 상공업 경험이 풍부하고, 비즈니스를 잘하기로 소문났으며 강한 기백을 가지고 있고…."

기실 손 중산이 즐겨 입어 '중산복'(인민복)이라 불리게 된 중국식 정장도 닝보인이 처음 개발한 것이다. 닝보는 현재 북방의 다롄과 함께 중국의 의류산업 도시이기도 하다. 닝보 상인은 근대 최초의 기성복과 양복을 재단해냈다. 중국의 패션 의류업은 오랜 역사를 통해 시종 자급자족·수공업 식으로 유지되어왔다.

청나라 때부터 싹을 틔운 닝보의 의류업이 최초로 베이징에서 기성복 집을 연 것은 닝보의 예하 현의 하나인 쯔시(慈溪) 사람이다. 청나라 초부터 약 200년 동안 닝보의 쯔시 사람은 중국 전통 복식을 재단하며 베이징성의 기성복을 농단했다.

20세기 이후 서방 복식문화의 침투로 기예가 정교한 진시엔(勤縣)과 풍화(奉化) 사람이 서양의 양복재단기술을 받아들였다. 그들은 붉은 머리에 파란 눈동자를 한 사람들의 양복을 깁고 민족특색이 충만한 하이파이(海派) 양복을 재단하였다.

또한 닝보방은 중국 최초의 전문 의류복장 전문학교를 개설하고 중국 최초로 양복 이론저작을 편찬해냈으며 앞서 중국 최초의 중산복(인민복) 한 벌을 제조해냈다. 1950년대에서 1990년대 베이징의 당과 국가 지도자들의 의복은 거의 대부분 닝보 출신 재봉사 손에 의해 만들어졌다.

현대 닝보 의류업의 부흥으로 중국의 패션 의류업은 전통 수공업 식에서 완전히 탈피하게 되었다. 특히 1990년대 산산(衫衫) 브랜드의 중국 의류시장 석권은 중국 현대 의류업의 신기원을 이루었다.

1997년 10월 6일, 닝보는 제1회 국제 복장제를 열었다. 상하이 체류시절에 필자 역시 옵서버로 초대받은 적이 있는데 이 이벤트는 닝보 의류업이 국제적으로 알려지게 되는 계기가 됐다.

닝보의 산산, 그얼(戈爾), 루어몽(羅夢), 이티(一體) 등 중국의 4대 의류 브랜드는 중국을 석권했을 뿐만 아니라 전 세계에 진출하고 있다. 중국 전체 의류생산량의 10분의 1을 닝보 의류업이 차지하고 있는 것이다.

강효백의 중국 진짜 부자 이야기(하)

중국 저장성 동부에 있는 닝보(寧波)는 '장사의 신(神)'들이 사는 고장이다. 그들은 항저우 상인과 정반대로 고향에 죽치고 있는 것을 치욕으로 여긴다. 그래서 드넓은 외지로 나가 창업을 하고 아무리 작은 이익이라도 놓치지 않고 벌어들인다. 저장성 남부에는 상업 게 릴라 원저우(溫州) 상인들이 버티고 있다. 감귤처럼 새콤달콤한 화술 을 구사하는 그들은 감정보다 계산을 앞세우는 협상술로 중국 상권 을 장악했다.

닝보방이 어떻게 중국 상인의 꽃 중의 꽃이 됐는지 9가지 특징과 장점을 꼽아보려 한다. 이는 단순히 닝보방의 상술에 감탄하자는 것 이 아니라 우리가 중국시장을 공략할 때 반드시 알아둬야 할 지침으 로 삼고자 함이다.

첫째, 닝보 상인은 돈 벌 기회를 잘 잡는다. 그들은 경영방침을 조 정하는 데 능수능란하다. 조정 시기를 기막히게 포착한다. 바로 이 장점 하나만 가지고도 닝보 상인은 치열한 상업전쟁에서 능히 승리 를 거두고 있다 해도 지나치지 않다. 그들은 낡을 틀에 매달리지 않 으며, 새로운 것을 창조하는 데 과감하다. 시기를 놓치지 않고 경영 책략과 프로젝트를 조절한다. 닝보 상인의 융통성과 변화에 능한 천 성은 상대방으로 하여금 무릎을 치지 않을 수 없게 만든다.

일례로 해방 전 닝보 출신의 거상 위챠칭(虞洽卿)은 상하이의 번화 가가 북쪽으로 뻗어나갈 것을 미리 내다보았다. 그는 당시 황량한 갯벌이었던 바오산루(寶山路)와 하이닝루(海寧路)의 광대한 벌판을 사 들였다. 같이 간 부동산 전문업자들조차 속으로는 위챠칭을 비웃었을 정도였다. 누구도 그곳이 개발되리라곤 예상하지 못했기 때문이었다. 그러나 어느 정도 시간이 흐르자 상하이 정부는 그 외딴 지역을 개발하기 시작했다. 이 일대의 지가는 급속히 치솟았고 위챠칭은 엄청난 액수의 돈을 쓸어 담았다.

닝보 상인은 눈으로 육방(六方)을 보고 귀로 팔방(八方)의 소리를 듣는다고 한다. 시기와 형세를 정확히 판단하는 재주로 그들은 중국 상인의 사철 푸르른 적송(赤松)으로 우뚝 섰다. 그들은 오늘날 유대 상인을 비롯한 세계적인 상인들과 어깨를 나란히 하고 있다.

닝보 상인과 거래할 때에는 먼저 그들의 속성을 살펴보고 그들 못지않게 민첩하고 교묘하게 대응해야 한다. 또한 닝보시장을 파악해야 한다. 시장은 상인을 죽일 수도 살릴 수도 있는 곳이지 적당히 타협할 수 있는 곳이 아니다.

시장에서 승리하려면 정국의 변동, 자연재해, 국제정치정세, 거시경제 상황 등 객관적인 환경의 변화와 동종업자 간 경쟁, 라이벌의 경영수단 변화, 소비자 수요의 변화 등 직·간접적으로 사업의 성패에 영향을 미치는 요소들을 잘 읽어야만 한다. 적시에 변화로써 변화에 대응할 수 있어야 한다. 남이 변하면 나도 변하고, 남이 변하지 않으면 내가 먼저 변함으로써 그 변화에 대비해야 한다는 것이다.

닝보시장의 맥을 정확히 짚어내며 그에 맞게 경영 책략을 조정하되 때로는 선수를 쳐서 상대방을 제압해나가야 한다. 이것이 중국 상권에 뿌리내릴 수 있느냐 없느냐의 관건이다.

· 신용과 성실, 외향적 성격

둘째, 닝보 상인은 고객관리의 명수다. 손님이 누구더냐? 그들에게 '손님은 왕이 아니다. 손님은 옷과 먹을 것을 주는 부모(衣食父母)'이다. 오직 손님만이 나의 상술과 돈 버는 '오페라'에 감동하여 물건과 서비스를 사간다. 손님에게서 돈을 벌어 그 돈으로 나의 의식주를 영위할 수 있으니 손님은 나를 길러주는 부모나 매한가지다. 친부모는 나를 낳고 길러주셨지만 내게 먹을 것과 입을 것을 주고 아름답고 착한 아내를 맞게 하고 가업을 일으켜주신 분은 손님이다. 이처럼 친부모 못지않게 고마운 손님을 받들고 공경함은 상인이기 이전에 인간이 지녀야 할 근본 도리가 아니겠는가!

1949년 중화인민공화국 성립 이후 중앙정부가 내건 '인민을 위해 복무하자'나 서구에서 흔히 하는 '손님을 왕처럼 모시자'는 말은 사실 중국의 전통문화와는 맞지 않는다. 하물며 손님을 부모처럼 모셔온 닝보 상인들에게는 허무맹랑한 구호에 지나지 않은 것이었다. 중국의 여타 지방에서는 목청만 높이고 실행을 하지 않았지만, 이미 닝보 상인들은 오래 전부터 해오고 있는 터였다.

셋째, 닝보 상인은 신용을 철저히 지키고 성실하다. 신용과 성실은 서구 자본주의의 핵심내용이기도 하다. 동서양 문화를 골고루 받아들이고 저축해온 닝보 상인들은 상업거래에서 신용과 성실의 원칙을 잘 지킴으로써 고객의 호감을 사고 칭송을 받아왔다. 닝보 출신으로 '철물점 대왕(五金大王)'으로 일컬어지는 예청중(葉澄衷)이 성공한 것도 신용 때문이었다.

예청중은 상하이 황푸강에서 나룻배를 저으면서 받은 뱃삯과 손님에게 군것질과 잡화를 판 돈으로 생계를 이어가던 소년 뱃사공이었다. 어느 날 한 영국 상인이 그의 나룻배를 타고 황푸강 동편, 즉 푸둥으로 건너갔는데 무엇이 그리 바빴는지 그만 돈 가방을 배에 놓고 내렸다. 예청중은 배 안에서 가방을 발견하고는 방금 내린 손님에게 돌려주려 했으나 손님은 이미 자취를 감춘 뒤였다.

예청중이 가방을 열어보니 수천 달러와 다이아몬드 반지, 수표와 어음 등 그로서는 꿈도 꾸지 못할 거액이 들어 있었다. 하지만 가방 소유자의 신분을 증명할 만한 어떠한 것도 발견되지 않았다. 예청중은 그날 장사를 포기하고 나루터에서 코가 크고 눈이 푸른 서양인이 돌아오기만 기다렸다.

한편 사업자금뿐 아니라 영국으로 돌아갈 차비조차 잃어버린 영국 상인은 황푸강에 몸을 던지고 싶을 정도로 깊은 절망에 빠져 있었다. 그런 그가 힘없이 터덜터덜 나루터로 돌아왔을 때 뱃사공 소년이 자신의 돈 가방을 들고 기다리고 있는 것을 보았다. 가방 속의 돈과 물건도 그대로였다. 영국 상인은 감격한 나머지 소년의 손을 꼭 잡고 사례금으로 1000달러를 건네주려 했으나 소년은 한사코 받기를 거부했다.

나중에 그 영국 상인은 예청중을 상하이 최대의 철물점을 경영할 파트너로 초빙했다. 그 후에도 예청중은 변함없이 고상한 상덕(商德)과 상도(商道)를 발휘해 사람들의 환영과 존경을 받았으며 나아가 '철물점 대왕'이란 칭호를 받게 되었다.

중국 상인들은 손님을 끌 때 '화진가실(貨眞價實)'이라는 말을 즐겨 쓴다. 이 말에는 '물건도 진짜고 값도 진짜니 믿고 사라'는 의미가 담겨 있다. 닝보 상인은 말뿐만 아니라 이를 실천하는 것으로 유명하다. 그들은 여간해서 사기나 협잡을 부리지 않는다. 그래서 외지인들이 닝보 상인과 거래하거나 동업할 경우 비교적 편안함과 안전함을 느낀다는 말이 나오는 것이다.

• 상하이는 닝보 상인의 본부

넷째, 닝보 상인은 외향적이다. 손발을 가만히 두지 않는다. 활동 영역을 부단히 넓히고 새로운 시장 개척에 능하다. 중국 제일의 경제도시 상하이는 닝보 상인의 본부다. 어디 상하이뿐이겠는가? 베이징과 톈진, 선양, 쑤저우, 항저우에도 거대한 상권을 형성하고 있다. 깊은 산골과 농촌이라고 해서 그들의 발길이 닿지 않는 건 물론 아니다. 바다 건너 일본이나 동남아 유럽 북미 등 세계 곳곳에도 이미 그들의 발자취가 묻어 있다.

닝보 상인은 항저우 상인과 정반대로 고향에 죽치고 있는 것을 치욕으로 여긴다. 그래서 고향을 떠나 외지로 나가 창업을 하고 사해 (四海)를 집 삼아 모험을 즐긴다. 19세기 말에서 1940년대에 걸쳐 120만 명의 닝보 상인이 해외로 떠났다고 한다.

홍콩 거주민의 원적지를 살펴보면 광동 다음으로 저장이 많고 저장에서도 닝보가 으뜸이다. 적지 않은 닝보 상인이 홍콩에 자리를 잡고 기업을 창업했고 세계 각지에 지사를 설립하여 다국적기업으로 성장시켰다.

1949년 공산화 이후에도 닝보방들은 홍콩, 일본, 타이완, 동남아, 유럽, 북미, 호주, 심지어 중동과 아프리카에까지 퍼져나갔다. 해외의 닝보방은 화상(華商)이라 불리며 만방에 그 힘을 떨치고 있다.

세계 선박왕 바오위강(包玉剛)과 퉁하오윈(董浩雲), 상하이 대형 위락장 다스졔(大世界)의 창설자 황추쥬(黃楚九), 홍콩 극장계의 대부 샤오이푸(邵逸夫), 20세기 전반 기업대왕 류훙성(劉鴻生), 중국 최대의 비누공장을 차린 항쑹마오(項松茂) 등등 유명한 닝보방의 이름은 일일이 말하기 어려울 만큼 많다. 2012년 현재 해외에서 활동하고 있는 닝보출신 화상은 30만 명이 넘는다고 한다.

·돈 버는 일이라면 전천후, 전방위

다섯째, 닝보 상인이 취급하는 업종은 무척 다양하다. 돈이 벌리는 일이라면 무엇에라도 손을 대기 때문이다. 닝보 상인은 의류업 금은방 해산물 한약재 등 전통 업종에서도 명성을 떨쳤지만 시대의 흐름에 따라 신속하게 업종전환을 해왔다.

아편전쟁 후 서구의 문물이 도입되는 등 새로운 변화가 일어나자 그들은 기회를 놓치지 않고 이 흐름에 적응해 신흥산업에 과감하게 투자했다. 해운업, 대외무역, 시계와 안경업, 일용품, 양약업, 보험업, 금융업뿐만 아니라 호텔과 사진관, 오락장, 택시사업 같은 서비스업 등 이 시기에 닝보 상인이 손대지 않은 업종이 없었을 정도였다.

21세기인 지금도 닝보 상인은 거의 모든 생활필수품과 생산재료를 취급하고 있다. 소비재는 농수산물에서 화섬원단, 복장, 실크, 신발과 가죽 등 소상품과 가전제품, 자전거, 가구, 장식재, 통신, 컴퓨터 등 공업품에 이르기까지 그들의 손이 미치지 않는 데가 없다. 가히 전방위 전천후라 할 만하다.

여섯째, 닝보 상인은 하찮은 이익도 결코 놓치지 않는다. 그들은 파리머리처럼 작은 이익(蠅頭小利)이라도 가만히 두지 않는다.

자고이래로 상인은 이익을 추구한다. '관자(管子)'에서 말하길 "밤낮을 가리지 않고 천리를 멀다 하지 않고 달려가는 상인이 돈을 잘 번다."고 했다. '사기(史記)'에도 누구나 이로운 일을 보면 좋아서 모여들고 이익이 없으면 저절로 떠나간다고 했다.

무릇 상인이라면 주야를 가리지 않고 이익을 추구하게 마련이다. 일상용품은 가격이 싸지만 그 수요는 거대하고 이윤은 박하지만 하나둘 쌓이면 거액이 된다. 닝보 상인은 작고도 세세한 이윤까지 따지기로 유명하다. 지금 중국에서 몇 전, 몇 푼 하며 소수점 이하의 이익까지 따지는 상인은 닝보 상인뿐이라고 한다. 일례로 장화(張華)라는 이름의 닝보 출신 청년이 거둔 성공 이야기를 들어보자.

장화는 간쑤성의 빈곤지역 학교들을 상대로 배지(교표) 장사를 했다. 간쑤성의 황량한 황무지를 몇 달씩 헤맸지만 별 성과는 거두지 못했다. 그곳 사람들이 개당 2쟈오(2角-0.2위안)인 배지를 살 수 없을 만큼 가난한 데다 배지를 다는 습관이 없었기 때문이었다. 장화는 자포자기 상태에 빠졌다.

그러던 어느 날 외딴 산중턱에 있는 어느 소학교에서 작은 행운이 찾아왔다. 교사를 포함해 전교생이 고작 13명인 이 학교에서 배지를 사겠다고 한 것이다. 장화는 배지를 개당 1쟈오 2펀(0.12위안)에 팔기로 했다. 엄청 밑지는 장사였지만 장화는 이를 악물고 계약서에 서명했다.

장화는 배지 제조업자에게 3일 내에 배지 13개를 만들어 그 시골 학교로 보내달라고 급전을 쳤다. 전보 치는 값 3.6위안에다 배지 형을 뜨는 비용, 제작비용, 운송료까지 모두 70위안 정도가 들었다. 그렇게 해서 번 돈은 고작 2.06위안이었다. 밑져도 이렇게 밑지는 장사가 없었다.

그러나 몇 달 뒤 그 시골학교가 소속된 향(鄕, 우리의 면) 단위 전체 초·중·고등학교 운동회가 열리면서 상황은 완전히 달라졌다. 교사의 인솔 아래 12명의 산촌 소학교 학생이 가슴에 번쩍거리는 배지를 달고 운동장에 들어서자 다른 학교 학생들과 학부형들은 눈이 휘둥그래졌다. 그들은 빛나는 배지를 단 소학교 어린이들을 몹시 부러운 눈길로 바라보았다.

운동회가 끝나자마자 향 내 모든 학교로부터 배지 주문이 이어졌다. 배지 달기 붐은 현(縣)에서 다른 현으로, 다시 간쑤성 전역으로 확대되어 장화는 수백만 위안을 벌어들일 수 있었다.

훌륭한 기업인은 작은 것을 탐하다가 큰 것을 잃어서도 안 되지만, 이익이 남는 작은 사업을 무시해도 안 될 것이다. 파리머리가 소머리를 부른다. 닝보 상인에게는 사소한 것이나 큰 것이나 이득이라면 다 좋은 것이다.

· 촘촘한 네트워크

일곱째, 닝보 상인들은 잘 뭉친다. 또 네트워킹 자체를 즐긴다. 닝보방은 고향의 정서와 우의로 끈끈하게 연결된 매우 긴밀한 상업집단이다. 그들은 상조회를 설립하여 동향인들끼리 친목을 도모하고 노인과 가난한 자를 돕고 동향 상인들의 어려운 문제를 서로 도와 해결한다.

유통상들의 주문, 상품의 종류와 매매현황을 통해 단시간 내에 습득한 고급정보를 혼자만 갖고 있지 않고 동향상인들과 나눈다. 그들은 지역별로 구분된 중국시장은 물론 전 세계 시장 상황을 토론하고 공동의 이익을 보호하는 역할을 기꺼이 맡는다. 닝보 상인은 크고 작은 전문 도매시장과 전국 각지의 시장들과 탄탄하게 연결된 '닝보 마켓 네트워크'를 통해 거의 모든 것을 팔고 있다.

여덟째, 닝보 상인은 정치권력과 너무 멀지도 가깝지도 않은 관계를 유지해왔다. 광둥 상인처럼 정치를 지나치게 배척하지도, 베이징 상인처럼 정치에 열중하지도 않는다. 그러면서도 자신의 운명을 국가의 운명에 결부시키고 민족의 흥망과 운명을 같이하는 자세로 기업을 경영한다. 이것이 세월이 흘러도 닝보방이 늙거나 죽기는커녕 갈수록 젊어지고 강해지는 비결 중 하나다.

그들은 국가에 충성하고 (집권)정부의 방침에 적절히 순응해왔다. 그 때문에 중국의 국부(國父) 쑨원을 위시하여 국민당 정부 수반 장제스, 중국 공산당 3대 지도자로 꼽히는 마오쩌둥과 덩샤오핑, 장쩌민의 지지와 애호를 변함없이 받을 수 있었다.

여기서 그냥 넘어갈 수 없는 마을 하나가 있다. 바로 장제스의 고향인 닝보시 펑화(奉化)현의 시커우(溪口)다. 중국정부는 시커우에 있는 장제스의 모친과 선조의 묘 등 장제스 가문과 관련한 모든 유적을 성지에 준하는 관광지로 꾸며놓았다. 장제스 고택 앞에 서 있는 안내판에는 다음과 같은 구절이 적혀 있다. "항일 영웅 장제스 중국국민당 위원장은 마오쩌둥 중국 공산당 주석의 위대한 맞수였다"라고.

타이완을 비롯한 해외 관광객의 발걸음이 끊이지 않는 것도 다 이유가 있는 것이다. 시커우의 장제스 유적지에서 벌어들이는 관광 수입은 닝보시 전체 관광수입의 절반을 넘는 거액이다.

끝으로 닝보 상인은 중국 상인의 장점들만 한데 모아놓은 이른바 '모듬 상인'이다. 그들은 신용과 명예를 중시하되 뛰어난 상술을 구사한다. 그들은 박리다매를 추구해 상품 품질에 비해 가격도 적당하다.

돈을 중시하나 광둥 상인처럼 지나치지 않고, 정직하고 성실한 편이나 산둥 상인처럼 우직하지 않으며, 품격에 신경을 쓰나 베이징 상인처럼 관료적이지 않다. 중국 상인의 지존이라 불리지만 외지인을 깔보고 지나치게 영악스럽다는 혹평을 듣는 상하이 상인보다 오히려 친절하면서도 영민하게, 소리 소문 없이 짭짤한 재미를 보는 게 닝보 상인들이다.

착실한 안정 속에 쾌속의 성장을 추구하는 닝보 상인. 돈을 잘 버는 가운데서도 중용과 조화의 상술을 적절히 구사할 줄 아는 그들과의 거래에서 과도한 투기성 사업으로 유혹하는 일은 금물이다. 그보다는 온당하고 듬직한 인상을 주는 데 힘써야 할 것이다.

리스크가 비교적 큰 사업을 그들과 같이하는 경우에는 오히려 그들의 온건한 상술과 듬직한 태도가 리스크를 줄이는 데 도움을 줄 수도 있다. 품질경쟁력 저하에 대한 대처 능력이 떨어지는 산둥 상인과 달리 신기술 개발에 재빠른 닝보 상인과는 될 수 있으면 장기 계약을 하는 게 바람직하다.

· 손님, 원저우 사람이죠?

"손님, 손님은 틀림없이 원저우(溫州) 사람일 것 같군요."

상하이의 재래시장에서 필자가 좀 부티 나는 옷차림에 잔잔한 미소를 머금고 가격을 악착같이 깎으려들라치면 으레 듣던 소리다. 그럴 때마다 "허허허" 너털웃음으로 응수하곤 했지만 속으로는 '한국 토종인 날보고 원저우 사람이라니…대관절 원저우가 어디기에?'라는 호기심이 생겼다.

그리하여 필자는 실제 원저우에 가보았다. 한 번은 봄, 또 한 번은 가을이었다. 봄에는 새하얀 귤꽃이 풍기는 은은한 향기가, 가을에는 알맞게 익은 황금빛 감귤이 운치를 더하며 나그네를 맞아주었다. 현지를 가보고서야 필자는 '이곳 저장성의 원저우는 바로 우리나라 제주도 감귤의 주품종인 온주밀감의 원산지'임을 생각해냈다.

매년 11월 원저우 북쪽의 황옌(黃岩)에서는 '국제 감귤축제'가 열린다. 기후가 온화하고 토양이 비옥한 저장성은 복숭아와 감귤의 명산지다. 복숭아는 닝보에서, 감귤은 원저우에서 난다. 그런데 상술이 뛰어나기로 중국에서 쌍벽을 이루는 이 두 곳 상인의 기질과 상술이 어찌 그리 각각 탐스런 복숭아와 싱그러운 감귤을 닮았는지….

원저우 상인은 감귤처럼 달콤새콤한 화술을 구사하며 감귤나무처럼 척박한 토양에서도 잘 자란다. 그들은 어떤 환경에도 재빨리 순응한다. 닝보 상인에 비해 덜렁거리는 편이며 신경이 예민하지 않고 너글너글한 낙천가가 많다. 매사 샛노란 윤기가 자르르 흐르는 감귤처럼 둥글둥글 좋은 쪽으로만 생각하는지라 별로 걱정이 없어 보인다.

그들은 말보다 행동을 중시하며 현실적 감각이 뛰어나고 앞에 나서길 좋아한다. 한마디로 정열적으로 일하는, 감귤 빛처럼 선명한 기질을 지녔다. 유연하고 즙이 많은 감귤의 과육같이 적극적이며 능란한 사교술로 여기저기를 누빈다.

그러나 웃음 띤 그들의 얼굴은 감귤 겉껍질만큼 두껍고, 배짱은 감귤 속껍질처럼 두둑하다.

이런 기질을 지닌 사람은 무엇을 해서 먹고 사는 게 가장 적당할까? 물론 장사가 제일이지만 장사 중에서도 세일즈맨이 안성맞춤이라 하겠다. 실제로 원저우 상인은 천하제일의 세일즈맨으로 정평이나 있다. 그들은 밝은 성격과 매끄러운 화술로 사람을 끌어당겨서자신의 페이스로 이끄는 데 능숙하다. 협상에 실패해도 '내일이 있다'며 곧 재기하는 배짱도 있다.

원저우 상인은 꿋꿋하게 물류매매의 최전방에서 활동하며 강인한 상인정신의 숨결을 퍼뜨린다. 생산자와 소비자를 직접 매개하고 천하의 공간적 장벽을 무너뜨리며 부가가치를 창조하는 중간상을 자처한다.

그들은 "허리를 굽히지 않으면 돈을 주울 수 없다.", "노력한 만큼 번다."는 중국 전통의 상술기본에 충실하다. 또 무자본으로 고수익을 얻는 무점포 사업의 전형을 보여주는 산 증인이다. 용기와 배짱, 은근과 끈기로 사업을 수행하는 그들에게 상인정신은 그렇게 살아 숨 쉰다.

· 140만 세일즈맨 군단

보따리장사로는 원저우 상인을 당할 재간이 없다. 원저우 상인은 개미군단이다. 1980년대 중국을 풍미했던 원저우식 장사는 한마디로 인해전술이었다. 원저우 세일즈맨 군단은 지금도 중국에 약 100만 명, 해외에 40여만 명이 활약 중이다.

영리하고 재치가 넘치는 저장 상인 중에서도 무엇을 하든 활력과 웃음이 넘치고 일을 잘 벌이고 잘 수습하며 말이나 행동이 소탈하면서도 강인하고 좀처럼 실망하지 않는 원저우 상인. 그들은 개혁개방 이후 무리를 지어 전국 방방곡곡을 휩쓸고 다녔다. 그러나 그들은 정처 없이 떠도는 방랑자가 아니었다. 부자가 되기 전에는 고향에 돌아가지 않겠다는 강철 같은 신념을 품은 상업 게릴라였다.

원저우 상인은 대개 소량 다품종을 취급하며 한번 박으면 절대 빼지 않는 임전불퇴와 적은 이윤으로 많이 파는 박리다매 전략을 구사한다. 특기할 것은 영업사원은 아무리 말단 신참이라도 부사장급 이상이라는 점. 원저우의 한 유통회사는 사장 1명에 부사장 2000여명, 평사원은 0명이다. 그 회사 모 부사장 말은 이렇다.

"엄밀히 말해 사장 한 명 외에는 전부 사원 아닙니까? 물건 파는 데 무슨 계장, 과장, 부장 따위의 중간계층이 필요합니까? 외지에 나가 부사장 명함 내밀어보세요. 알아주니 기분이 좋아지죠."

원저우의 세일즈맨은 한 회사에 소속되어 있지 않고 2개 이상 회사에서 일한다. 즉 그들은 독립적·전문적으로 판매만 하는 사회집단이다. 수입은 기업이 주는 월급이나 보너스가 아니다. 상품을 판 총액에서 일정 비율을 떼어낸 공제금, 즉 상품판매에 따른 커미션이 전부다. 그런 의미에서 순수한 중간상이라고도 할 수 있다. 그들 각자가 수많은 원저우의 상품을 전시하고 소개하는 움직이는 상점인 것이다. 무자본, 무설비, 무자산의 그 '뻔뻔스러운 중간상'의 무기는 입 하나와 발 두 개가 전부다.

원저우 상인은 일천 봉우리의 산을 넘고 일만 갈래의 물줄기를 건넌다. 물건을 팔기 위해 천만 마디의 말도 마다하지 않는다. 저지대의 온화한 기후에서 나고 자랐지만 세계의 지붕이라고 불리는 티베트의 라싸(해발 4000여 m)에도 상가를 운영하고 있는 게 원저우 상인이다.

시장이 있는 곳에 원저우 상인이 있다. 프랑스, 이탈리아, 스페인, 네덜란드 등등 유럽의 거의 모든 나라에 원저우 상인의 발자국이 있다. 파리에는 원저우 거리가 있을 정도다. 파리 13구와 14구에 사는 중국인은 모두 원저우 출신이다. 그곳 언어는 원저우 사투리이고 현지 경찰조차 원저우 사투리를 할 줄 안다.

원저우 상인은 베이징 상인이나 산둥 상인처럼 큰 상품을 생산하는 대규모 사업을 벌이는 것을 좋아하지 않는다. 그들은 유대상인처럼 소규모, 저비용, 초경량, 다용도의 기동성 높은 비즈니스를 즐긴다.

· 전 세계가 원저우 시장

원저우 동북쪽 웨칭(樂淸)현 류스(柳市)의 철물과 전기용품 상점을 살펴보자. 류스는 예로부터 상업을 위주로 하는 마을로 인구는 약 30만 명이다. 이 정도 인구면 중국에선 도시로 치지도 않는다. 그런 류스에 거주하는 30만 주민이 장사를 주업으로 삼고 있다. 그러니까 농촌이 아니라 상촌(商村)이라고 할 수 있다. 류스라는 지명도 한 그루 버드나무 고목 아래에 사람들이 모여 곡식과 과채류를 팔던 게 점차 상설시장으로 발전했다는 데서 유래되었다니, 류스의 '市'는 도회지가 아니라 시장을 의미하는 것이다.

류스는 개혁개방 이전에는 목기나 유기를 만들어 내다파는 가내수공업이 발전했으나 1979년 이후 철물과 전기용품 전문시장으로 탈바꿈했다. 류스 주민들은 각종 모델의 전기용접기 계량기 변압기 신호등 표시등 착암기 등 광산용 부품과 전동펌프 자동차부품 기계

밸브 스위치 등등을 만들어 파는 일에 종사하고 있다. 집 앞에는 점포를, 집 뒤에는 공장을 꾸려 점포 겸 공장을 경영해 1대에 1000위안짜리 대형 스위치보드부터 몇 푼짜리 나사까지 약 1000여 종의 전기용품을 판다.

지금 류스 시장의 전문화는 국제수준에 도달했다. 한두 종류의 부속품을 전문적으로 생산하는 가내공장이 시장과 긴밀하게 연결되어 수요와 공급의 균형을 유지하고 있다. 만약 단추장사를 하려면 원저우 서북쪽 융자(永嘉)현의 챠오터우(橋頭)진으로 가라. 챠오터우에서 단추를 만들어 팔던 예야오린(葉堯林), 예야오칭(葉堯靑) 형제는 조그만 단추공장을 인수해 직접 만든 단추를 재래시장에 내놓아 단 하루만에 400위안어치나 팔았다. 이 이야기가 입에서 입으로 전해지자 마을사람들은 너도나도 단추장사에 나섰다. 1981년 챠오터우에 단추가게만 100여개가 생겨났다.

이렇게 해서 1983년 2월 정식으로 단추전문시장이 열리고 챠오터우는 중국에서 가장 유명한 단추거래 중심지가 됐다. 홍콩의 '원훼이바오(文匯報)'는 '동방제일 단추시장 챠오터우'라는 특집기사를 싣기도 했다. 2012년 현재 챠오터우의 상점은 1000여 개로 그중 800여 개가 단추가게이며 나머지는 벨트, 지퍼, 액세서리 등 소상품을 취급하는 가게다. 또 챠오터우의 400여 개 가내공장에서는 1800여종의 단추가 생산되어 중국 전체로 쏟아져 나온다.

어디 그뿐인가? 원저우시 근교에는 약 500개의 라이터 제조회사가 밀집해있다. 여기서 연간 약 5억 개의 라이터가 팔려나가며 전세계 라이터 시장의 70%를 차지하고 있다. 원저우산 라이터는 오랫동안 라이터 최대 수출국이던 일본을 라이터 최대 수입국으로 전락시킨 주역이다. 또 한국, 일본, 타이완의 라이터 제조회사 중 80%가 원저우 때문에 문을 닫았다.

원저우의 6대 산업은 제화, 의류, 전등, 전기용품, 표찰, 가구, 플라스틱 제품이다. 신발 관련 기업만도 4000여 개나 되고 그들이 연간 50억 위안을 벌어들인다. 2011년 말 기준으로 원저우에는 철물과 전기용품시장, 단추시장, 라이터시장 등 10여개의 전문시장을 비롯해 600여 개의 크고 작은 시장이 밀집해 있다.

원저우 전체가 마치 기름이 반지르르 흐르는 고속 컨베이어벨트로 연결된 하나의 초대형 시장처럼 보인다. 원저우 도처에 감귤나무들이 다닥다닥 붙은 감귤의 무게를 견디지 못하고 땅바닥까지 가지를 늘어뜨리고 있듯.

· 오렌지 유대인, 감귤 원저우인

이스라엘과 원저우는 두 가지가 공통점을 갖고 있다. 첫째, 이스라엘은 세계적인 오렌지 산지이고 중국 원저우는 감귤 원산지다. 둘째, 이 두 곳이 바로 세계 최고 세일즈맨들의 양대 본산지라는 사실이다.

원저우 상인의 눈에는 직업의 상하귀천이 없다. 돈을 잘 버는 직업이 제일이다. 사방팔방 떠돌아다니고 외지인이 하찮게 여기는 업종을 점거하고, 소리 소문 없이 부자가 된다.

자주와 자립을 추구하는 그들은 그 어떠한 고충도 마다하지 않고 사장이 되고 싶어 한다. 강철 같은 심지와 유연한 태세를 겸비한 그들은 적응력이 높을 뿐 아니라 사물을 보는 눈도 넓다. 지나칠 정도로 신중한 데가 있는가 하면 중국 상인 가운데 그들만큼 낙천적인 상인도 없을 정도다.

그들에겐 시대를 앞선 의식이 있다. 말과 소비를 앞세우기보다 실천과 투자를 앞세운다. 개혁개방 초기 광둥 상인을 제외한 여타 중국 상인들이 개혁개방의 앞날에 관하여 논쟁을 그치지 않고 관망하면서 망설이고 있을 때 원저우 상인은 묵묵히 남보다 앞서 개혁개방에 대비했다.

원저우 상인은 남보다 먼저 먹고 남보다 한 발짝 앞서 전 세계로 뻗어나갔다. 포산도호(包産到戶: 토지소유권은 집단에 있고 경영권은 개인이 갖는 농업생산 청부제의 일종), 고분합작(股分合作: 출자금에 따라 이익을 분배하여 합작), 이윤의 연동제, 제2직업, 농민성 등이 모두 원저우 상인이 맨 처음 시도한 것들이다. 그들에게는 도처에 돈벌이가 널려 있는 것으로 보인다. 그래서 남들은 거들떠보지도 않는 곳에서 돈 버는 방법을 귀신처럼 찾아낸다.

원저우 상인이 회사를 차린다면 그 회사는 단지 돈을 버는 도구일 뿐이다. 그들은 자신의 회사를 자녀처럼 여겨 적자 운영을 면치 못하면서도 버리지 못하는 여타 지역 상인들과 다르다. 그들은 제때에 냉정히 버릴 줄 안다. 버려야만 구할 수 있기 때문이다. 원저우 출신 중에 거부(巨富)는 드물지만 주렁주렁 달려 있는 감귤처럼 고만고만한 알부자는 헤아릴 수 없이 많다.

· 감정보다 계산

원저우 상인은 또한 탁월한 협상가다. 중소업체와 세일즈맨이 대부분인 원저우 상인은 협상에서 열세에 놓여 있는 약자라 할 수 있다. 그러나 어떤 면에서 보면 약자의 협상술이야말로 제일 세련된 협상술이라 할 것이다. 불리한 조건이야말로 가장 뛰어난 협상술이라 할 수 있으니, 더 잃을 게 없고 밑져야 본전이기 때문이다.

그들이 불리한 협상을 승리로 이끌어내는 비결은 감정보다 계산을 선택하는 데 있다. 협상이 불리할수록 정보를 많이 입수하고 협상하기 좋은 분위기를 만들어 부드럽게, 서서히 협상을 진행한다. 그들은 협상이 무르익으면 과실을 날름 따먹는다. 이러한 원저우 상인과 거래나 협상을 할 때는 아래 사항에 신경을 쓰며 대응하여야 한다.

첫째, 원저우 상인 앞에서 자신이 영리하고 재치 있고 착실하고 수완 좋고 돈 많다고 자랑하지 말아야 한다. 무엇보다 돈주머니를 잘 단속해야 한다.

둘째, 배워야 한다. 배워서 손해 볼 것 없다. 원저우 상인의 진취적인 정신과 돈의 바다에 과감히 투신하는 대담성, 허튼소리를 하지 않고 현실의 이익을 추구하는 실용주의, 돈벌이가 된다면 어떠한 고생도 마다하지 않는 감투정신을 배워야 한다.

셋째, 의표를 찌르는 그들의 거동에 당하지 않도록 하고 장사판의 변화에 철저한 준비와 대책을 세워야 한다. 그들이 무엇을 하든, 어떤 것을 하든 미리미리 준비하면서 그들의 장점과 우세를 자신의 것으로 활용하는 자세가 필요하다.

끝으로 그들의 두꺼운 낯가죽과 배짱에 흔들리지 말고 자신의 입장을 끝까지 견지해야 한다. 원저우 상인과 거래하다 보면 자신은 대리인일 뿐이라고 우기면서 상거래에서 까다로운 부분은 모두 위

탁자에게 책임을 돌리는 술수를 잘 쓰는 걸 알게 된다. 즉 자기의 이익과 관련해서는 철저하게 요구하고, 상대방의 요구에 대해서는 자신이 판매대리인에 지나지 않다며 오리발을 내미는 수법이다.

자신이 협상 당사자이면서 실권이 하나도 없는 대리인이라고 속이는 그들의 낯 두꺼움과 배짱을 차례로 벗겨내야 한다. 그래야만 달콤하고 싱그러운 '성공의 과육'을 맘껏 즐길 수 있다.79)

제6장

사회문화

진시황의 세 차례에 걸친 중국 통일

 군사력

法 법률
특허 공법(公法)

法 사상(법가)

미국 국무부 산하 국책연구소인 CRS가 1995년에 배포한
2005년 중국전도(10년 후 중국 지도)

몽골

만주

내몽골

투르키스탄

티베트

중국

네팔

대만

진시황제

중 국

BC 221년~
2016년 현재

2237년간

통일기
73%

• 진시황 중국 통일 (BC 221)~후한 멸망 (220년)   441년간
• 수·당(581~907년) ─────────────────── 326년간
• 북송(960~1127년) ───────────────── 167년간
• 원·명·청(1279~1911년) ───────────── 632년간
• 중화인민공화국(1949~2016년) ───────── 67년간

합계 1633년간

분열기
27%

나머지
604년간

- 사자가 조련사보다 훨씬 강하다. 그런 사실을 조련사는 알지만 사자는 모른다. 그러나 사자가 그 사실을 알아버렸는데도 조련사가 예전처럼 사자를 길들이려 한다면 어떻게 될까? -『NO라고 말할 수 있는 중국』

- 장성을 올라보지 못한 자는 사나이가 아니다(不到長城非好漢). - 마오쩌둥

- 장성에 올라서도 한쪽 면만 본다면, 사나이가 아니다(到長城只面非好漢). - 강효백

유럽연합 두 배나 되는 중국이 분열하지 않는 이유는

중국과 유럽연합(EU) 비교

중국		EU
약 **960**만	면적(㎢)	약 **432**만
약 **13억5000**만	인구(명)	약 **5억1000**만
한족 등 **56**개 민족	구성	독일·프랑스 등 **28**개 국가
1949년 10월 1일	출범	1993년 11월 1일
약 **11조3830**억	GDP(달러)	약 **15조4518**억

홍콩이 영국에서 중국으로 반환되기 전이다. 홍콩의 마지막 총독 크리스 패튼은 매일 아침 잠에서 깨면 측근에게 묻곤 했다. 덩샤오핑(鄧小平)이 무사하냐고. 행여 고령의 덩이 사망하면 중국이 분열되고 그런 혼란이 일면 홍콩을 중국 품에 넘겨주지 않아도 되지 않겠느냐는 기대가 있었기 때문이었다. 그런 중국은 현재 건재한데 영국은 유럽연합(EU)에서 탈퇴하는 '브렉시트'의 길을 밟고 있다. 유럽보다 더 큰 중국이 쪼개지지 않는 이유는 뭔가?

1991년 12월 25일 소련이 해체되자 서구의 시선이 중국으로 쏠렸다. 마지막 남은 동방의 공산주의 대국 중국의 운명은 과연 어찌 될까? 그런 눈길에는 중국 또한 붕괴하지 않을까? 붕괴하면서 몇 개의 나라로 나뉘지 않을까? 그것도 한 자릿수가 아닌 두 자릿수가 되지 않을까? 등 갖가지 억측이 깔려 있었다. 이 같은 중국 분열의 시나리오는 천하대란에서 민족별 분열, 지역별 연방화에 이르기까지 각양각색이었다. 이후 덩샤오핑 사망 등 중국에 불길한 사건이 생길 때마다 서구에선 중국 붕괴론이 고개를 들었다.

그러나 웬걸, 1991년부터 쪼개지기 시작한 건 중국이 아니라 유럽 남동부에 자리한 유고슬라비아 연방공화국이었다. 그해 6월 슬로

베니아와 크로아티아가 연방으로부터 분리 독립한 후 마케도니아도 독립의 길을 걸었다. 1993년엔 유럽 중부의 체코슬로바키아가 체코와 슬로바키아로 나뉘었다. 2016년 6월 말 영국의 유럽연합 탈퇴 결정은 또 다른 유럽 분열의 신호탄이 될 공산이 크다. 영국의 스코틀랜드와 스페인의 카탈루냐 등이 분리 독립을 추진할 움직임을 보이고 있기 때문이다. 이젠 유럽연합의 붕괴 정도가 아니라 유럽 각국의 분열을 걱정해야 할 처지다. 그렇다면 유럽 분열은 현실인 다큐에 해당하고, 중국 분열은 허구인 픽션이라고 말할 수 있겠다.

중국이 분열되지 않는 이유는 무얼까? 관성과도 같이 중국의 역대 지도자들에 면면히 흐르고 있는 '천하통일(天下統一)'의 정신을 꼽을 수 있다. 유비와 관우, 장비가 복숭아 꽃밭 아래서 의형제를 맺으며 굳게 다짐한 게 하나 있었다. 바로 '천하통일'이다. 제갈공명이 유비에게 바친 '천하 3분(天下三分)'의 계략 또한 천하통일을 도모하기 위해서가 아니었나? 공명이 후세 사람들로부터 추앙받는 이유도 그가 못다 이루고 죽은 천하통일이란 목표에 있었다. 천하통일이라는 이룰 수 없는 꿈을 꾸었고, 천하통일을 위하여 이길 수 없는 적과 싸웠던 공명의 초인적 의지와 충심이 후인의 심금을 울리는 것이다

천하통일은 진시황이 기원전 221년 처음으로 일궈낸 핵심어이자 중국의 시공을 통째로 꿰뚫는 모노레일이다. 진시황 이후 2016년 오늘날까지의 중국 역사 2237년을 계량화하면 통일 기간은 1633년으로 약 73%를 차지하고 분열 기간은 604년으로 약 27%가 된다. 통일 시기가 압도적으로 길었다. 진(秦)에서 한(漢)과 수(隋), 당(唐), 송(宋), 원(元), 명(明), 청(淸), 그리고 현대 중화인민공화국을 관통하는 제1의 국시(國是)는 천하통일의 유지와 발전이었다. 삼국시대와 남북

조시대, 5대10국의 분열기는 물론 20세기 군벌 할거 시기에도 모두 자신을 중심으로 한 통일을 외쳤지 분리 독립을 주장하지는 않았다. 이처럼 천하통일은 중국의 시공을 일관하는 가장 뚜렷한 흐름이다.

서양에서 동양의 『삼국지』에 맞먹을 만큼 환영받는 고전은 실러의 『윌리엄 텔』이라 할 수 있다. 유럽 여러 나라 학생이 반드시 읽어야 할 필독서다. 윌리엄 텔은 자기 아들의 머리 위에 올려놓은 사과를 화살로 쏘아 맞힌다. 명사수였던 그가 아들의 생명을 담보 삼아 쟁취하고자 했던 건 다름 아닌 스위스의 '분리 독립'이었다. 어찌 보면 분리 독립은 서기 286년 로마황제 디오클레티아누스가 로마를 동서로 분할한 이래 최근의 브렉시트에 이르기까지 유럽을 하나로 꿰뚫고 있는 키워드다. 유럽에서의 통합과 분리시대 비율은 중국과 정반대다.

·로마의 기독교와 진시황의 법가사상

원래 하나가 아니었던 여러 개를 하나로 합치는 것은 통합이다. 로마의 통합이 한 예다. 반면에 원래 하나였던 게 여러 개로 나뉘어졌다가 다시 하나가 되는 것을 통일이라고 한다. 진시황의 통일이 그렇다. 통합은 동화시키는 것이고, 통일은 일치시키는 것이다. 로마는 세계를 세 번 통합했다. 첫 번째는 군사력, 두 번째는 법률 특히 사법(私法)으로, 세 번째는 종교(기독교)로 지중해 연안 각지를 통합했다. 진시황은 천하를 세 번 통일했다. 첫 번째는 역시 군사력으로, 두 번째는 법률 특히 공법(公法)으로, 세 번째는 사상(법가)으로 7국을 통일한 것이다. 군사력이 하드파워라면 법률과 종교, 사상은 소프트파워다. 이 소프트파워의 차이가 바로 유럽과 중국의 현재 차이를 낳고 있다.

로마는 개인의 이익에 관한 법, 사법으로 유럽을 통합시켰다. 반면에 중국은 국가의 조직에 관한 법, 즉 공법으로 대륙을 통일시켰다. 법을 부국강병과 국가의 조직력 강화에 쓰는 도구로 집중 활용하려는 중국에 비해 로마의 국가 조직력은 느슨할 수밖에 없었다. 로마는 통일제국이긴 하지만 도시연방국가 성격이 짙다. 도시마다 경찰권과 사법권을 비롯해 공공토목공사와 사회복지사업, 종교문제 등에서 자율권을 가졌다. 로마제국은 많은 도시가 블록을 연결시켜 세팅한 거대한 레고의 집합체 같은 것이었다. 그러나 진시황은 통일과 부국강병을 위한 도구로서의 공리주의적인 법률관에 입각해 전국을 36개의 군(郡)으로 나눈 뒤 다시 그 아래 여러 개의 현(縣)을 두는 군현제(郡縣制)를 실시했다. 중앙에서 직접 관리를 파견해 다스림으로써 지속적인 통일체제를 유지할 수 있었다. 이런 중앙집권적 지방행정조직은 21세기 중국에까지 거의 그대로 이어지고 있다. 2017년 말 현재 중국의 행정구역은 성(省)급 31개, 지(地)급 333개, 현(縣)급 2853개다.

· 누비이불의 중국과 레고 세트의 유럽

유럽의 통합은 동화시키는 것이다. 동화는 같아지는 건데 부단한 동일화 과정이 필요하다. 그 동일화 과정은 국가 시스템만으론 어렵다. 종교가 필요하다. 유럽인은 이제까지 두 가지 세계의 지배를 받아 왔다. 그들은 삶의 외피에선 국가의 지배를 받고 내면의 세계에선 종교의 지배를 받아온 것이다. 유럽 사회는 교회 제도가 국가 안에 녹아들었다. 유럽은 기독교라는 종교적 통합이 있었기에 정치적 통일은 그만큼 절실하지 않았다. 반면에 공자는 "삶도 모르는데 죽음을 어찌 아느냐"고 말했다. 유럽 문화는 현재와 내세가 대립하는 세계를 창조했지만 중국 문화에선 현세와 이승만 있을 뿐 내세와 피안 따위엔 흥미를 느끼지 못한다.

진시황은 인간을 교화시키기 위해선 예나 도덕만으론 부족하다고 보고 엄격한 기준에 기대는 법가를 채택했다. 진시황 이래 중국의 전통적인 지배층, 즉 문사(文士)의 생애 사이클은 유가와 법가, 도가의 순으로 이어진다. 문사들은 우선 관리가 되기 위해 유가 경전을 읽었다. 관리가 되고 나면 조직과 활동에 의해 법가가 되지 않을 수 없었다. 퇴직 후엔 자연으로 돌아가 도가를 좇았다. 진시황이 법가 사상에 기반해 구축한 법제는 내란으로 분열되더라도, 또 다른 민족에게 정복당해 붕괴되더라도 다시 통일의 구심력을 회복할 수 있는 저력을 갖고 있었던 것이다. 그러므로 중국에선 군주를 바꾼 일은 있어도 국가의 조직법, 즉 정치제도를 폐지한 적은 없다. 로마제국이 게르만족을 비롯한 야만인의 공격으로 국어나 국법, 풍속이 파괴되어 결국은 멸망하고 여러 나라로 분열된 것과 비교된다.

유럽의 시공에선 '분리 독립'이 오늘날의 유럽을 하나로 관통하는 핵심어인 반면, 천하통일은 중국의 시공을 일관하는 모노레일에 해당한다. 또한 개인의 권익 중심인 사법과 영혼의 평온을 위한 종교로 통합한 유럽의 각국이 붙었다 뗐다가 가능한 레고 세트와 같다면 국가의 조직법과 법가사상으로 뭉쳐진 중국은 억지로 찢어내지 않고선 분리시킬 수 없는 누비이불과 같다. 14억 인구와 한반도 40배가 넘는 영토를 하나로 묶는 중국의 힘은 천하통일이라는 구심력에 근거한 포용성의 제도화에서 나온다. 21세기 우리의 국가 과제는 국가 통합과 민족 통일이다. 거대 중국이 도대체 어떤 접착제를 마련해 통일을 유지하며 발전하는지에 대한 연구가 통일을 추구하는 우리에게 절실한 시점이다.[80]

다섯 가지의 모순되는 국민성

·사람만큼 위대하고 고등하고 다원적인 동물은 없다

'중국'과 '사람'이 합쳐져 하나로 된 합성어, '중국인'. "도대체 그들은 누구인가?"라는 화두 하나를 던져본다. 이것은 분명 관념의 영역에 놓아둔 채로 넘어갈 수 없는, 실질적이며 관건적인 실마리가 무진장 잠재되어 있는 '현실'의 문제이다. 백두산 천지를 오르듯 중국에 진출하려는, 또는 이미 진출한 한국 사람이라면 반드시 한 번쯤은 올라가 보아야 할 영역이라 생각한다.

20여 년 전 필자는 '중국인은 한마디로 뭐다.'라고 남들처럼 서슴지 않고 말했다. 그러나 날이 갈수록 '한마디로 말할 수 없는 게 중국인이로구나' 하는 생각을 뼈저리게 느끼고 있다.

중국 문화의 전반에 깔린 가장 뚜렷한 특징은 겉과 속, 언어와 행동, 진실과 거짓 등 서로 상반된 요소들이 모순대립하고 있으며 이들 양면성이 '중용'과 '조화'라는 모호한 방식으로 표출되는 데 있다. 이 점에 착안해 다섯 쌍의 중국 국민성을 도출해보았다.

· 자존심과 교만성

- 자존심

원래 자존심이란 배타도 교만도 아니다. 자존심은 자기 확립이고 자기 강조다. 자존심이 없는 곳에 비로소 얄미운 아첨과 더러운 굴복과 넋 빠진 우상숭배가 있다. 천지간에 '나'라는 것이 생겨난 이상, '나' 자신의 힘으로 살아간다는 강력한 신념, 그것이 곧 자존심이다. 위대한 개인, 위대한 민족이 필경 다른 것이 아니다. 오직 이 자존심 하나로 결정되는 것이다.

중국인은 지난 1~2세기를 제외하고는 역사상 자존심이 매우 강한 민족이었다. 문화적인 측면에서 볼 때 중국은 확실히 거대한 인류문명의 중심지였다. 문화면에서 중국과 대등하게 비교할 수 있는 것은 인도의 불교문명밖에 없었다.

중국인은 공자에 대해서만은 무한한 긍지를 느꼈으며, 그러한 긍지는 지금도 전통을 이어 전해 내려오고 있다. 서구인들에게는 부부나 연인끼리 손을 잡고 걷는 일이나, 서로 키스하는 것은 일반적이고 자연스러운 일이다. 그렇지만 중국인의 입장에서 볼 때, 서구인들의 그런 천박하고 교양 없는 행위는 중국인에게 그들의 문명이 정말 뛰어난 것이라는 믿음을 확고히 해주기도 한다. 해외에서 아무리 많은 문물을 공부한 젊은이라도 중국식 옷을 입고 중국식 생활을 할 때에야 비로소 어른이 된다고 느꼈다.

중국에 사회주의 정부 형태가 들어섰지만 그것은 다만 외형적으로만 엄청나게 급격한 변화로 비칠 뿐이다. 중국의 오래된 전통을 사회주의가 뒤바꾸어놓는다는 일은 거의 불가능한 일이다.

하늘 아래 가장 중심적인 위치에 있고, 또 문화를 가장 아름답게 꽃피운 곳이라는 의미가 들어 있는 중국, 중화, 천하, 천자라는 단어들에는 중국인들의 무한한 자부심이 들어 있다.

예로부터 중국인은 자신들이 세계의 중심에 있고 가장 높은 문명을 발달시켜왔으며, 천자가 이러한 정치·문화의 중심인 중국을 통치한다고 믿어왔다. 이러한 중국인의 자존심은 물리적인 힘보다 문화적인 힘에서 나오는 것이다.

중국인은 스스로 용의 후예라고 자부한다. 용은 길들이면 타고 다닐 수 있을 정도로 온순하다. 그런데 용의 목 아래에는 길이가 한 자나 되는 거꾸로 난 비늘 '역린'(逆鱗)이 한 장 있다. 만일 이를 건드리는 자는 용에게 죽임을 당한다. 평소에는 마냥 좋기만 한 사람도, 어떤 특정한 것을 건드리면 도저히 참지 못하고 평생 원수가 되는 경우가 있다. 그것이 그 사람의 역린인 것이다.

중국인과 접촉할 때 우리가 반드시 유념해야 할 것 중의 하나가 이러한 중국인의 역린, 중화사상에 기반한 자존심을 건드리지 않는 것이다. 지나치게 공식적인 상하복종관계를 적용하며 위압적인 태도로 그들의 자존심에 상처를 입히는 일은 그들의 가슴팍에다 원한의 칼자국을 깊이 새겨두는 일이나 마찬가지일 것이다.

- 교만성
하늘에는 옥황이 없고 땅 위에는 용왕이 없다.
내가 곧 옥황이다. 내가 곧 용왕이다.
내가 왔다. 길을 비켜라.
내 호령 한마디에 온 천하가 길을 연다.

- 문화대혁명 당시 혁명가요

자존은 미래에 취해 있다. 자존은 원대한 야망에 살고, 한없는 의욕에 산다. 그러나 자존이 상대의 도를 넘어 절대적으로 앞서 나가고 자존을 균형 잡아 주는 겸손을 잃은 순간 자존은 교만으로 변해버린다.

외국인이 중국말을 못하는 것 역시 중국인으로 하여금 스스로가 우등한 인종임을 자처하게 만든다. 외국인이 영어로 말을 걸어오면 마치 야만인을 보는 것처럼 경멸의 눈길을 던지고 외마디라도 중국말을 하면 사람으로 취급하려 든다. 비록 천한 노동자일지라도 그들이 말하는 것을 외국인이 못 알아들으면 경멸한다. 중국인은 외래어란 일단 무시하고 든다. 그러기에 중국에 없었던 새로운 문물의 이름은 모두 그들 뜻글자로, 바로 자기네 말로 만들어버린다.

중국의 중화사상도 다른 각도로 뒤집어 보면, 자신만이 전 세계의 중심이라는 과대망상적 사고방식에서 출발한 것이다. 자신을 중화라 부르고 주변 이민족들을 동이, 서융, 남만, 북적으로 송두리째 열등한 오랑캐로 경시해온 중국인의 혈맥 깊은 곳에는 교만성이 잠재하고 있다.

중국인은 또한 자신의 약점을 시인하는 습관이 없고 여러 가지 이유를 내세워 자신의 약점을 속이려고 한다. 그리고 중국인은 허풍을 잘 떤다. 헛소리를 즐겨하며 꾸며낸 거짓말을 잘한다. 중국인은 여전히 '위대한 중화민족'을 선전하고 중국의 전통문화는 전 세계를 뒤덮고 있다고 큰소리치고 있다. 비참한 현실을 말할 수 없기 때문에 아예 허풍이나 거짓말만 늘어놓기로 작정한 것 같다.

교만한 민족은, 지혜로운 민족에게는 경멸받으며, 어리석은 민족에게는 감탄 받고, 기생하기 좋아하는 민족에겐 추켜세워져서 중국인은 교만한 마음의 노예로 살아왔다. 교만은 꽃을 피우긴 하지만, 파멸의 이삭을 열게 했다. 열매 맺는 가을이 오면 그칠 길 없는 눈물을 거두어들여야 했다.

교만은 다시 거만해지고 오만해져서 나중에는 유아독존이 되고 만다. 흔들거리고 굽실거리는 율동적인 것임에도 불구하고 교만은 권위라는 우상의 존엄성까지 띠게 되었다. 아직도 대다수 중국인이 허풍과 거짓말을 당연한 행위로, 자아도취성 교만을 자기확립성의 근거로 착각하고 있다면, 그것은 '중국은 아직도 멀었다'를 일깨워주는 아주 좋은 지표일 것이다.

· 무관심과 유관심

- 무관심

중국인의 무관심은 아주 특별하다. 자기의 일이 아니면 절대로 끼어들지 않는다. 중국인의 무관심은 사회적 산물인 것으로, 그것은 개인의 자유가 법적으로 보호받을 수 없기 때문이었다. 말하자면 자기방어의 수단으로 얻어진 결과이다. 영국인들이 우산을 휴대하고 다니듯이 중국인들은 무관심을 가슴에 품고 다닌다. 무관심은 중국인들에게는 분명히 생존에 절대적으로 필요한 필수조건이라고 할 수 있다.

중국인 부모들은 자녀들에게 밖에 나가면 절대로 남의 일에 끼어들지 말라고 가르친다. 올바른 일이라도 자신에게 불이익이 있을 것

같으면 절대 남의 일에 관여하지 않는 것이 그들이다. 이것은 중국인들이 많은 정치적 변혁을 겪으면서 본능적으로 자기를 방어하는 방법으로 체득한 것이다. 자기 집 대문 앞의 쓰레기를 치운답시고 이웃집 대문으로 밀쳐버리는 행위는 남이야 죽든 살든 내가 알 바가 아니라는 무관심이고 사회에 대해서 악성적인 협조와 정치적 무관심으로 표출되고 있다.

중국에서 가장 성공한 신문기자는 자기 의견이 털끝만큼도 없는 사람을 말한다. 중국의 지식인들은 시사문제에 있어서 자기의 의견이 없음을 큰 자랑으로 여긴다. 무관심은 도덕적인 보장이 아니라 법적인 보호가 없기 때문에 이루어진 사회적인 악덕이다. 중국인의 무관심한 눈빛은 오직 자기보호의 방편이며, 그것은 문화의 어두운 면에서 생성된 표정일 뿐이다.

- 유관심

얼마 전 상하이에서 광저우(廣州)를 향해 달리던 열차의 객실에서 한 젊은 여성이 깡패 두 명에게 윤간을 당한 사건이 발생했다. 그 객실에는 1백여 명의 승객이 타고 있었다. 그러나 연필깎이용 칼 외에는 별다른 흉기도 없는 금수보다 못한 그들의 만행을 저지하려는 사람은 아무도 없었다. 승객들은 얼굴색 하나 변하지 않고 강간당하는 장면을 뻔히 지켜만 보았다. 난행당한 뒤 객차 복도에 버려져 꿈틀거리는 여인의 몸뚱어리를 무슨 문지방 건너듯 지나쳤다. 1백여 명의 사람들은 처음부터 끝까지 승객이 아니라 관객이었다.

이것을 심리적으로 분석하면 관객이 많으면 많을수록 책임감이 적어지고 자기 이외에 누군가가 도와줄 것이라고 생각하다 보니까 결국 아무도 도와주지 않는 현상이 발생하는 것으로 해석할 수 있다. 모든 사람의 무관심은 그 사건이 자신과 상관없기 때문이다. 만일 그 객차 복도에 인민폐가 한 무더기 쌓여 있었다면 정반대의 현상이 벌어졌을 것이다.

이렇게 중국인은 남의 일에는 철저히 무관심하지만 자기 이익에는 철저히 유관심하다. 중국인은 상대방이 자기보다 손해를 본다면 무관심하게 되고, 자기가 받을 것이 조금이라도 모자라면 유관심하게 된다. 매우 편리한 계산법이다.

중국인은 자신의 이익과 크게 상관없는 한 꼬치꼬치 따지는 것을 별로 좋아하지 않는다. 만사가 그저 대충대충이다. 그러나 자기가 챙겨야 할 금전적 이익에서는 그냥 넘어가는 법이 절대 없다. 다른 숫자는 대여섯 자리 수까지 0으로 셈하지만 인민폐는 소숫점 이하 대여섯 자리까지 따지는 사람들이 중국인이다.

돈 버는 일은 중국인의 본능이자 숨쉬기처럼 당연한 일이며, 중국인이 준수하는 사회도덕이나 윤리와 같다. 중국인들은 돈을 한 푼이라도 더 벌기 위해 대체로 본심을 타인에게 노출하지 않으며, 필요한 정보도 상대방보다 먼저 내놓지 않는다.

중국인은 사후세계에서의 영생에는 무관심하지만 현세에서의 부귀영화와 쾌락추구에는 유관심하다. 그들은 물질적 욕망의 최종적인 발로인 음식문화를 발달시켰고 현실에서의 불로장생을 위한 많은 식이요법과 의약학을 발달시켰을 뿐만 아니라 음양교접의 방중술도 발전시켰다.

· 인내성과 굴종성

- 인내성

쉰 살이 넘은 공자는 제자들을 이끌고 14년 동안 여러 나라를 유람했고 온갖 괴로움을 이겨냈다. 맹자는 고통을 필요한 것으로 여겼을 뿐만 아니라 고통을 이기고 인내하는 정신을 노래하기도 했다.

하늘에서 사람을 내려 보내면서 내린 사명 중
반드시 먼저 정신은 고통을 느끼고, 근육과 뼈가 일하게 히고,
신체가 배고픔을 느끼고, 몸이 궁핍해야 할 것이다.

본래 '천천히'라는 뜻을 가진 부사, 만만디(慢慢地)는 중국인을 가리키는 대명사가 되었다. 인내성은 유유자적하는 만만디의 여유에서 나온다. 한편 그것은 인구과잉과 가난 속에서 살아남으려고 발버둥친 데서 얻어진다. 중국인은 참는 데는 이골이 나 있다. 일상생활에서도 웬만한 불편이나 고통쯤은 참는 것으로 해결한다. 좀처럼 그것을 개선한다거나 불평을 토로하지 않는다. 그리고 여간해서는 감정을 얼굴에 나타내지 않는다. 철저한 포커페이스인 셈이다.

고통에 대한 무한한 인내력과 강인한 근성은 생존을 위한 중국인의 본질이자 품성이다. 중국인이 인내성을 배우는 곳은 학교가 아니라 중국 사회의 축소판인 옛날 대가족 제도의 환경이다. 한 가족 안에는 의붓딸과 이복형제들이 매일 매일 서로 참아가면서 생활하는데, 이러한 갈등과 마찰을 피하다 보면 어느새 인내하는 덕을 터득하는 것이다. 중국을 여행하는 외국인들은 중국의 도자기에만 혹하

지 말고 이 인내성도 조금 배워온다면 큰 도움이 될 것이다.

중국인은 일상생활에서 참는다는 말을 자주 한다. 무조건 참는 것이 미덕으로 되어 있다. 인내는 신용과 함께 그들이 장사하는 데 있어 가장 중시했던 덕목 중의 하나다. 그래서 중국인과 협상할 때 요구되는 접근방식은 인내를 갖고 한 겹씩 양파를 벗겨나간다는 태세를 갖추는 것이 가장 중요하다.

자신들의 마지노선을 미리 정해놓고 그것보다 더 높은 조건을 제시해 밀고 당기다가 벼랑 끝에까지 가서야 비로소 자신들이 생각하는 것보다 조금이라도 나은 선을 제시하는 게 중국인이다. 그들과의 협상에서 성공하는 무기는 별다른 게 없다. 불같은 열정도 화끈한 호기도 소용없다. 자제력을 잃어 길길이 날뛰거나, 발끈 화를 내어 제풀에 꺾여서도, 억장이 무너져서도 절대 안 된다. 중국인의 인내력보다 좀 더 오래 참는 '초중국인적 인내력'과 좀 더 집요하게 버티는 '차가운 용기'라는 무기로 맞서나가는 길뿐이다.

- 굴종성

중국인이 서양인보다도 몇 배나 더 가혹한 전제 정치, 무정부 상태, 폭정을 참아왔기에 무감각해진 건 아닐까? 린위탕(林語堂)은 치욕조차도 쉽게 인내하는 중국인의 도덕적 불감증이 환멸스러운 민족성의 하나라고 한탄하기도 했다. 인내성이 마음의 여유에서 나오는 것인가 하면 꼭 그런 것만은 아니다. 인내성은 한편으로 전쟁의 역사, 폭정과 굶주림에 따른 체념의 산물이기도 한 것이다. 수동적이고 좀처럼 저항하지 않는 중국인의 특성을 가리켜 어떤 학자는 변태 피학대증적 기질이라고 꼬집었다.

루쉰은 자기 민족의 과도한 굴종성을 다음과 같이 비판했다.

아무런 죄가 없는 사람이 관청에 끌려가 얻어맞고서도 머리를 땅에 붙이고 '나으리, 감사합니다!'라고 말한다. 이런 모습은 중국 민족만의 특성이다.

그런데 1996년 초여름 『NO라고 말할 수 있는 중국(中國可以說不)』이라는 의미심장한 제목의 책이 중국에서 출판되었다. 다섯 명의 중국 신세대 지식인들이 공동으로 쓴 그 책은 나오자마자 8백만 부가 팔려나가 공전의 베스트셀러가 되었다. 뿐만 아니라 장쩌민 총서기까지도 당 고위간부들에게 읽어볼 것을 권해 화젯거리가 되었다.

21세기 중국의 무서운 아이들, 그들은 책에서 가장 혐오스러운 인간은 서구문화에 물든 중국인이라며 일부 중국인에게 전염되어 있는 친미적 성향은 구세대 중국인의 뿌리 깊은 굴종성의 발로라고 꼬집었다. 그리고 온몸의 솜털이 일어서는 듯한 경고의 말을 내뱉고 있다.

사자가 조련사보다 훨씬 강하다. 그런 사실을 조련사는 알지만 사자는 모른다. 그러나 사자가 그 사실을 알아버렸는데도 조련사가 예전처럼 사자를 길들이려 한다면 어떻게 될까?

· 평화성과 투쟁성

- 평화성

어찌 보면 늙는다는 것은 익어간다는 것이고 발효되어간다는 것이다. 대부분의 중국인은 농경문화민족 특유의 평화성을 유지하며 자신의 삶을 낙관하고 만족하며 평범하게 하루하루를 살아가고 있

다. 무엇이든 '하나로 뭉친다.'에 가장 절실히 필요한 덕목은 관용과
원숙성과 너그러움 등을 포괄하는 평화성이다. 중국인은 대체로 이
런 노인의 특성인 평화성을 지녔다 할 수 있다. 쉽게 서두르지 않고,
쉽게 뜨거워지지 않는 태도는 오랜 전통과 문화를 가진 민족과 노인
만이 지닐 수 있는 철저한 인생관이다.

노자의 이름이 '늙은이'란 뜻을 가진 것은 단지 우연만은 아닐 것
이다. 사람은 나이가 들수록 이상주의의 열정이 사라져가는 대신 감
정을 억제하는 이성의 힘이 길러지고 어떠한 상황에서도 마음의 평
화를 잃지 않는, 원숙성이 익어가는 것 같다. 성공했을 때는 공자의
사상을, 실패했을 때는 도교의 철학을 찾는 사람들이 바로 중국인이
다. 공자는 인간의 내면을 성장시키고 완성하는 데 주력했지만 노자
는 그 내면을 바라보면서 미소 지었다.

중국인의 자살률은 다원론적인 가치관과 평화적인 성향으로 인해
세계에서 가장 낮다.

중국인은 도교사상적인 냉소주의와 유교사상적인 생활의 이상적
인 조화라는 개념을 바탕으로 성숙된 지성적인 민족이다. 덕분에 세
계에서 가장 싸움을 못하는 민족이기도 하다. 중국인은 예로부터 다
른 나라와의 전쟁에서 이기려고 한 적이 없다고(?) 자신 있게 말하고
있다.

제1차 세계대전이 끝난 후에 체결된 베르사유 조약을 보더라도,
중국인의 눈에는 지극히 비열하고 공명정대하지 못해 너그러움 같
은 것은 보이지 않았다. 생활과 인간성에 대한 원만한 이해를 갖는
것을 이상으로 삼아온 중국인의 평화성도 여기에서 연원된 것이라
고 할 수 있다.

루쉰은 「아Q정전」에서 중국인이 평화롭게 세상을 살 수 있는 이유 중의 하나가 '정신승리법'이라고 적고 있다. 예를 들어, 도박판에서 돈을 따고서도 실컷 두들겨 맞고 나오는데, 집에 돌아와 자신의 뺨을 때리고는 자신이 다른 사람의 뺨을 때린 것으로 간주해 결국은 자신이 승리했다고 생각하는 것도, 실제로는 자신이 당했으면서도 정신적으로는 자신이 남을 때려주었으니 승리한 것이라고 여기는 것이다

- 투쟁성

보양(柏陽) 선생은 『추악한 중국인』에서 이렇게 말했다.

중국인이 있는 곳에는 반드시 중상모략과 내부투쟁이 일어난다. 중국인은 영원히 단결할 수 없다. 중국인의 몸에는 단결이라는 세포가 모자란 것처럼 보인다. 중국인을 못살게 구는 것도 외국인이 아니라 중국인 그들이다.

중국인은 한 사람씩만 보면 한 마리의 용과 같다. 중국인은 한 사람이라면, 그 장소가 연구실이든 시험장이든 인간관계를 필요로 하지 않는 상황에서는 대단히 훌륭한 사업을 할 수 있다. 그러나 세 사람의 중국인이 함께 모이면, 즉 세 마리의 용이 함께 모이면 금방 한 마리의 돼지, 한 마리의 벌레만도 못하다. 그 이유는 중국인이 가장 잘하는 일이라고는 내부투쟁이기 때문이다.

중국말에는 우리말에 있는 '말 속에 뼈가 있다'라는 뜻의 언중유골(言中有骨)이 없다. 그 대신 '웃음 속에 비수가 숨어 있다'라는 소중장도(笑中藏刀)가 있다. 이 점을 주의해야 한다. 중국인은 저마다 가슴속에 칼 한 자루를 품고 산다.

사물의 본성은 쉽게 사라지지 않는다. 어떤 환경에서는 잠시 동안 억압되어 있지만 적당한 환경이 주어지면 다시 폭발한다. 공자의 표정과 노자의 웃음만 흘리는 온화하고 느긋한 중국인도 많지만 그 웃음의 행간에는 비수가 어른거리고 피내음을 풍기는 중국인도 부지기수다. 도척보다 난폭·잔학하고 예의범절에 구애받지 않는 중국인의 수도 만만치 않다. 협객 반, 건달 반의 중국인들은 탁자를 두드리며 큰 소리로 노래 부르기도 하고, 눈을 부릅뜨고 술을 벌컥벌컥 마시기도 하고, 다른 사람을 잘 때리기도 하며 욕도 잘한다. 그들의 감정은 일단 폭발할 때 그 위력이 상상을 초월한다.

반만년 중국사의 뒤안길은 중상과 모략, 암투와 음해의 벌판으로 끝없이 이어진다. 황실의 어전회의부터 시골의 촌로회의까지 중국의 모든 집회석상에는 입으로는 "황은이 망극하나이다."가, 가슴속으로는 "네놈에게 뜨거운 맛 좀 보여주마."가 쌓여왔다. 복잡·미묘한 배후와 배후가 서로 얽혀들고 모반은 거듭되어 끝없는 내부투쟁의 구렁텅이로 빠져들었던 사례는 바닷가 백사장의 모래알보다 많다.

중국인이 잘 하는 말 중에 "10년 내에만 복수하면 사나이라고 할 수 있다."라는 말이 있다. 그만큼 속을 잘 드러내지는 않지만, 어떤 분한 일을 당했을 때 잘 잊어버리지 않는 것도 중국인이라는 사실을 잊어서는 안 된다. 중국인들은 오랜 옛날부터 청부살인의 방식으로 원수를 갚아왔다. 복수할 때면 자신은 표면에 나타나지 않고 친구나 권력이나 금력을 빌려 원수를 처단해왔다.

불쾌한 일을 당해도 화를 내지 않고 웃는 중국인이 많다. 그러나 그들은 몇 년, 몇 십 년 후, 아니 대를 이어서라도 복수의 칼을 가슴에 품었다가 상대방이 그 일을 완전히 잊어 버렸거나 반격의 힘을 잃었다고 판단되는 어느 날, 뽑아드는 것이다.

· 포용성과 정체성

- 포용성

56개 민족, 13억 인구, 한반도 면적의 45배의 영토를 하나로 묶는 중국, 막강한 중국의 힘은 포용성에서 나온다. 무수한 이질적인 것이 충돌하는 현실에서 그것들을 편 가르거나 배제하려 하지 않고 조화시키려고 하는 데서 무한한 중국의 힘은 솟구쳐 나온다. 하늘과 땅이 합치되는 더욱 원칙적인 융화와 이질적인 것을 모두 관용하는 좀 더 넓은 도량은 중국과 중국인이 가진 중요한 자산이다. 중국인은 온 천하가 자기네 천자의 통치를 받아들이고, 중화문화를 수용하는 것이 가장 이상적인 것이라고 보았으며, 하늘 아래 있는 모든 땅이 천자의 땅이 아닌 것이 없고, 온 천하에 사는 사람들이 천자의 백성이 아닌 사람이 없다고 생각해온 것이다. 이런 자부심에 근거한 포용성이 한족이 아닌 소수민족도 그들 스스로 중화민족이라는 데에 대해 강한 귀속감을 느끼게끔 만들어주고 있다.

역사적으로 볼 때 중국을 침략한 모든 이민족은 자신도 모르는 사이에 자신들의 문화를 모두 버리고 중국 문화를 흡수하고 계승해 중국에 동화되었다. 중국인은 세계의 어떤 문화도 자기의 것으로 동화시켜버리는 포용력과 흡인력을 갖추고 있다. 이민족이 중국을 침입했고 또 어떤 때에는 중국을 지배한 적도 있었지만 모든 것이 황허 물에 휩쓸려가듯 이민족의 문화는 모두 중화문명에 자취도 없이 녹아버렸다.

중국인은 '지는 것이 곧 이기는 것'이라고 믿는다. 중국과 전쟁을 벌여 이긴 나라는 있지만 중국을 오랫동안 지배한 나라는 없었다. 중국인은 이민족과 외국인에 대해 밑바닥을 알 수 없는 늪과 같은 포용성을 지니고 있다. 사랑만큼 평화롭되 사랑만큼 강력하고 오래가는, 중국인의 포용성, 필자는 그것이 가장 부럽다.

- 정체성

중국인이 입버릇처럼 쓰는 금방이라는 뜻의 마상(馬上)이라는 말(言)을 곧이곧대로 믿어서는 큰일 난다. 한 외국인이 중국의 말(馬)은 어째서 소보다 느리냐고 항의하면 본전도 찾기 힘들어질 경우가 있다. 말은 말이되 주인을 닮아 여유작작하거나 멈추어 있는 말이라면 소보다 훨씬 느릴 수밖에 없지 않은가?

세월이 지남에 따라 황허의 바닥에는 더러운 것이 많이 고일 수밖에 없다. 죽은 물고기나 죽은 고양이, 죽은 쥐 등이 가라앉기 시작하고 물의 흐름이 멈추게 되면, 그것은 곧 죽은 물이 고인 연못으로 전락하고 만다. 그 위에 더러운 것이 가라앉게 되면 더욱더 악취를 발산한다. 이것이 바로 보양 선생이 지적하는 '된장독' 문화이다.

된장은 찐득찐득하고, 점액질이 아니며 그다지 유동적인 것도 아니다. 중국인은 너무나도 긴 세월 동안 된장독 밑바닥에 잠긴 상태였으므로 대부분이 이기적이고 음습한 성격으로 바뀌어버렸다. 중국인은 오랫동안 전제 봉건사회제도의 속박 아래, 즉 '된장독'에서 된장처럼 오래오래 살아왔으므로 사상이나 판단, 그리고 도덕적 용기도 이 된장독 속에서 뛰쳐나올 수가 없게 되었다. 오랜 세월을 이와 같은 나태한 환경 속에 빠져들어 모든 것을 속임수로 끝내고 있을

동안 최후를 강요당하는 날이 찾아온 것이다.[81]

'배스킨라빈스 31' 같은 중국의 맛

중국은 넓다. 유럽 전체면적보다 넓다. 중국의 한 성은 웬만한 나라의 전체면적보다 넓고 인구도 훨씬 많다. 중국의 성(省) 중에 우리 남한 면적보다 작은 성은 하이난성(海南省) 1개뿐이다. 북쪽의 헤이룽장(黑龍江) 사람과 남쪽의 광둥 사람은 천양지차다. 동쪽의 산둥 사람과 서쪽의 시짱(西藏, 티베트) 사람은 천지차이로 다르다. 그런데 왜 우리는 '유럽인 그들은 누구인가?' 하지 않으면서 천양지차 중국인을 하나로 뭉뚱그려 '중국인, 과연 그들은 누구인가?' 타령만 하고 있는가? 한중수교 4반세기가 다가오도록.

유럽인이라도 북유럽의 핀란드 사람과 남유럽의 그리스 사람은 전혀 다르다. 유럽연합(EU)이 생겨난 지 수십 년이 지났는데 '유럽인 그들은 누구인가?'라는 말은 거의 사용하지 않는다. 영국인, 프랑스인, 독일인, 이탈리아인, 스페인인 등등으로 구분한다.

중국인은 다종다양하다. 중국인과 사귀는 일은 실상 각 지역의 중국인과 사귀는 일이다. 중국에서의 사업은 실제 그 지역 중국인과 거래하는 것이다. 남녀구별 없는 추상적인 사람은 없다. 구체적인 남자와 여자가 있다. 추상적인 중국인도 평균적인 중국인도 없다. 구체적이고 지역화된 중국인밖에 없다. "인간은 사회관계의 총화이다"라는 말대로 중국인은 지역사회관계의 총화이다.

중국의 31개 성급 지역(성 22개, 자치구 5개, 직할시 4개)은 마치 '배스킨라빈스 31' 아이스크림 같다. 31종의 아이스크림은 아이스크림이나 맛은 각각 다른 아이스크림이다. 31개의 성에 사는 중국인은 각각 다른 중국인이다. 중국 31개 성급 지역의 주민은 31개 개별국가의 그것처럼 언어, 민족, 풍토, 정서, 관습, 가치관 등등 제각각이다. 광둥성과 인접한 푸젠성의 언어는 스페인과 인접국 포르투갈의 언어가 서로 다른 것보다 더 다르다. 불어와 독일어가 다른 것만큼 다르다. 물론 광둥과 푸젠, 두 지역민의 정서, 풍습, 가치관 등도 언어가 다른 것만큼 다르다.

　　이런 중국의 성별 차이를 우리나라 경상도, 전라도, 충청도 차이 정도로 생각하면 착각도 이만저만한 착각이 아니다. 소금이 짜다는 사실은 맛을 보아야 알 수 있듯, 존재는 실제 체험을 통해 파악된다. 예로부터 우리나라 식자층이 애호하여온 탁상공론식 관념론이나 연역법 따위로는 두껍고 복잡한 다층구조 중국의 피부에 접근조차 할 수 없다. 실제 체험을 통한 경험론과 귀납법이 그나마 중국의 속살을 엿볼 수 있는 최선의 접근방법이다. 중국의 각성 사람들의 특성을 탁상에서 문헌에만 의존하여 유형화하거나 개인적 경험을 일반화하여 억지로 끼워 맞추는 게 아니라는 것은 중국 각지를 여러 번 여행했거나 여러 군데서 오래 살아왔거나 중국 각지 사람들과 속고 속이며 거래를 해 본 사람이라면 누구나 공감하는 실체적 진실이다.[82]

중국 '북녘 서울' 베이징 vs '남녘 서울' 난징

오늘날 베이징(北京)과 난징(南京)은 서울 경(京)자를 쓰는 중국의 유이무삼(有二無三)한 도시다. 중국의 수도 베이징은 서울이나 워싱턴처럼 특별시가 아니다. 상하이・텐진・충칭과 더불어 4개 직할시 중의 하나다. 베이징은 특별하지 않다. 직할시 중의 '원 오브 뎀'(one of them)에 지나지 않는다.

중국인들은 타 지역에서 베이징으로 갈 때 '상경'(上京)한다는 말을 쓰지 않는다. 중국에는 서울과 지방, 즉 '경향'(京鄉)이라는 단어 자체가 없다.

베이징은 강이 없어 메마른데다가 봄이면 서북쪽의 사막과 황토고원에서 몰아치는 황사의 습격으로 백주(白晝)대낮이 아니라 '황주'(黃晝)대낮이 된다. 또한 북쪽으로 불과 60㎞ 떨어진 만리장성 너머 이민족의 침입 가능성을 자나 깨나 잊으면 안 되었기에 살벌한 느낌마저 든다.

베이징의 면적은 1만 6808㎢로 서울 면적의 약 28배, 즉 서울과 경기도, 충청북도를 다 합한 넓이 정도다. BTV (베이징 TV)는 베이징을 여러 개 지역으로 구분해 일기예보를 한다.

중국에서 살면서 한국을 바라볼 때마다 가장 한심하게 느껴졌던 건 다름 아닌 중국의 96분지 1, 중국의 1개 직할시(충칭직할시, 8만 2000㎢)와 엇비슷한 좁은 남한 땅(9만9000㎢)에서의 망국적 지역갈등이다.

우리나라에서 행정수도 문제가 핫 이슈가 되었을 당시 중국에서도 관심이 많았다. 필자가 베이징에서 여름방학을 보낼 당시 한 중국인 친구가 수도를 어디로 천도하느냐고 물었다. 그래서 지도를 꺼내 공주 부근을 가리키며 여기라고 했더니 중국친구의 했던 대답이 기억에 남는다. "흐응, 거기서 거기네."

거기서 거기라니 일순간, 당황했지만, 금방 수긍이 갔다. 그도 그럴 것이 서울에서 공주로 천도하는 건 베이징으로 치자면 제일 북쪽 구(區)에서 제일 남쪽 구(區)로 가는 거나 마찬가지니까.

베이징은 춘추전국시대 연(燕, BC11~BC222)나라부터, 요(遼, 907~1125), 금(金, 1115~1234), 원(元, 1260~1368), 명(明, 1402~1644), 청(淸, 1644~1911)나라의 수도로서 천년의 역사를 이어왔다. 요나라 이후 수도로 베이징에 도읍을 정한 제국은 최소한 100세가 넘는 장수를 누려왔다. 더구나 베이징은 분열기 지방정권의 수도가 아니라 원·명·청, 현재 중화인민공화국(1949~)에 이르기까지 합계 약 700년간 통일국가의 명실상부한 수도였다는데 여타 중국의 고도(古都)와는 차원 자체가 다르다.

중국의 또 하나 서울이자, 남쪽 서울이라 할 수 있는 난징으로 가보자. 난징 북쪽으로는 중국 제1의 강이자 '어머니 강'인 창강(長江, 일명 양쯔강, 약 6300㎞)이 동에서 서로 흐른다. 우리나라 김제평야보다 수백 배 넓은 대평원 지대의 중심에 위치한 난징은 물산이 풍부하며 교통이 편리하고 미녀도 많은 도시로 이름이 높다.

난징의 면적은 6597㎢로 서울 면적의 10배가량이다. 난징의 여름 날씨가 충칭, 우한(武漢)과 더불어 중국의 3대 찜통으로 손꼽힐 만큼 무더운 것을 빼놓고는 사계절이 뚜렷하고 기후도 쾌적한 편이다. 특히 난징의 가을은 우리나라 가을 못지않게 아름답고 날씨가 좋다.

하지만 난징에서 주목할 부분은 이런 지리적 개황보다 수도로서의 역사다. 삼국시대 손권의 동오(東吳, 220~280)부터 시작하여 동진(東晉, 317~420), 송(宋, 420~479), 제(齊, 479~502), 양(梁, 502~557), 진(晉, 557~589), 남당(南唐, 937~975), 명(明, 1368~1402), 홍수전의 태평천국(太平天國, 1853~186), 쑨원과 장제스의 중화민국(中華民國, 1912~1949)까지 모두 10개 왕조・정부의 도읍기간을 다 합쳐도 기껏해야 300여년 정도다.

명나라 초기의 35년간을 제외하면 죄다 분열기 또는 지방정권의 수도에 지나지 않아, 고도(古都)로서의 질적 차원에서 볼 때 난징은 베이징에 비할 바가 아니다.

・'각성'의 도시 베이징 vs '이완'의 도시 난징

난징에 도읍을 정했다하면 제국이건 공화국이건 간에 평균수명이 30여년이며 3대를 못 넘기고 요절하는 등 말로가 비참했다. 한마디로 '도읍지로서의 난징'은 승지가 아니라 패지요, 축복이 아니라 저주받은 도시다. 명나라도 3대 황제 영락제가 1402년 수도를 난징에서 베이징으로 옮겼기에 망정이지, 그대로 난징에 주저앉았다면 단명하고 말았을지 모른다고 한다. 쑨원과 장제스의 가장 큰 실책 중하나가 난징을 수도로 삼은 것이라는 견해도 있다. 도읍지로서 '풍요의 난징'이 '결핍의 베이징'에 비해 훨씬 못한 까닭은 무엇일까?

다산 정약용은 "중국이란 만리장성 이남에 있는 나라를 말한다." 라고 '아방강역고'(1811년 저)에 썼다. 그렇다면 만리장성은 휴전선이나 다름없고 베이징은 항상 깨어있어야 하는 최전방 국경도시나 다름없다. 베이징을 사람에 비유하면 엄숙하고 절제된 언행에 근엄

한 표정에 칙칙한 색조의 관복을 입은 초로의 남자 같은 분위기다.

반면 난징은 머나먼 남녘 후방 깊숙이 자리한 안락하고 풍요로운 도시다. 게다가 중국 제1의 강 창강이 도시 북쪽을 막아주는 천연의 장벽이 되어주고 있다.

그래서일까? 베이징이 '각성' 상태의 도시라면 난징은 '이완' 상태의 도시라 할 수 있다. 왠지 모르게 난징에서는 낮잠을 즐겨도 되고 시도 때도 없이 게으른 하품이 나올 것 같은 분위기다.

남성적인 베이징과는 대조적으로 난징은 여성적인 도시다. 난징을 사람에 비유하면 단아한 몸매와 기품 있는 용모, 우아한 미소를 담은 표정에 약간 관능적인 전통의상 치파오 차림의 중년 여성이라고나 할까?

두 차례의 난징대학살

포난생음욕(飽暖生淫慾), 편안하게 잘 살면 방탕해진다고 했다. 물 좋고, 땅 좋고, 경개 좋고, 인물 좋고, 어디 하나 빠진 곳 없이 살기 좋은 땅, 난징(南京)은 풍요로움 그 자체다.

하지만 평생을 치열한 혁명의지로 살고 죽기를 각오한 영웅이라면, 난징은 오래 머물 땅이 아니다. 항상 깨어있어야 하는 영웅이 풍만한 난징의 품속에 일단 안기면 오묘한 안온감에 도취되어 정신이 혼미해지는 걸까? 청신한 상무기풍(尚武氣風)이 넘치던 영웅이 난징으로 들어가기만 하면 시나브로 부패한 탐관으로 전락되어져 간다.

난징은 영웅에게 죽기 전에 이미 죽는 곳이며 육체는 살이 찌나 정신은 썩어지는 곳이다. 부패삼매경에 빠져 정신적으로 죽은 지 이미 오랜 영웅이 육신의 생을 마감하면 그 시체의 온기가 식기가 무섭게 무수한, 무고한, 무심한 백성들의 대학살의 혈하가 창강(長江)으로 흘러나왔던 곳이 난징이다.

그러한 영웅의 타락으로 인해 난징의 평민 백성은 19세기와 20세기 두 차례의 '난징대학살'을 겪어야 했다.

1853년 2월 11일 태평군의 영웅 홍수전(洪秀全, 1814~1864)은 210만 명의 태평군(여군 30만 명)을 이끌고 난징을 점령했다. 홍수전은 국호를 태평천국으로, 난징을 '하늘의 서울'이라는 뜻으로 '천경(天京)'이라 정했다. 대륙의 남반부를 12년간 점령 통치하며 내걸었던 기치는 원시 기독교적 평등주의였다. "땅이 있으면 모두 똑같이 농사를 짓고, 밥이 있으면 모두 똑같이 먹고, 옷이 있으면 모두 똑같이 입고, 돈이 있으면 모두 똑같이 쓴다."는 사회다. 태평천국에서는 의식주는 물론 관리의 임면, 등용, 파직, 재판에 이르기까지 균등하고 공평하게 행해진다.

그러나 태평천국은 철저히 실패했다. 그 실패의 원인을 요약한다면 혁명정부의 '공약 제1조'라고 할 수 있는 토지의 평균주의적 분배 약속의 불이행에 따른 농민들의 실망 및 혁명 지도세력의 내부분열, 의병의 형태로 무장한 사대부 세력의 반발과 외세의 개입이다.

무엇보다도 난징 정착이 가져다 준 무사안일과 무사태평 속에서 태평천국은 지도층의 내분과 기존 왕조와 다를 바 없는 사치와 방탕, 부패와 타락의 삼매경에 빠졌다. 홍수전은 옥새를 만들고, 백성들에게 만세를 부르게 하고, 천왕으로서 권위를 과시하고자 미녀 18명을 뽑아 후궁으로 삼는 등 중국의 역대 제왕과 같은 형태를 추구하였다. 혁명군 지도층의 부패는 그들에게 타도됐던 구지배층을 훨씬 능가했다.

1864년 7월 19일 '하늘의 서울' 난징을 함락한 청나라의 진압군은 남녀노소를 불문하고 대학살을 자행하니 이때 죽은 사람이 20여만 명이다. 하늘의 서울이 '지옥의 서울'로 변하였다. 이러한 '19세기 난징대학살' 후 몇 십 년이 탄환처럼 흘렀다.

1927년 4월 18일 국민당 혁명군 총사령관 장제스(蔣介石, 1887~1975)는 난징을 중화민국의 수도로 정하였다. 그로부터 10년간 지도층은 부정부패와 흥청망청에, 서민층은 안분지족·안빈낙도·태평세월에 빠져있었다. 하지만 1937년 12월 13일 일본군은 난징을 점령하였다. 일본군은 단 한 달 만에 30여만 명의 무구한 인명을 살해하고 9만여 명의 여성을 강간했다.

중국 장기체류 시절의 어느 여름날, 필자는 '태평천국 역사박물관'을 방문한데 이어 관광객들의 대열에 섞여 무심코 또 다른 관광지 '난징대학살 기념관'을 찾았다. 거기서 필자는 매일 평균 1만 명 살육, 3000명 강간이라는 천인공노할 '악마의 굿판'을 벌인 일제 만행의 증거물을 목도했다.

거기서 필자는 지옥을 보았다. 악마를 보았다. 임산부의 배를 도려내면서도, 일본도(刀)로 소년의 목을 잘라내면서도, 그들은 싱글벙글 웃고 있었다.

기념관 앞 광장으로 뛰쳐나온 필자는 명치께 부근 뭔가 심하게 엉키고 뭉친 걸 풀어내고 싶었다.[83] 그러나 그것은 한 줄기 눈물로는 쉽게 뽑아낼 수 없었다. 인간에 대한 절망을, 역사에 대한 분노를 창자까지 쏟아낼 듯한 토악질로 마구 해댔다. 어느 무더운 여름날 난징에서였다.[84]

중국엔 '양쯔강'·'만주'·'홍콩반환'이 없다

남조선, 조선어, 조선반도, 일·한 관계…. 필자가 중국에서 장기 체류할 때 가장 귀에 거슬렸던 용어들이다. 이런 용어를 들을 때마다 필자는 정색하며 중국인에게 '한국, 한국어, 한반도, 한·일 관계'로 정정할 것을 요구했다.

반대로 한국인이 중국인이 싫어하는 용어를 쓰다가 나중엔 어색한 사이로 틀어지는 장면도 필자는 적잖게 보았다. 특히 중국 지식층일수록 질색하는 용어에는 뭐가 있을까? 중국인과의 교류에서 '역지사지' 자세가 필요한 몇 가지 용어의 예를 들어보겠다.

·첫째, 중국에는 '양쯔강'이 없다

한국과 일본, 서구에서는 대개 '창강'(長江)을 '양쯔강'(揚子江)이라 부른다. 하지만 양쯔강은 원래 양저우(揚州) 일대의 창강 일부 유역을 지칭하는 말이다.

몇몇 중국 친구들은 외국인이 자기네 중화민족의 어머니 강, 창강을 양쯔강이라 부르면 왠지 모를 서운감과 거리감이 느껴진다고 입을 모은다. 만약 한 외국인이 우리나라의 한강을 '소양강'이나 '홍천강'이라 부른다면 우리 역시 중국인처럼 비슷한 감정을 느끼지 않을까?

·둘째, 중국에는 '만주'가 없다

우리가 흔히 쓰는 '만주(滿洲)'라는 말에 중국인들은 질색한다. 중국인들은 대신 '둥베이'(東北 동북)라고 칭한다.

'만주'는 중국인들에게 매우 기분 나쁜 지명이다. 제국주의 일본이 동북지역에 만주국(1931~1945)이라는 괴뢰정권을 세워놓고 '731부대(하얼빈 근교)'의 생체실험 등 온갖 만행을 일삼던 악몽이 떠오르기 때문이다.

혹자는 반문한다. '중국 소수민족 중에는 만주족도 있지 않나?' 아니다. 중국은 '만주족'이라 하지 않고 '만족'(滿族)이라 칭한다.

또 다른 혹자(특히 미국유학파 한국의 지식인들)는 반문한다. "세계 지도에도 만주의 영어 발음대로 'Manchuria'라 되어 있지 않은가?"라고. 그렇다면 우리가 동해를 '일본해'라고 말하는 외국인에게 이의를 제기했을 때 그 외국인이 "동해를 대다수 세계지도에는 'Sea of Japan'으로 표시하지 않냐?"고 하면 어찌 할 것인가?

∙셋째, 중국역사에는 전한·후한이 없다

한국과 일본에서 중국 주(周, BC 1046~BC 77)나라 이전의 왕조를 대개 은(殷, BC 1600~BC 1046)나라로 칭한다. 하지만 중국에서는 이를 상(商)나라로 칭하는 게 일반적이다. 또한 한국과 일본에서는 유방이 세운 한(漢)나라를 전한(前漢, BC 206~AD 8), 유수가 부흥한 한나라를 후한(後漢, AD 25~220)이라 칭한다. 그러나 중국에서는 이를 각각 서한(西漢), 동한(東漢)이라 부른다. 자국의 역사(시간)와 지리(공간)에 무한한 자부심을 갖고 있는 중국인 대다수는 이를 일본 제국주의식 용어라며 상당히 불쾌하게 여긴다.

· 넷째, '홍콩반환'과 '문화재반환'은 없다

1997년 7월 1일, 상하이 주재 한국 총영사관이 "'홍콩반환' 축하 기념 국제세미나"를 주최하는 자리였다. 당시 인민일보 상해지사장 궈웨이청(郭衛成)은 필자에게 이렇게 투덜댔다.

"'홍콩반환'이라니, 한국이 홍콩을 우리 중국에게 돌려주었나? '홍콩반환'은 영국이나 할 수 있는 소리 아닌가! 한국의 '8.15 광복절'을 우리나라가 '조선반환'이라 하면 좋겠나? 같은 제국주의 침략으로 고통을 받은 한국이 그렇게 말하다니 엄청 섭섭하다."

사실 우리나라에서 통용되고 있는 홍콩 '반환'(返還)이라는 용어는 제국주의 향수를 버리지 못한 일본 언론의 조어(造語)이다. 홍콩을 99년간 통치했던 '영국의 입장'에서 나온 것이다. 중국에서는 홍콩 '회귀'(回歸)라고 칭하고 있으니 이 역시 중국의 입장이 강하게 드러난 용어로서 둘 다 적절치 않다고 생각한 필자는 '홍콩귀속', '홍콩복귀'라고 쓰고 있다.

'홍콩반환', 사실 남의 일이 아니다. 우리가 흔히 쓰는 '문화재반환'도 반드시 짚고 넘어가야 할 잘못된 용어이다. 문화재반환은 원래 일본의 입장에서 나온 일본신문 용어로서 우리 언관학계가 생각 없이 앵무새처럼 따라 한 일본식용어이다.

'반환'의 사전적 의미는 '빌리거나 차지했던 것을 되돌려 줌'이다. 우리나라가 도대체 어느 나라 문화재를 빌리거나 차지했기에 되돌려줘야 하나? '문화재반환'은 '문화재환수'로 바로잡아야 한다. 참고로 지금 우리가 쓰고 있는 '전시작전권 환수'도 초기에는 '전시작전권 반환'이라고 했다가 일각에서 뭔가 어색하다고 이의를 제기해

'환수'로 바로잡았던 용어이다.

　다섯째, 중국이 동해를 '일본해'라고 부르는 진짜 이유도 한번 고민해볼 만하다.

　이는 중국이 자기나라 '동해'(동중국해)와 구별하기 위해서다. 중국은 흔히 '동중국해'를 '동해'로, '남중국해'를 '남해'로 약칭한다. 중국이 자국의 적대국인 일본 편을 들려고 일본해라고 표기하는 게 아니라는 말이다. 필자는 동해 표기 문제에 중국과 자국의 동쪽 바다를 동해라고 부르고 있는 세계 각국(예; 베트남 등)의 협조를 끌어내기 위해서도 '동해'를 '동한국해'로 표기하는 방안도 검토해 볼만하다고 생각한다.

　한편 일본이 '일본해' 명칭에 집착하는 저의는 일본 제국주의 시절 동해가 '일본의 내해'였기 때문이다. 따라서 우리는 아베의 일본 군국주의 부활 동향에 맞서 싸워야 하는 동시에 '일본해' 명칭을 거부하는 게 마땅하다.

'녹색위기'…. 중국이 직면한 최악의 색깔위기

　중국은 지금 다섯 가지 '색깔 위기'에 처해 있다. 백색(마약), 황색(성범죄), 흑색(조직폭력), 청색(해양영토 분쟁), 홍색(공산당 부패)의 위기를 맞고 있다. 그러나 이러한 다섯 색깔 위기를 훨씬 초월하는 '제1의 색깔 위기'가 있는데 그것은 바로 '녹색 위기', 즉 환경 위기다.

　2008년 베이징 올림픽은 사실 2000년에 개최됐을 수도 있었다. 1993년에 중국정부는 베이징 올림픽 유치를 신청했으나 단 2표차로

시드니에 석패했다.[85]

2016년 중국은 구매력 기준 GDP, 수출총액, 외환보유고, 외자유치액, 에너지생산액, 에너지소비액, 고속철 총연장, 고속도로 총연장 등 세계 1위라는 주요 경제지표 8관왕을 차지했다.

국제연합(UN)안전보장이사회 상임이사국이자 미국·러시아와 함께 3대 핵강국이면서 2020년 달나라 착륙목표의 유인 인공위성을 몇 차례나 쏘아 올린 중국은 이제 국제정치, 군사, 우주과학 대국이자 세계 톱클래스의 경제통상대국이 됐다.

반면 이처럼 여러 종목에서 취득한 A+학점 성적과는 극명하게 대조적으로 중국의 환경분야는 D학점 받기도 과분할 만큼 세계 최하위를 다투고 있다.

중국이 강대국이 될지언정 선진국이 되기는 요원하다는 시각도, 세계의 공장이 아니라 세계의 쓰레기장이라는 막말을 듣는 이유도, 우리나라 사람이 "중국은 한국에 뒤쳐져있다"는 착시현상에 빠지게 만드는 까닭도, 모두 열악하기 짝이 없는 중국의 환경상황이 그 원흉이라고 할 수 있다.

수질 대기오염의 확산과 자원고갈, 도시쓰레기와 소음, 생태환경의 악화, 사막화 현상 등 중국의 환경 문제 중 가장 심각한 분야는 무엇일까?

중국의 환경오염의 최악 하면 으레 황사가 연상되어 대기오염을 떠올린다. 아니다. 수질오염이다. 중국의 수질오염은 세계에서 손꼽을 정도로 심각한 수준이다. 중국 도시에 거주하는 시민들은 매일 스모그 낀 대기 오염에 대해서는 인식하고 심각성을 알고 있지만 수질 오염에 대해서는 보지 못하는 게 문제다. 수질 오염의 정도는 이미 통제력을 상실한 상태다.

· 지하수 80%가 심각하게 오염

근래 몇 년간 중국 전역에는 생태계 파괴와 관련한 각종 괴질이 발생하고 있다. 산시성 어떤 마을은 딸만 낳는다 해서 '공주국'이라는 별명이 붙은 지 오래다. 과학자들이 여러 해 동안 원인을 조사해본 결과 '공주국' 한가운데를 뚫고 흐르는 개천의 상류에 있는 아연광의 카드뮴 때문임을 밝혀냈다.

성인남자가 카드뮴이 과량 함유된 지하수를 오랫동안 마시면 정자의 활동능력이 감퇴하는데다가, X염색체 정자의 저항능력이 Y염색체 정자보다 강해 난자와 수정할 수 있는 기회가 높아져 결국 딸만 낳게 된다는 것이다. 수질 정화처리를 하고 나서부터는 이곳의 여자아이만 낳는 상황은 많이 개선됐다.

중국 수리부는 2016년 전국 2103개 지점에서 지하수를 관측한 결과 4급수가 32.9%, 5급수가 47.3%, 즉 80%의 지하수가 심각한 오염상태에 있다고 밝혔다. 약 2억 8000만 중국인이 오염된 식수를 사용하고 있으며 그중 1억 명은 극약과 다름없는 비소·불소화합물에 오염된 물을 섭취하고 있다. 지하수 수질오염 뿐 아니라 난개발로 지하수 저장량이 급격히 줄고 있는 것도 큰 문제이다(중국 수리부 중국환경상황공보 참조).

· '오염물' 마시는 중국인 9억 명

"1960년대는 쌀을 씻었대요, 70년대는 빨래를 했고요. 80년대는 물이 썩어들더니 90년대는 물고기 등이 굽었지요. 2000년대는 사람들의 뼈마디가 썩어 들어가네요."

요새 중국의 화이허(淮河)강 유역에 유행하고 있는 노래 가사다.

창강(長江) 이북의 하천 중 오염되지 않은 강은 이미 찾아볼 수 없으며 전국 60개 주요하천 주변의 48개 도시는 극심한 '환경병'을 앓고 있다. 9억 명의 중국인이 오염된 물을 마시고 있는 실정이다.

중국 주요하천의 80%에서는 어류 생존이 불가능하다. 중국의 지표수의 약 3분의 1은 사람이 직접 접촉조차 해서도 안 된다. 68종의 항생제 및 90종의 비항생제성 약품성분, 세계 최고로 높은 수치인 독극물이 함유되어 있기 때문이다.

공장 폐수로 강물이 죽어가고 도시의 공기는 극도로 오염됐다. 매년 약 450억 t의 폐수를 호수나 바다로 흘려보내는데 그중 9%를 정화처리하지 않고 있다.

· 상하이에는 바다가 없다

상하이(上海)에 하면 으레 그 지명에서 푸른 물결 넘실대는 망망대해를 연상한다.

상하이에 거주한 지 몇 달이 지났을 때 바닷가에서 태어나고 자란 필자는 눈물이 날 지경으로 바다가 보고 싶어졌다. 어느 주말, 짬을 내어 한 시간 이상 상하이 남쪽 끝 바닷가로 급하게 차를 몰았다. 이윽고 낯익은 갯내가 물씬 코끝을 습격하자 필자의 가슴은 옛 애인을 만나는 것처럼 두근거렸다. 그러나 두 눈에 비친 바다는 끝없이 광활한 무논에다 싯누렇고 붉은 흙탕물을 막 퍼질러놓았다고 할까?

거기에 비하면 우리 황해는 황해가 아니라 청해라고 불러야 할 것처럼 맑고 푸른 편이었다.

"바다는 맑고 푸르다. 동중국해는 탁하고 싯누렇다. 고로 동중국해는 바다가 아니다."의 엉터리 삼단논법이라도 적용해 비난하지 않으면 못 배길 정도로 실망했다. 그 후부터 필자는 상하이에서 바다를 찾는 한국 손님들에게 이렇게 말했다. "붕어빵에 붕어가 없듯 상하이에는 바다가 없다."

비단 상하이 바다뿐만 아니다. 남중국해를 제외한 중국의 바다는 대부분 오염되어 있다. 발해와 동중국해, 황해 순의 해양오염은 모두 세계최고 수준으로 심각하다.

· '대약진 운동'으로 파괴된 삼림

개혁개방 이후 중국정부는 매년 3월 12일을 식목일로 정해 부랴부랴 나무심기를 장려하고 나섰지만 '서산에 해는 곧 지려는데 갈 길은 아직 멀다'는 식으로 산림녹화의 앞날은 암담하기만 하다.

과거 몇 십 년 동안 중국인들은 벌목 다섯 그루, 식목 한 그루식의 매우 효과적인 산림파괴 작업(?)을 열심히 진행해왔다. 한 그루의 어린 묘목을 아름드리 어른 나무로 키워내려면 적어도 수십 년, 심지어 수백 년의 세월이 걸린다. 지름이 약 80㎝인 잣나무를 베어내는 데 걸리는 시간은 도끼 같은 원시적 도구로는 두어 시간이면 족하고, 전기톱 따위의 현대식 벌목기계로는 순식간에 수십 살, 수백

살의 거목을 끝장내버린다.

마오쩌둥 전 주석의 입에서 식량 자급자족과 철강증산을 목표로 하는 '대약진운동' 명령이 떨어지기가 무섭게 중국 인민들은 불개미 떼처럼 일제히 산으로 산으로 올라갔다. 나무만 보면 원수를 만난 것처럼 베어내고 수풀만 보면 빈대 떼를 만난 것처럼 불살라버렸다. 그런 다음 실오라기 하나 걸치지 않은 벌거숭이산의 발끝에서 머리 끝까지 문신을 뜨듯 계단식 논을 만들어 올라갔다.

처음 몇 년 동안 약간의 식량증산 효과가 있었다. 하지만 1960년대에 들어서자 큰물이 질 때마다 계단식 논은 무너져 내렸다. 그때 백절불굴의 노혁명가 마오 주석은 옛날 우공이라는 사람이 굳센 의지로 산을 옮긴 이야기, 중국식 '하면 된다'의 신화, '우공이산(愚公移山)'을 들먹이며 인민들에게 가열찬 혁명정신을 발휘해줄 것을 호소했다.

그러나 마오쩌둥의 가학증(사디즘)적인 엄명과 인민들의 피학대증(마조히즘)적 복종에도 불구하고 분노한 장마철의 강물은 아예 산 전체를 데리고 어디론지 멀리 멀리 떠나고 말았다. 마오 주석이 야심차게 내건 두 개의 슬로건은 20여 년 동안이나 중국을 멍청이로 만들어버렸다.

· 개혁개방 이후 빠르게 파괴된 환경

마오쩌둥의 다음 시대에 등장한 덩샤오핑 등 개혁개방의 중국지도층도 역시 환경문제에 눈을 돌리기는커녕 오히려 더 효율적으로 환경을 파괴해갔다.

중화민족의 '어머니 강' 황허는 잘못된 관개사업으로 만성적인 갈수상태가 더욱 악화됐다. 결국 1990년대부터는 물 부족으로 강물이 바다로 흘러들어가지 않는 사태까지 빚어졌다. 남쪽에 수재가 밀려오면 북쪽에는 사막바람이 몰아친다.

개혁개방 이후 경제를 위하여 환경을 희생시켜도 문제없다는 조급한 경제발전의 욕구 과잉은 '개발이용 중시', '자원보호 경시'와 '경제효율 중시', '환경효율 경시' 풍조를 조장하게 되었다. 이는 다시 개발과 보전, 공익과 사익의 불균형 현상을 가져오고 결국 환경의 오염, 자원의 낭비와 생태계 파괴를 초래하는 근본 원인으로 작용하게 된 것이다. 복수심에 불타는 듯 대자연의 기세에 세계 최대의 인구, 아시아 최강의 정치·경제·군사 대국이자 세계종합국력 제2위 'G2' 중국은 맥을 못 추고 있다.[86]

중국의 진정한 위기, 6억 명의 'I' 족들

1가구 1자녀 정책은 인구증가를 억제하고 놀부들을 복원시키는데 기여했다. 그렇지만 중국대륙에는 수억 명의 외둥이, 어린 황제들이 자라나게 되었다. 이른바 80후, 90후, 00후로 불러지는 그들은 1980년부터 시행된 1가구 1자녀 정책에 의해 태어난 신중국의 신세대들이다. 한족(漢族)가족일 경우 한 쌍의 부부가 아이 하나, 즉 한 가정의 세 식구를 뜻하는 삼구지가(三口之家)로 되어야 했다.

한 가정 당 한 자녀에 대해서는 고등학교 졸업 때가지 학비를 면제해주지만, 두 자녀 이상에 대해서는 10퍼센트 감봉과 벌금부과,

승진의 제한 등 불이익을 주었다. 산아제한 법규가 가장 엄격한 내륙지방의 몇몇 성에서는 두 번째 아이를 낳았을 때 그 아이의 양식을 지원해주지 않았을 뿐더러 호적에도 올릴 수 없는 사생아 아닌 사생아 취급을 받기도 했다. 초등학교 1학년 아동 중 외동아이들이 99퍼센트를 차지했다.

오늘날 중국의 어린이들은 동생도 형도 언니도 누나도 없다. 거의 모두 외동딸 아니면 외동아들이다. 그들은 모두 외로운 어린 황제인 셈이다. 중국의 전통 대가족 제도가 현대화와 중국식 사회주의 건설의 구호로 무너지고, 이제 그 뿌리조차 심각하게 흔들리고 있다. 외동이들은 자연히 과보호를 받고 어리광이 조장됨으로써, 자연히 자기중심적이 되어 버릇없이 자랐다.

중국친구의 집을 방문했을 때, 신경이 곤두서는 일이 많다. '어린 황제'가 아무리 장난을 심하게 쳐도 부모가 나무랄 생각조차 하지 않기 때문이다. 어떤 가정에서는 어린애 하나가 여섯 어른, 즉 엄마, 아빠, 할머니, 할아버지, 외할머니, 외할아버지 손에서 금지옥엽으로 자라고 있다. 아침에 눈을 뜨면 어른들은 서로 다투듯이 아이에게 달려들어 옷을 입혀주고 세안을 시키며 밥을 먹이는 등 하나를 둘러싸고 어쩔 줄을 모른다. 이로 인해 아이들은 옛날 황제 같은 생활을 되풀이하고 있는 것이다.

이렇듯 어른들의 지나친 사랑과 과보호로 제멋대로 자라나는 어린 황제들의 정신세계는 자기만 아는 극단적 이기주의가 팽배하다. 등교시간이면 초등학교 정문 앞에서 웅성거리는 어른들의 수가 학생의 수보다 많다.

집집마다 외동딸이며 외동아들인 그 아이들이 형제의 우애가 무엇인지 모르고 자기만을 중심으로 한, 온실의 연약한 꽃처럼 자라는 것을 보면 장래가 심히 걱정스럽다. 형이 무엇이고 동생이 무엇인 줄 모르는 아이들이 작은 아버지, 고모, 이모를 알 턱이 없고, 더구나 조카란 존재를 모르는 것은 당연하다. 결국 그 어린 황제들은 이상적 사회주의 윤리의 핵심인 협동과 봉사와 이타를 교과서에만 배우고 있다. 가정은 원자화되다시피 해 그들이 사회주의 도덕관을 체득하기란 난해한 미적분을 풀거나 마르크스의 자본론을 이해하는 것만큼 어려운 일이다.

강력한 중국의 가족계획정책은 중국의 인구증가를 억제하는데 커다란 공헌을 했다. 그러나 정반대로 어쩌면 '어린 황제' 문제가 중국 사회주의의 전역에 폭발적인 대변혁을 내장하고 있는 시한폭탄일 수도 있다. 중국 사회의 전통적인 가족관에 엄청난 변동을 가져다 줄 수 있는 이 1가구 1자녀 정책이 앞으로 몰고 올 대변혁의 폭과 깊이는 아마 우리의 상상을 초월하고 남을 것이다.

사람(人)의 사이(間)라는 뜻의 인간(人間)이라는 한자어는 씹을수록 맛이 깊다. 그러나 1가구 1자녀 정책으로 중국에는 사회적 사람으로서의 의미의 인간이 사라졌다. 지극히 이기적인 人과 人만이 있을 뿐이다. '人'이 서로 의지해가며 살아야 하는 의미를 형상화하는 글자로 풀이될 경우 중국의 외둥이들은 '人間' 또는 '人'보다는 고립되고 원자화한 6억의 'I'라 해야 할 것 같다.

자기가 하기 싫은 일을 남에게도 하게 해서는 안 된다는 뜻의 "기소불욕 물시어인(己所不欲 勿施於人)"이라는 공자 말씀이나, "이웃을 내 몸 같이 사랑하라"는 예수 말씀까지는 아니더라도, 역지사지(易地思之)의 단순 소박한 표현, "입장 바꿔 생각해봐"라는 의미조차 마음으로 공감할 수 있는 중국 외둥이의 수는 얼마나 될까?

중국 공산당은 2015년 9월에서야 1가구 1자녀 정책을 공식 폐기하고 1가구 2자녀 정책으로 전환을 선언했다. 그러나 너무 늦은 감이 있다. 아무리 늦어도 10년 전부터 '놀부복원사업'을 정리해야 했다. 그 대신 'I'에서 '人'으로, 다시 '人間'으로 복원하는 인간복원사업에 나서야 했다. 오늘날 중국인 개개인·개체별 인간성과 중국 국가사회 전반의 윤리·도덕성에 어마어마하게 큰 싱크 홀 현상이 발생하고 있다. 싱크 홀이면 그나마 다행, 어쩌면 지금 중국은 G2 시대의 휘황한 빛을 일순에 빨아들이는 블랙홀 초입, 백척간두보다 훨씬 위험한 '억척간두'에 서 있다.

설국열차 ≒ 중국열차 ≒ 중국사회

2013년 개봉된 영화 '설국열차' 안은 평등하지 않았다. 춥고 배고픈 사람들이 바글대는 빈민굴 같은 맨 뒤쪽의 꼬리 칸, 그리고 선택된 사람들이 술과 마약까지 즐기며 호화로운 객실을 뒹굴고 있는 앞쪽 칸, 그리고 열차의 맨 앞 칸, 심장인 엔진을 장악하고 있는 절대권력자.

영화를 관람하는 내내 필자의 뇌 실핏줄에는 '설국열차'와 별도로 두 량의 실존 열차가 달리고 있었다. '실제 중국열차와 현재 중국사회'

중국 장기체류 시절, 필자는 장거리 여행 중 두 번 '서거'할 뻔 했다. 한번은 상하이에서 티베트로 비행기로 날아가다가 해발 3000m 라싸 공항에 내리는 순간 '급성 고산병'에 걸려 잠시 혼수상태에 빠졌다. 또 한 번은 베이징발 우루무치(1*)행 5박 6일 일정의 5등 열차 콰이커(快客, 쾌속열차 快速列车, 약호 K) 5등석 '잉줘(硬座 딱딱한 좌석)'에 앉은 채로 '객사'할 뻔 했다.

필자는 기차여행을 좋아한다. 특히 장거리 여행에는 '점'에서 '점'으로의 비행기보다 '선'에서 '선'으로의 기차를 택한다. 필자가 라싸 공항에서 급서할 뻔 했던 까닭은 그때만 해도 티베트로 가는 열차가 없어서 할 수 없이 비행기를 탔기 때문이다.

기차를 타고 떠나는 여행은 시·청·후·미·촉각으로 이뤄진 인간의 오감 중에 특히 청각과 촉각을 만족시켜 좋다. 때문에 신식열차보다 구식열차를 좋아한다. 칙칙폭폭 사라져버린 증기기관차 소리는 아니더라도 덜컹덜컹 바퀴가 레일연결부를 지나갈 때 발밑을 간지럽히며 은은히 느껴지는 2박자 소리가 좋다. 덜컹덜컹 기차소리는 잠결에 창문을 두드리는 새벽의 빗소리와 흡사해 더욱 좋다. 때문에 시간여유만 있으면 급행열차보다 완행열차를 택한다. 기차를 타면 두 발이 두 귀가 되는 쾌감을 조금이라도 오래 누리기 위해서.

2000년 5월 필자는 노동절 연휴기간을 활용해 실크로드 기행을 떠나기로 했다. 누가 말했던가, 인간에게 행복감을 주는 최고의 탈 것 기차를 타고 비단길을 가는 행운아, 낙타 대신 기차라는 문명의 이기를 누릴 수 있는 시대에 태어난 축복에 감사하면서 베이징 서(西)역에서 신장위구르자치구 중심도시 우루무치 행 기차표를 예매했다.

떠나려는 대륙의 인파 장사진 속에서 필자는 한 기차에 그렇게 많은 등급의 차등객실(**아래 표 참고, 2010년대 이전에는 4등급, 이후는 5∼6등급)과 또 객실에 따라 그렇게 격차가 큰 기차표의 차등

가격에 잠시 당황했다.

"'평등'을 핵심이념으로 추구하는 사회주의는 간데없고 '차등'의 봉건주의만 의구하구나."

"아, 그래서 오늘날 중화인민공화국 인민 중국인들도 '태어나면서부터 서로 관련은 있지만 평등하지는 않다(生而關聯 非生而平等)'라는 말을 밥 먹듯이 하고 있구나."[87]

이런 저런 생각을 하면서 5등 열차 콰이커, 5등 칸 잉쮀 표를 샀다. 중국의 '서민체험'을 하고 싶었고 기차표 가격이 1등실 '란워(軟臥 푹신한 침대)'보다 8분의 1가량 쌌기 때문이었다.

하지만 이런 것보다는 앞에서 밝힌 바와 같이 두 발이 두 귀가 되는 청각과 촉각의 이중쾌감을 보다 오래, 보다 강렬하게 느끼고 싶었기 때문이다. 또한 입석표도 있었지만 5박 6일을 입석으로 갈 염두가 나지 않았다. 그런데 이상하게도 입석표와 잉쮀표의 가격이 같았다. 꼴등 칸 좌석이지만 입석보다는 나은 좌석이겠거니 낙관하며 기차를 탔다.

그러나 그게 아니었다. 잉쮀는 말이 좌석이지 오히려 입석보다 불편했다. 잉쮀, 이름 그대로 강철로 만들었는지 차갑고 딱딱한 90도 각도의 등받이(이런 직각의 등받이 의자형태 구조물은 아마 세계 유일무이) 좌석은 입석승객도 얼마든지 끼워 앉을 수 있는 지정좌석이 아닌 자유석이었다. 원래 2인이 앉을 수 있는 공간이나 실제로는 3~4명이 앉았다.

필자의 옆자리에는 청국장보다 수십 배 강한 내음이 진동하는 '썩힌 두부', 초우도우푸(臭豆腐)(2*)를 상식하는지 극강의 오묘한 체취를 풍기는 아주머니, 또 그 옆에는 '기름때의 피부화'를 이룬 상체를 자랑하듯 웃통을 벗은 채로 기적소리 못지않게 요란한 코골이 소음을 발산하며 자는 중년사내, 이 둘과는 5박 6일 종착역까지 함께 자리했다. 내 맞은편 좌석의 세 여인들은 사탕수수를 우적우적 씹고 난 찌꺼기를 누가 많이 뱉어 내는가 내기라도 하듯 열차바닥에 마구마구 뱉어내었다.

당초 품었던 덜컹덜컹 발이 귀가 되는 청각과 촉각의 이중쾌감은 엄청난 망상이었다. 반면에 후각의 변화추이는 상전벽해 수준이었다. 첫날에는 '삭힌 홍어 + 청국장 + 푸세식 해우소 = 잉쭤의 악취' 등식이었다가 이틀 후부터는 차츰 무아지경해지다가 마지막 엿새째는 '나 + 너 + 우리 모두의 체취 = 잉쭤의 향기' 차원으로 아름답게 우화(羽化)될 수도 있다는 진실을 온몸으로 깨달았다.

하지만 견딜 수 없는 고통의 원천은 진주 촉석루 절벽처럼 90도 직각의 등받이 잉쭤였다. 중세 암흑시대 마녀사냥 때 고문기구 '철의자'가 이러했을까? 5박 6일 동안 잉쭤가 약골의 외인에게 가하는 고통의 촉각은 '참을 수 없는 괴로움의 무거움'이었다.

요컨대 영화 '설국열차'는 다큐 같은 픽션이고 실존 '중국열차'는 픽션같은 다큐이다. '설국열차'와 '중국사회'를 형상화한 개념으로서의'중국열차'는 동의어는 아니나 유사어라 할 수 있다. 설국열차와 중국열차는 두 가지가 크게 같고(大同) 두 가지는 조금 다르다(小異).

대동(大同) 두 가지, 첫째, 양자 모두 계층에 따라 극명하게 차별되어진 삶을 살아가는데 앞 칸으로 나아가려하는 부류와 현재에 만족하며 자리를 지키려는 부류가 있다는 것.

둘째, 양자 모두 '엔진'이 있는 기관차(중국열차의 엔진은 중국 공산당)만 동력을 갖고 있으며 오직 정해진 선로를 따라서 움직인다는 것이다.

소이(小異) 두 가지, 첫째, 둘 다 꼬리 칸의 사람들은 억압에 의해서 질서가 유지되지만, 앞 칸 사람들에 대해 느끼는 감정의 주요 성분이 다르다는 것. 설국열차의 그것은 위화감이나 분노인 반면에, 중국열차의 그것은 선망감과 부러움이다.

둘째, 설국열차는 간혹 시대의 이단아가 탑승하여 열차의 앞이 아닌 옆을 가리키며 "이런 문이 아니라, 이쪽 문을 여는 거야" 외치기도 하며 실제로 옆문이 파괴된 적도 있다. 하지만 중국열차는 열차 안의 현세와 실리만 있을 뿐, 열차 밖의 이상과 피안 따위는 없다. 중국열차에는 물욕추구의 앞 칸으로 향하는 문만 있으며 바깥으로 향하는 옆문도, 아니 바깥이란 개념 자체가 없다. 완벽한 세속주의 모노레일을 달리는 반만년 폐쇄 시공간 안에서의 권력자의 대체와 순환만 있을 뿐이다.

미국을 위시한 서방과 일본 일각에서는 중국의 경제가 발전하면 중국인들의 정치 참여 욕구가 커져 조만간 중국의 민주화를 요구하는 '제2의 톈안먼 사태'가 터질 것이라고 기대와 저주 섞인 예언을 수십 년째 하고 있다.

이는 중국과 중국인을 몰라도 너무 모르고 하는 소리다. 반만년 상인종 중국인은 부자가 되더라도 열차 밖 서방의 '민주'를 원하지 않는다. 열차 앞 칸 '더 큰 부자'가 되길 원할 뿐이다.

"한국인은 배고픔은 참으나 배 아픔은 참지 못한다. 중국인은 배고픔은 참지 못하나 배 아픔은 잘 참는다."

한·중 양국의 국민성을 일도양단하여 재단해서도 안 되고 재단할 수도 없다. 하지만 이러한 경향성은 누구도 쉽사리 부정 못하리라.

중국인들은 대개 부자들을 배 아파하지 않는다. 부자들이 남보다 몇 십 배의 노력으로 돈을 벌었으니 그만큼 쓰는 것을 욕하지 않는다. 다만 불법·탈법으로 돈을 벌고 주제넘게 방탕하게 쓰거나, 잘난 척·있는 척·아는 척, 높은 사람과 친한 척하는 부자들을 비판한다.

"우리나라 전래동화 '흥부와 놀부'와 비슷한 중국의 전래동화가 있으면 알려주세요, 후사하겠습니다." 이는 필자가 오래전 개인 블로그에 올려놓은 광고문이다. 여태껏 답이 없다. 30년 중국학도의 필자는 '흥부와 놀부'처럼 '빈자=착한사람, 부자=나쁜 놈'이라는 권선징악적 대립구조를 담은 중국의 동화나 설화는 물론, 그 비슷한 것조차 듣도 보도 못했다.

2016년 6월 28일(길일) 중국 광둥성 선전시 지하철에 요금이 일반석 3배인 비즈니스 석이 등장했다. 선전시 지하철 11호선의 객차 8량 중 2량이 비즈니스 전용이다.

이런 뉴스를 접한 순간 입가에 미소가 번졌다. 그러고도 남을 중국이다. 내 이런 날이 올 줄 알았다. 한 20년 전부터 알았다. 이 세상 어느 나라 어느 도시 지하철 객차에 비즈니스 석이 있는 지하철이 있던가!

그런데 기사의 말미, 비즈니스 석 지하철이 양극화를 부추기는 우려를 하였다는 '현지 익명의 시민'은 기자가 창조한 '유령인간'은 아닐까? 이는 '부익부 빈익빈'의 불만이 팽배한 중국이라는 선입견에 터 잡고 '계급투쟁적 요소' 조미료를 듬뿍 뿌린 폄하성 논조에 길들어진 자본주의세계 독자들의 미각에 영합하려는 '소설'이 아닐까?

끝으로 영화 '타짜'의 명대사 "내 손모가지를 걸고서"는 아니더라도 "내 새끼손가락 손톱을 걸고서" 장담한다. "두고 보라, 앞으로 20년 내 중국도시 지하에는 차표가격이 3등급 이상으로 구분된 '차등열차'들이 횡행하리라."

현재 중국의 기차등급은 G, D, Z, T, K, M 등 5~6개 등급이 있다. G는 중국고속철(高速动车组)로 고속철 전용철도로 운행하며 평균시속은 250~350㎞이다. D는 준고속열차(动车组)로 일반철도로 운행, 고속열차와 버금가는 평균시속 200~250㎞이다. Z는 백색의 직통특급열차(直达特快)로 최대시속 160㎞, T는 청색의 특급열차(特快列车)로 최대시속 140㎞, K는 홍색의 보통급행(快速列车) 최대시속 120㎞, M은 녹색의 완행열차(慢車)로 객차에 에어컨이 거의 없다.

직통특급 Z를 기준으로 살피면 고급 롼워는 2인 침대칸으로 고급소파, TV, 화려한 조명등, 실내 전용화장실까지 갖춘 '움직이는 5성급 호텔룸'이다. 주로 1% 내 중국부자나 신혼부부, 또는 연인들이 애용한다.

롼워는 한 면에 각각 상하 2인의 푹신한 베드를 구비한 4인 침대칸이다. 고급 란워보다 못하지만 움직이는 3성급 호텔룸이라 할 만큼 쾌적하다. 주로 10% 내 중국 중상류층이 애용해서 부가가치가 쏠쏠한 인맥을 넓히기 좋은 칸이다. 필자의 체험도 그렇다.

3등 칸 잉워는 한쪽에 각각 상중하 3인의 딱딱한 베드를 구비한 6인 침대칸이다. 맨 위 3층은 가격은 제일 싸지만 약간 위태롭다. 잠버릇이 나쁜 사람은 떨어져 크게 다칠 수 있는 높이인데도 실제로 떨어진 사람은 거의 없다고 한다.

4등 칸 롼줘는 옛날 우리나라 통일호 일반실 수준의 푹신한 좌석을 구비한 칸이다. 지금 중국의 Z, T, K급 같은 장시간 운행의 기차에는 보기 드물다. G와 D급 열차의 1등석이 롼줘 수준이다.

5등 칸 잉쮜는 위에서 자세히 말했기에 생략한다. G와 D급 열차의 2등석 수준으로 위 칸으로의 상승을 꿈꾸는 대다수 중국서민층의 사랑을 듬뿍 받고 있는 칸이다.

중국 열차등급 객실등급 열람표

약호	객실등급 열차등급	1등	2	3	4	5	등외
G	고속철 高速动车	관광석 观光座	비즈니스석 商务座	특등석 特等座	1등석 一等座	2등석 二等座	
D	일반철도고속动车	관광석	비즈니스석	특등석	1등석	2등석	
Z	직통특급直达特快	2인침대칸 高级软卧	4인 침대칸 软卧	6인 침대칸 硬卧	푹신한 좌석 软座	딱딱한좌석 硬座	입석 无座
T	특급特快列车	2인침대칸	4인침대칸	6인침대칸	푹신한좌석	딱딱한좌석	입석
K	쾌속快速列车	2인침대칸	4인침대칸	6인침대칸	푹신한좌석	딱딱한 좌석	입석

* 출처: 필자가 각종 온오프라인자료를 참고하여 직접 작성.
** 황색음영 표시는 모든 열차에 있는 객실등급, 무음영표시는 일부 열차에만 있는 객실등급
*** 고속철 G1 09:00 베이징 발 13:48 상하이 착 운행시간 4시간 48분, 2등석 553위안, 1등석 933위안, 비즈니스
석 1748위안 특급 열차 T109 뻬이징 발 상하이 착 운행시간 15시간 10분, 잉쮜 177.5위안 잉워 325.5위안,
롼워 497.5위안 고급롼워 919.5위안, 입석표와 잉쮜(2등석)표 가격은 두 같다. 그만큼 잉쮜는 많만 붙었이지 입석
이나 다름없음을 유의하시라.
http://trains.ctrip.com/TrainBooking/Search.aspx?from=beijing&to=shanghai&day=1#

내 밥그릇을 깨뜨리지 마오

다리가 네 개 달린 것은 책상 외에는 다 먹고, 다리가 둘 달린 것은 사람 외에는 다 먹고, 날아다니는 것은 비행기 외에는 다 먹는다.

중국인들은 음식으로 세계를 정복했다. 오늘날 전 세계에 널려 있는 크고 작은 중국음식점은 중국 본토의 200여만 개 업소를 포함, 모두 246만여 개다. 세계인구 2,500명 당 중국식당 하나 꼴이다. 결국 중국식당 1개가 각각 2,500명씩을 먹거리로 통치하고 있는 셈이다.

현대 세계 남성의 5대 행복은 무엇일까? 우스갯소리로 맛있는 중국요리를 먹으며, 미국 집에 살고, 자동차는 독일제를 몰고, 아내는 일본 여자를, 정부(情婦)는 프랑스 여자를 두고 사는 것이리라….

마치 먹기 위해 사는 사람처럼, 중국인이 먹는 데 쏟는 관심과 정열은 다른 나라 사람들의 추종을 불허한다. 우리나라 선비문화의 전통에서 나온 관용어인 의식주의 순서도 중국에서는 식의주가 되어야 할 정도다.

중국인은 배만 부르면 만족할 수 있다고 한다. 고로 중국인은 배만 부르면 행복할 수 있다는 것이다. 중국인은 입으로 들어가는 것, 즉 음식은 겁내지 않으나 입에서 나오는 것, 즉 말은 겁낸다. 따라서 그들의 음식은 위생, 비위생 여부를 따지지 않는다.

"중국인은 다리가 네 개 달린 것은 책상 외에는 다 먹고, 다리가 둘 달린 것은 사람 외에는 다 먹고, 헤엄치는 것은 잠수함, 날아다니는 것은 비행기 외에는 다 먹는다."라는 엽기성 농후한 속담이 세계 만방에 널리 알려질 만큼 그들은 뱀, 개구리, 살쾡이, 물방개, 지네, 바퀴벌레 따위의 폭넓은 재료를 사용해 세계 제일의 요리를 창출해 낸다.

이처럼 광범위한 음식 재료야말로 어쩌면 중국 인구가 세계 인구의 1/6 이상을 차지한 이유가 되었는지도 모를 일이다. 옛날 사람들의 가장 큰 사망원인 두 가지, 즉 기아와 질병 가운데 적어도 기아는 중국인의 사망 원인에 해당되기가 매우 어려웠을 것이다. 아마 중국인이 굶어서 죽는다면 인류 생존의 한계를 초월하는 극심한 기근 상태일 것이다.

중국에서는 특히 동·식물학이 발달하지 못했다. 그 원인에 대해

린위탕은 다음과 같이 표현했다.

중국의 학자는 물고기를 보고는 즉각 이놈을 먹으면 어떤 맛이 날까 하고 생각하거나, 혹은 먹고 싶다는 생각 때문에 냉정하고도 무감각하게 그 물고기를 관찰할 수 없다. 중국인은 고슴도치를 보면 당장 그 요리법과 중독되지 않게 먹는 법을 연구한다. 그것을 생각하지 않고서는 가만히 고슴도치를 보고 있을 수 없다.

실제로 타이완의 국립 타이베이 동물원에는 철창 속에서 종신형(?)을 살고 있는 동물들의 고기 맛이 쓰여 있는 안내판이 적지 않다. 한 가지 예를 든다면 돼지와 하마를 반씩 닮은 '돼지하마'라는 희귀동물을 넣어둔 창살 앞에는 "이 동물의 육질은 비계층이 얇고 살코기가 연해 돼지고기보다 훨씬 맛이 있다. 토인들이 마구 잡아먹는 바람에 멸종위기에 처해 있다."라고 적혀 있다. 그걸 보고 있노라면 입안에 저절로 군침이 도는 것이 동물원이 아니라 식용 야생동물 시장에 온 것이 아닌가 하는 착각이 들기도 했다.

·먹는 것이 하늘이다

서양문화는 현세와 내세가 대립하는 세계를 창조했다. 인도문화는 차안(이승)과 피안(저승)의 세상을 만들었다. 그러나 중국문화에서는 현세와 이승만 있을 뿐, 내세와 피안 따위에는 별 흥미를 느끼지 못한다. 감성을 뺀 이성이 없고, 육체를 떠난 영혼이 없다는 것이다. 실제생활, 그중에서도 먹는 문화는 중국문화의 가장 중요한 특성이며 최고의 핵심이다. 중국문화를 창시한 위대한 선열들도 먹는 것을 논했다. 공자는 백반에 싱싱한 물고기 회를 매우 즐겼다고 『논어』를 비롯한 사서삼경에도 자주 언급되어 있다.

노자도 "성인은 배(腹)를 위해야 하며 눈(眼)을 위해서는 안 된다." 고 말했다. 즉 성인은 백성들의 배를 채우기 위해 노력해야 하는 것이지 백성들을 요란한 정신세계에 미혹시켜서는 안 된다는 것이다. 특히 "인생의 목적은 배불리 먹기 위한 것"이라는 노자의 사상은 중국 전체 언어 시스템에 막대한 영향을 끼쳤다.

중국에서 '일'과 '밥벌이'는 동의어다. '일을 많이 했다'는 '밥을 배불리 먹었다'로, '일자리를 바꾸었다'는 '다른 구유통으로 뛰어들었다'로, '실업'은 '밥그릇을 잃었다'로 쓰인다. 공사판 인부들이 가장 겁내는 일은 십장으로부터 "또다시 게으름 피우면 네 밥그릇을 깨뜨려버리겠다."라는 꾸중을 듣는 것이다.

중국인에게 하늘은 지고무상(至高無上)한 개념이다. 중국의 성인들은 "도의 큰 흐름은 하늘에서 흘러나온다."라고 가르치는데, 이 말은 좀 현학적이다. 그런데 유사 이래 남녀노소 상하귀천 구별 없이 중국인이라면 만장일치로 수긍하는 문구가 하나 있다. 그것은 곧 '民以食爲天'(사람은 먹는 것을 하늘로 삼는다)이다. 일단 잘 먹는 것을 일과 인생의 최대의 목표로 삼았기에 중국인들은 돈이 생기기만 하면 입을 섭섭하게 하지 않는다.

1989년 6월 4일 톈안먼(天安門) 사태 때의 일이다. 성이 호우(侯)라는 중국의 민주투사가 100명이 넘는 내외신 기자들을 불러놓고 기자회견을 했다. 그가 매우 장엄한 표정으로 "애국학생들의 민주화 요구사항을 정부가 수용하도록 촉구하는 의미에서 나는 마침내 자기희생이라는 최후의 중대결심을 하지 않을 수 없는 지경에 이르렀다."라고 선언하자 회견장 안의 공기는 순식간에 얼어붙었다.

그 순간 한 베이징 주재 일본 특파원은 그 민주투사가 당장 할복 자살이라도 하지 않을까 해서 심장이 멎을 정도로 긴장했다 한다. 곧이어 그가 "나는 앞으로 24시간 동안의 단식을 결행할 것을 세계 만방에 선포한다."라며 대미를 맺자 장내 분위기는 한순간 실소를 참는 신음소리로 가득한 상황으로 변해버렸다. 그렇지만 중국 본토 와 화교 출신 기자들은 하나같이 일그러진 얼굴로 "무려 24시간 동 안이나 단식을 하는 장거(壯擧)" 앞에서도 웃는 외국의 동업자들에 게 '인정머리도 없는 냉혈한'이라는 경멸의 표정을 날려 보냈다고 한다. 과문한 탓인지 아직 필자는 중국인이 단식투쟁다운 단식투쟁 을 했거나 단식투쟁하다 죽었다는 소식을 들어본 적이 없다.

중국인들은 대개 우리나라 사람보다 인내성이 강한 편이라고 할 수 있으나 배고픔만은 잘 참아내지 못하는 것 같다. 중국인들은 한 두 끼 굶는 것을 무슨 큰일이나 난 것처럼 여긴다. 우리나라 유명 인 사들이 억울한 경우를 당하면 '닷새는 물론 열흘, 스무 날 동안 밥 굶기를 밥 먹듯 한다.'는 사실에 중국인들은 도저히 믿을 수 없다며 경외감으로 벌어진 입을 다물지 못한다.

·사형수에게 제공되는 요리

중국어로 호텔이나 여관을 가리켜 판디엔(飯店) 또는 지우디엔(酒 店)이라고 한다. 이것도 원래는 음식점을 가리키는 말이다. 중국인에 게 식당은 서양인의 교회라고 할 수 있다. 중국의 식당은 사람과 사 람의 관계를 이어주고 갈등을 원만히 해결해주는 곳이다. 낯선 사람 끼리도 원탁의 식탁에서 배갈 한 병을 반주 삼아 몇 가지 요리를 같이 먹고 나면 어느새 오랜 친구같이 친근한 사이로 변한다. 중국의 식당은 종종 도저히 불가능하게 보이는 일도 성사시키고 원한이 깊어 전혀 화해할 수 없는 원수지간도 단숨에 벗으로 바꿔버리는 이적을 행한다. 서양사회 교회의 역할을 충분히 수행하고 있는 것이다.

사형제도에 관해 중국이 지금까지 지켜온 전통 두 가지가 있다. 그 하나는 사형을 규정한 범죄조항이 다른 나라에 비해 많은 것이고, 다른 하나는 사형집행 전 사형수에게 진수성찬을 베풀어 포식하게 하는 것이다. 이 두 가지 전통은 오늘날 중국대륙은 물론 타이완에서도 계속되고 있다.

건전한 상식을 가진 일반인들은 "세상에 어느 정신 나간 사형수가 제아무리 맛있는 음식이고 제아무리 굶주렸다 하더라도, 곧 닥쳐올 죽음을 눈앞에 두고 무슨 식욕이 나서 젓가락을 들 것인가?"라고 일소에 붙여버리겠지만, 실상은 그렇지 않다.

중국대륙에서는 사행집행 전날 밤에, 타이완에서는 사행집행 당일 새벽에 성찬이 베풀어지는데, 사형수들은 대개가 저승에서 배고파 헤매는, 가장 불쌍한 귀신인 아귀(餓鬼)가 되지 않기 위해 최대한 포식하려 한다. 중국대륙에서는 고량주와 돼지갈비와 오리알이, 타이완에서는 오가피주와 송화단(달걀을 발효시킨 것)이 사형수들에게 사랑받는 메뉴다. 이들 두 나라의 사형수들이 모두 다 알을 먹고 황천을 건너려는 이유는 중국인 특유의 세속적 윤회관과 관련이 있다.

중국인들은 유언마저 먹는 타령을 늘어놓다 숨을 거두는 경우가 많다. 한번은 가까운 중국친구와 항일전쟁을 소재로 한 인기 TV 연속극을 보다가 혼쭐이 난 적이 있다.

연속극의 마지막 회, 마지막 장면, 적군의 총탄을 맞고 죽게 되는 우리의 젊고 잘생기고 용감한 남자 주인공이 최후의 거친 숨을 몰아 쉬면서 맺는 유언의 맨 끝부분.

"고향에 돌아가서 늙으신 어머니가 만들어주시는 팔보채 한 그릇만 먹고 죽었으면 정말 여한이 없겠는데… 꼴깍."

저절로 터져 나오는 폭소를 한참 동안 그대로 방치하다가 옆자리의 분위기가 좀 이상하다 싶어 중국친구를 바라보았는데. 웬걸, 불혹이 넘은 그가 손수건을 꺼내들고 두 볼에 굴러 떨어지는 닭똥만한 눈물을 연방 찍어내며 흐느끼고 있지 않은가? 그때 얼마나 민망했던지….

중국인은 더욱 맛있는 것을, 더욱 많이 먹기 위해, 더욱 열심히 노력한다. 중국인들은 종교와 신념, 또는 학설을 위해 불 속에 뛰어들지 않는다. 이것은 경제건설을 제일로 삼는 오늘날 중국의 국가목표와 합치하는 것으로 중국 현대화 건설에 매우 유리한 점의 하나라고 할 수 있다.

그러나 사람이 과도하게 먹는 데만 신경 쓰면 존엄과 자유 등 인간의 참다운 의의에 대해 소홀하게 되는 법이다. 예를 들어 서양에서는 사장이 직원의 인격을 모독하는 것은 해고당하는 것보다 참을 수 없는 것으로 여겨진다. 사장은 인권침해자로 지탄을 받거나 심한 경우에 형사고발을 당하는 경우도 있다.

반면에 중국에서는 사장이 직원에게 어떠한 심한 욕설을 퍼붓고 인격을 모독하더라도 밥그릇만 빼앗지 않으면 아무런 탈이 없다. 그러다가 불가피하게 그 직원을 해고하게 되면 그는 반드시 거센 저항에 부딪힌다.

중국 경제건설의 관점에서도 사람들이 먹는 데에만 지나친 관심을 갖는 것은 문제이다. 자금과 재화가 입으로 들어가 배설물이 되어버리는 것보다는, 확대재생산에 투입되어 현대화건설에 유리하게 하는 것이 훨씬 바람직하다. 그러지 않으면 우후죽순처럼 생기는 반점과 주점이 교회의 역할을 수행하는 대신에, 부패와 부정의 온상으로 되어버릴 수도 있기 때문이다.

·사흘 동안 먹는 코스 요리

중국요리, 나아가서 세계요리의 정수라고 일컬어지는 것은 만한첸시(滿漢全席)다. 청나라는 북방의 만주족이 베이징에 들어와서 세운 왕조이지만, 세월이 지남에 따라 만주족의 독자적인 문화는 희박해지고 한족의 문화에 동화되어 갔다.

미식가였던 6대 황제 건륭은 각지를 순회할 때 그 지방의 요리를 음미했을 뿐 아니라 요리사를 반드시 베이징으로 데리고 돌아왔다. 그 요리사 가운데 양저우(揚洲) 사람인 요리사가 만주족이 좋아하는 사슴과 곰 등 야생짐승들의 고기와, 양저우 사람들이 좋아하는 어패류와 야채와 산해진미를 함께 배합해 만든 것이 바로 만한첸시다. 천하의 진귀한 재료를 망라해 최고의 조리기술로 맛과 영양의 극치를 추구한 걸작 만한첸시는 그 후 궁중요리로 흡수되었다.

청나라 시대 만한첸시는 상어 지느러미, 제비집, 곰의 발바닥, 낙타의 혹, 원숭이 골, 코끼리 코, 원숭이 입술, 표범의 태, 백조, 공작, 거북, 대나무벌레, 해삼 등 중국 전 지역에서 모아온 진귀한 재료로 만든 324종이나 되는 메뉴를 사흘 동안 먹는 코스였다.

요리를 먹는 사이사이에는 탕과 면이 때를 맞추어 나오고 간식과 요리의 배열이 알맞게 짜여 있어 맛을 충분히 음미하면서 자연스럽게 배를 불릴 수 있었다. 술과 차도 최고급 명품으로 구미를 당기고 소화를 촉진해 식사 후에도 속이 편안하게 했다.

1925년에 궁중요리를 표방하는 고급음식점 '팡산(房膳)'은 베이징 쯔진청(紫禁城) 근처에 문을 열고 영업을 계속하면서 만한촨시의 전통을 이어오고 있다. 팡산이 문을 열면서 원래 324종류의 메뉴를 108종류로 간소화하고 식사시간도 사흘에서 하루로 단축했다. 중국인의 미각과 식욕추구에 대한 정열, 그리고 세계 최대의 자존심을 갖춘 위장에 실로 감탄하지 않을 수 없다.

스파게티, 마카로니는 이탈리아 음식의 대명사다. 서양에서 밀가루를 이용해 각양각색의 국수를 만들어내는 기술로써 이탈리아를 따라잡을 나라는 없다. 그러나 이것은 13~15세기 중국 땅을 밟았던 마르코 폴로를 비롯한 이탈리아 출신의 선교사들이 갖가지 중국국수와 당면을 귀국선물로 가져갔던 덕분이다.

아이스크림과 셔벗도 중국인, 엄격히 말하자면 몽골족이 맨 처음 발명한 것이다. 그들은 원나라 훌라구 황제 때 세계 최초의 아이스크림, 빙유락(氷乳酪)을 탄생시켰다(단, 중국의 한족은 우유를 잘 마시지 않는다. 버터, 치즈, 요구르트 등 각종 유제품을 즐기는 중국본토의 한족은 거의 없다. 전문가들은 농경민족의 오랜 식생활 습성보다는, 한족의 소화기관이 원래 유당 분해효소인 락타아제 분비가 원만하지 못해서 그렇다고 한다. 그래서 그렇게도 다양한 전통 중국요리에는 유제품이 없다. 신기한 일이다).

빙유락, 즉 아이스크림은 마르코 폴로에 의해서 처음 이탈리아에 소개되고, 다시 유럽 각국에 전파되었다. 그것을 처음 맛본 유럽인의 반응은 열광 그 자체였다. 이탈리아의 아이스크림 제조법에 관한 설명서가 프랑스 왕실에 우편으로 전달되었을 때, 프랑스 국왕은 이 탈리아의 아이스크림 요리사에게 그 제조법이 다른 나라로 새어나 가지 못하도록 거액의 비밀유지비를 지불했다. 그러나 비밀이 영국 으로 새어나가게 되자 프랑스 국왕은 자객을 파견해 그 이탈리아 요 리사의 목을 쳐버렸다.

1788년, 미국 뉴욕에서 발행되는 『뉴스 레터』라는 신문에 아이스 크림(ICE CREAM)이라는 글자가 처음으로 등장했는데 그것은 중국 원나라 때의 빙유락을 영어로 직역한 것이다.

중국음식을 먹는 것이 세계 남성의 5대 행복 가운데 하나라면 남 성보다 여성들이 일반적으로 더 좋아하는 아이스크림을 먹는 것 또 한 세계 여성의 5대 행복 중의 하나쯤 되지 않을까?

천상에는 용고기, 천하에는 개고기

적 지역의 개 한 마리는 일본군 열 명에 국민당군 백 명을 합한 것과도 맞먹는다.

반드시 적군보다 개를 먼저 없애버려야 한다.

대체로 쇠고기보다 돼지고기를 좋아하는 중국인에게는 개도 분명 한 가축 가운데 하나다. 중국인은 흔히 이렇게 말한다.

"솥에서 개고기가 세 번쯤 끓으면 신선이라도 안절부절 못할걸!"

"천상에 용고기가 있다면 천하에는 개고기가 있도다!"

조선족을 제외한 대부분의 중국 민족들은 개고기를 먹기에 가장 좋은 계절로 겨울철을 꼽는다. 겨울철은 중국 견공(犬公)들에게 공포의 계절이다. 북풍한설 추운 겨울철에 중국 개들은 육체적으로나 정신적으로나 얼마나 떨릴까?

중국인들은 보통 개고기를 띠양로우(地羊肉)라고 하는데 외국인이 들으면 양이나 염소의 일종으로 잘못 알고 먹을 수 있다. 우리가 개고기를 보신탕이나 영양탕 또는 사철탕이라고 부르는 것과 비슷한 처지다. 지역에 따라서 향기로운 고기라는 뜻을 가진 샹로우(香肉)이라고 부른다.

· 리 대신의 셰퍼드 식사 사건

오늘날 중국 각지에서는 갖가지 개고기 요리가 성행하고 있다. 개고기 탕수육, 개고기 홍소 완자, 개고기 고추볶음 등 각 민족의 구미에 맞게 개고기 요리는 가정에서든 음식점에서든 흔히 등장하고 있음을 볼 수 있다.

대부분의 중국 사람들은 "둘이 먹다 하나가 죽어도 모를 만큼 감칠맛 나고 쫄깃쫄깃하며 이 보드라운 개고기를 왜 서양 사람들은 터부시하는 것일까? 그들도 한번만 맛을 보면 더 달라고 할 텐데…"라며 고개를 갸우뚱거린다.

그러나 한족을 포함한 중국의 56개 민족 가운데 만주족(滿州族, 약 9백만), 먀오족(苗族, 인구 약 5백만), 야오족(瑤族, 인구 약 1백50만), 서족(畲族, 인구 약 40만) 등은 개고기 먹는 것을 절대 금한다. 이들 네 소수민족에게는 대대로 개를 민족의 조상으로 숭배하는 원시신앙이 이어 내려오고 있다. 그들은 개고기를 먹는 것은 물론, 개를 때리는 것마저 금지하고 있다. 만일 개가 병들어 죽으면 사람처럼 예식을 갖춰 장사를 엄숙하게 치른다.

특히 옛날 먀오족들은 개가 사람을 물어 죽였다면 아무렇지 않게 여기지만, 사람이 개를 죽이는 살견(殺犬)죄는, 사람을 죽이는 살인죄보다 용서할 수 없는 극악무도한 범죄로 여겼다. 먀오족은 그 살견범의 목을 베어 조상신인 개임금의 사당에 바쳐 개임금의 노여움을 풀었다고 한다.

"그 개고기 맛이 기가 막히는군요. 기회가 닿으시면 한 마리만 더 보내주면 고맙겠습니다."

이는 1875년 9월 독일 철혈재상 비스마르크가 청나라 북양대신 리훙장(李鴻章)에게 받은 서한의 한 구절이다. 비스마르크는 독일제국과 대청제국의 우의를 다지자는 의미로 황실친위대에 특별히 부탁, 최우수 군견으로 선발된 셰퍼드 중에서도 다시 제일 뛰어난 두 놈을 골라 예물로 보냈던 것인데 그만 리훙장의 주방에서 비명횡사하고 말았다.

그 '리 대신의 셰퍼드 식사' 사건이 발생한 전후부터 그간 청나라에 대해 중립적 또는 우호적이던 독일이 비우호적 또는 적대적 외교 관계로 방향을 돌린 것도 불귀의 객이 된 두 마리 셰퍼드의 운명과 전혀 무관하지는 않는다는 게 호사가들의 '썰'이다. 1백여 년이 지난 오늘까지도 그 '썰'은 중·독 양국외교사의 후미진 뒷골목 깡통이 되어 굴러다닌다.

우리나라를 대표하는 개가 진돗개라면 중국을 대표하는 개는 차우차우라 할 수 있다. 사자와 곰을 반반씩 닮은 중형개 차우차우는, 주인인 중국인과 닮아 완고한 고집과 자신의 역할을 소중히 여기는 성격을 가지고 있다. 차우차우는 지금 세계적인 애완견으로 길러지고 있는데, 원래는 중국인들이 순전히 별미로 먹기 위해서 기른 식용견이었다.

·적군보다 개를 먼저 없애라

개와 관련한 이야기를 중국대륙과 타이완을 비교해가며 풀어가보면 꽤 흥미 있는 점을 발견할 수 있다. 두 곳의 중국인들이 개고기를 즐기는 것은 거의 같다. 그런데 버림받은 개들이 타이완의 거리 골목마다 쓰레기통을 뒤지며 어슬렁거리는 장면을 흔하게 볼 수 있는 반면, 중국대륙(특히 동부평야의 인구 밀집지역)에서는 도시는 물론 농촌에서도 길거리에 돌아다니는 개를 보기란 쉽지 않다. 이것을 보고 한 한국 친구는 중국대륙 사람이 고기를 사먹을 돈은 없고 개를 보면 먹고 싶어, 걸리는 족족 잡아먹어서 그렇다고 하는데 틀린 이야기이다.

항일전쟁과 국공내전 당시 불세출의 전략가인 마오쩌둥은 매우 특이한 비밀작전을 내리고 있다.

"적 지역의 개 한 마리는 일본군 열 명에 국민당군 백 명을 합한 것과도 맞먹는다. 야간전투 시에는 더욱 그렇다. 반드시 적군보다 개를 먼저 없애버려야 한다."

마오 주석의 지시를 충실히 따른 덕에 공산군들은 전투를 승리로 끝마친다. 공산군들은 으레 포연이 아직 가시지 않는 전쟁터에 큰 솥을 걸어놓고 둘러앉는다. 그러고는 적군보다 먼저 황천으로 보낸 견공들을 수습해 솥단지에다 푹 삶는다. 그들은 뜨거운 김이 피어오르는 개다리를 뜯으며 아래와 같이 승리와 포식의 기쁨을 함께 합창한다.

"일거양득이 따로 없네, 영명하신 마오 주석 덕분에 적군도 무찌르고 맛좋은 개도 삶았네.

개고기 덕분에 배가 부르니 일본천황 팔자도 부럽지 않네. …"

이것이 바로 1949년 중국이 공산화되기 몇 해 전에 벌써, 대륙을 어슬렁거리던 그 많던 개들이 종적을 감추게 된 진짜 원인이다. 이것은 15억 중국사람 거의 모두가 알지 못하는 사실이다. 이것은 필자가 진돗개 코보다 민감한 코를 벌렁거리며 중국 각지를 헤집고 다니며 발굴해낸 특종 중의 특종감이라 할 수 있다.

・벌꿀 향이 밴 곰발요리

곰발은 중국의 진귀한 요리재료 가운데 으뜸으로 꼽힌다. 곰은 중국에서도 진귀한 야생동물로서, 만주지방의 동북곰은 소흥안령 산맥과 백두산의 깊은 숲속에 산다. 겨울철 큰 눈이 내려 산을 뒤덮으면 곰은 동굴에서 은거하는데, 혀로 항상 앞발바닥을 핥으면서 동면에 들어간다. 『본초강목(本草綱目)』에는 다음과 같은 기록이 있다.

겨울철이 되면 곰은 굴속에서 칩거하는데 아무것도 먹지 않으며 배가 고플 때는 발바닥을 핥는다. 그래서 곰발도 앞발의 것이어야 한다.

요즈음은 특히 곰의 앞발 중에서도 오른쪽 앞발을 최고로 친다. 잡식성인 곰이 제일 즐기는 것은 자연산 벌꿀이다. 곰이 나무 위에 있는 꿀을 딸 때는 으레 두 개의 뒷발로 버티어 서서, 왼쪽 앞발로

나무를 붙잡고 오른쪽 앞발로 벌집을 툭툭 건드린다. 그때 무차별로 쏘아대는 야생벌의 침에 묻은 미량의 꿀 성분이 오른쪽 앞발바닥 피부 속으로 스며들어가서 육질에 벌꿀 향이 배어난다는 것이다.

일찍이 3천여 년 전, 은나라 폭군 걸왕은 옥으로 만든 잔에다 좋은 술을 들면서 상아 젓가락으로 곰발요리를 안주 삼아 먹었다는 기록이 있다. 춘추전국시대에 쓰여진 『맹자(孟子)』에도 "물고기는 내가 먹고 싶은 것인데, 곰발은 내가 더욱 먹고 싶은 것이다."라는 구절이 있다.

중국인들이 곰발요리를 최고의 진귀한 요리로 치는 이유는 진하면서도 신선하고, 연하면서도 감칠맛 나는 뛰어난 풍미와 남녀의 몸을 보양하고 보정하는 탁월한 효과 때문이다.

곰발요리의 재료와 요리법을 간단히 소개하면 다음과 같다. 이 요리에 필수적으로 들어가는 재료로는 곰발 한 개, 생닭의 갈비, 흰색의 말린 죽순, 기름, 간장, 흰 설탕, 파, 생강, 소금, 샤오싱주, 돼지고기, 정향, 계피, 고추, 녹말가루, 육수 등이다.

곰발을 섭씨 80도의 뜨거운 물에 넣어 12시간 동안 말랑말랑해질 때까지 삶아낸 후, 다시 소금물로 오물을 제거하고 비계를 벗겨낸다. 다시 솥뚜껑을 꼭 닫고 약한 불에 고아낸 다음 찬물로 헹구는 것을 여러 번 반복한다. 그러면 털과 검은 껍질이 완전히 벗겨지는데 이것을 찜통에 넣고 찐다. 곰발의 뒷부분에서 뼈를 발라내고 깨끗이 한 다음 독특한 구린내를 제거한다. 그러고 나서 몇 조각으로 잘라낸 후, 접시에 담아 앞서 말한 여러 가지 재료와 함께 곁들인다.

대개 곰발요리가 전부 완성되는 기간은 짧아야 사흘이다. 옛날에 반란군에 패해 사형 당하게 된 중국의 어느 왕이 죽기 전에 곰발요리가 먹고 싶다고 애원했다. 정말로 먹고 싶었다기보다는 최소한 사흘이라는 시간을 벌어 반전의 기회를 노리기 위해서였다. 하지만 왕의 저의를 알아차린 반란군은 그의 마지막 소원을 들어주지 않고 목을 베어 죽여 버렸다.

현재 중국정부에서는 야생 곰을 국가 2급 보호동물로 선정하는 등 곰의 발이 중국인의 식탁으로 올라가는 일을 방지하기 위해 갖은 애를 쓰고 있다. 그런 연유인지 베이징의 고급호텔 주방에서 5년 전, 곰발요리 한 세트에 3천 인민폐(한화로 약 40만 원)하던 게 이제는 1만 인민폐를 주어도 구경도 못할 정도로 폭등했다.

베이징의 5성급 고급호텔인 캠핀스키의 W 주방장이 필자에게 살짝 흘려준 말은 다음과 같다.

"지금 중국 고급식당가에 나도는 곰발요리는 실은 캐나다에서 몰래 들여온 것이죠. 한 해에도 무려 5만 마리의 곰들의 신체 일부가 캐나다 등 북미지역에서 중국과 한국 등지로 밀반입되고 있는데, 곰의 발은 중국으로, 곰의 쓸개는 한국으로 분산 수송된다고 해요."

그 비싸고 진귀한 곰발요리를 먹어본 몇몇 사람들의 반응은 대개 이렇다.

"값에 비해 별 맛 모르겠는데… 쩝쩝."

"돼지족발보다는 약간 나은 것 같기도 하고… 짭짭."

역사적인 2000. 6·15. 남북정상회담 때, 북한 측이 김대중 대통령 일행에게 베푼 만찬에도 곰발요리가 나왔다고 한다. 필자가 그 곰발요리 맛을 본 이[88])에게 직접 들은 이야기도 위 두 가지 반응에서 크게 벗어나지 않았다.

몬도가네 음식일수록 왠지 구미가 당겨 한번 먹어보려 했던 필자이었지만 앞으로도 절대 입에 대지 않으려고 한다. 앞서 말한 먀오족의 옛 풍습이 떠올라서이다.

개를 자신의 조상으로 섬겨 개를 죽인 자는 사형에 처했다는 먀오족의 옛 율법이, 곰의 자손 단군, 그 단군의 후예 배달민족인 필자의 식욕을 자꾸만 부진하게 만들어놓기 때문이다.

·차이니즈 존스의 원숭이 골 요리

원숭이 요리는 영화「인디아나 존스」에 나온다. 논픽션 '차이니즈 존스'라 할까? 옛날 중국에서의 실제 장면이다.

살아 있는 원숭이를 구멍이 뚫린 상에 머리만 쏙 내밀게 한 상태에서 손님들은 원탁의 기사처럼 둥근 식탁에 빙 둘러앉는다. 그런 다음에 뜨거운 물을 원숭이 머리에 끼얹고 면도칼로 머리털을 남김없이 밀어낸다. 원숭이는 생애 처음이자 마지막으로 이발을 하는 셈이다. 그리고 나서 두개골을 망치와 정을 사용해 부수면 김이 모락모락 피어오르는 물렁물렁한 골이 나온다. 여기에다 뜨거운 콩기름과 갖가지 양념을 뿌려 숟가락으로 떠먹는다. 원숭이의 처절한 울음소리를 들으며 맛있게 먹는 것이다.

이에 비해「인디아나 존스」에 나오는 원숭이 골 요리는 차라리 원도적(猿道的)이다. 그 영화에서 여주인공이 식탁에 오른 원숭이 머리통을 보자마자 혼절하는데, 그것은 그나마 살아 있는 게 아니라 이미 눈을 감은 지 오래인 원숭이다.

물론 위에서처럼 엽기적으로 배를 채우는 오늘날의 중국인은 없다. 현재 원숭이 골은 탕으로 만들어 먹는 법과, 햇볕에 잘 말려서

호투우(?頭) 또는 지우로우(植物肉)라고 불리는 일종의 동물성 발효
식품으로 만들어 먹는 법 두 가지가 있다.

먼저 탕으로 먹는 방법을 간단히 소개하고자 한다. 지금 광둥성
지방에서 유행하고 있는 요리법이기도 한다.

우선 살아 있은 원숭이를 기절시켜 목을 따고 피를 뽑아낸 다음
털을 뽑고 두개골을 쪼개 골을 꺼낸다. 원숭이 골을 닭고기, 돼지고
기와 각종 양념을 첨가해 탕이 충분히 고아지도록 끓인다. 골이 익
으면 다시 원숭이 머리에 집어넣고 골이 들어있는 머리를 탕에 넣고
다시 약한 불에 천천히 끓여 식탁에 올린다. 원숭이 골탕은 황금색
으로 맛이 달고 부드러우며 영양이 풍부하고 그 풍미는 어느 음식과
도 비교할 수 없다 한다.

다음은 원숭이 골을 말려 발효시켜 먹는 방법이다. 이게 진짜 전
통과 권위를 자랑하는 진짜 원숭이 골 요리라 할 수 있으며 황궁의
귀한 요리재료에도 올라 있다.

옛날 중국 속담에 "산에는 원숭이 골 요리, 바다에는 제비둥지 요
리"라는 말이 있다. 중국에는 일찍이 3천여 년 전부터 원숭이 골을
식용으로 사용해 온 문헌이 남아 있으나, 식용이라기보다는 약용으
로 쓰인 것이라 할 수 있다. 발효시켜 만든 원숭이 골은 부드러운 고
깃살에 해산물과 비슷한 맛을 지닌 고단백 식품으로서 비타민이 골
고루 들어 있다.

명나라와 청나라 시대에 이르렀을 때 원숭이 골은 황궁에 진상하
는 진귀한 음식으로 여겨졌다. 그 당시 수도 북경의 시장에서도 원
숭이 골을 파는 사람이 있었으나 그 값이 매우 비쌌다. 크기도 천차
만별이었는데 보통 큰 것은 사람의 주먹만 하고 작은 것은 탁구공만

큼 작았으나 큰 밥그릇만한 것도 있었다. 원숭이 골의 주요 생산지
는 원숭이가 많이 나는 쓰촨성과 광둥성이었지만 그 밖의 지역에서
도 많이 나왔다. 헤이룽장성과 산시성의 원숭이 골의 품질은 우수하
기로 이름이 높았고 후난성의 뤄양(洛陽)에도 말린 원숭이 골만 새끼
줄에 꿰어서 파는 전문상점이 있었다.

오늘날에도 말린 원숭이 골의 참맛을 모방한 인공 원숭이 골, 즉
후토우가 생산되고 있다.

20세기 중국의 대표적 문학가 루쉰과 짜오쩡화 사이에 오간 서신
과 일기에는 원숭이 골에 관한 글이 실려 있다.

1936년 8월 25일 루쉰의 일기에는 "오후에 쩡화가 원숭이 골 네
개, 양고기 소시지 한 상자, 대추 두 되를 보내왔다."라는 내용이 적
혀 있다. 그해 9월 21일 짜오쩡화에게 보내는 답신에서 루쉰은 이렇
게 말했다. "원숭이 골 한 개를 먹었다. 그 맛은 천하의 진미였다.
그 맛은 내가 이제껏 맛이 있다고 여긴 그 모든 맛을 훨씬 능가하는
것이었다."[89]

만리장성, 좋거나 혹은 슬프거나

만리장성은 분명, 중국의 모든 것을 내포하고 있는 상징 중의 상
징이다. 만리장성은 세계 건축사상 제1의 기적이다. 인류가 남긴 지
상 최대의 건축물인 만리장성은 마치 한 마리 꿈틀거리는 용으로,
끝없는 평원에서 고산준령, 황량한 사막과 사람 붐비는 도시를 오르
내리며 웅장한 기세를 드러낸다. 이 위대한 경지는 어느 누가 보아

도 놀라지 않는 사람이 없으며 감탄을 금치 못한다.

1969년 7월 21일 달나라에 처음 착륙한 암스트롱은 우주비행을 하면서 "지구에서 보이는 것은 오직 만리장성뿐이다."라고 했다. 서양인으로 자존심이 상해서인가? 그의 뒤를 이어 달에 착륙한 우주비행사들은 중국의 만리장성뿐만 아니라 네덜란드의 방조제(길이 32킬로미터, 만리장성의 1/200)도 볼 수 있다고 말했다.

현존하는 장성의 전체 길이는 6,450킬로미터, 좀 더 정확하게 말하자면 만 리가 아니라 1만 6천 리 장성이다. 우리나라 경부고속도로 전체 길이의 15배가 넘는 무지막지하게 먼 거리다.

인류 최대의 건축물인 이 만리장성은 도대체 어떻게 쌓여졌고 왜 만들어졌을까? 만리장성은 춘추전국시대부터 각 제후국들이 북방의 강적들에게서 자신들을 방어하기 위해 제각기 높고 큰 장벽을 쌓기 시작한 데서 유래했다. 성을 쌓은 가장 주요 목적이 이처럼 적의 침입을 막기 위한 방어벽이었다면 만리장성은 사실상 만리장벽이 아니겠는가?

기원전 221년, 진시황은 천하를 통일한 이후에 장성을 개조하고 축조할 것을 명령했다. 당시 그는 30여만의 젊고 힘센 사람을 징집하고, 많은 돈과 건축자재를 사용해 15년에 걸쳐서 원래의 성벽을 어떤 부분은 허물고 어떤 것은 또 새로이 축조한 뒤, 성벽들을 모두 연결해 장성을 이루었다. 진시황은 장성을 이어 중국인의 마음을 하나로 이어주려고 했을까?

당시 장성의 기점과 종점은 현재의 그것과는 다르다. 지금 바다링(八達嶺) 위를 벽돌로 달리는 만리장성은 명나라 때의 것이다. 진시황 시대의 장성은 바다링에서 북쪽으로 수백 킬로미터나 떨어진 지금의 내몽골 쪽에 있다. 진나라 때에는 대외적으로 공세적이었고 명나라 때에는 수세였던 사실을 장성을 쌓은 장소 선택에서 알 수 있다.[90)]

베이징 시내에서 가장 쉽게 닿을 수 있는 만리장성은 바다링이다. 베이징 시내에서 서북쪽으로 바다링까지는 98년 클린턴 미 대통령의 방중에 맞추어 준공했다는 60여 킬로미터 길이의 왕복 4차선 고속도로가 시원스레 뚫려 있다. 우리나라 사람들이 중국 하면 만리장성을 떠올리는 곳도, 해외관광객들이 베이징에 도착하자마자 제일 먼저 들르고 싶어 하는 곳도 이 바다링 장성이다. 72년 닉슨 미 대통령과 다나카 일본 수상은 물론, 92년 9월 노태우 대통령이 한중수교를 이루어낸 기쁨에 손을 흔들었던 장성도 바다링이다.

원래 사통팔달이라는 뜻에서 유래했다는 바다링에 오르면, 어른 키의 서너 배나 되는 높이에 아랫단 폭 8~9미터, 윗단 폭 4~5미터로 트럭이 지나가도 끄떡없을, 넓고 견고한 성벽이 구불구불 끊임없이 이어져 있다. 장성의 웅자는 바라보는 자에게 마치 역사의 한가운데 우뚝 서 있는 듯한 환상에 젖게 한다. 장성은 반듯하게 자른 거대한 돌로 쌓았으며, 안은 자갈과 진흙으로 메우고 성벽 위에는 사각형 모양의 벽돌을 깔아놓았다. 어떤 사람이 어림계산을 해보았는데, 장성을 축조하는 데 사용한 돌과 벽돌과 흙을 만일 2미터 두께, 4미터 높이의 성을 쌓는 데 사용한다면 능히 지구를 한 바퀴 돌아도 남을 정도라고 한다.

• 진정한 세계 7대 불가사의

만리장성은 하루아침에 쌓은 것이 아니다. 만리장성은 한 개만이 아니다. 중국의 수, 당, 금 역대 왕조가 모두 재차 쌓았고, 14~16세기 한족이 세운 명나라 때, 전후 2백여 년의 세월을 소모해가며 진나라 시대의 장성과는 다른 명나라의 장성을 수축했다.

결국 만리장성은 하나가 아니라 두 개인 셈이며, 이 두 장성은 시대를 달리한 2천여 년의 기나긴 역사 속에서 태어난 작품이다. 사마천의 사기를 보면 진시황은 오늘날 중국 최대의 철강도시인 랴오닝성 안산(鞍山)에서 사막화 현상이 심각한 간쑤성의 린짜오(臨兆)에 이르기까지, 춘추전국시대의 성벽들을 연결해 축조했다. 그때 그것의 전체 길이도 약 6천여 킬로미터로 현재의 장성에 비해 결코 짧다고 볼 수 없다.

오늘 우리가 흔히 말하는 장성의 기점은 안산에서 수백 킬로미터 남쪽에 위치한 산하이관(山海關)으로 후퇴해 있다. 즉 '천하대일관'(天下大一關)이라 쓴 현판이 걸린 산하이관이 장성의 동쪽 기점이 된다. 그러나 장성의 서쪽 종점은 린짜오보다 훨씬 서쪽까지 뻗어 쟈위관(嘉裕關)이다. 우리가 보는 만리장성은 대부분 명나라 시대 것으로 보면 무방하다. 명나라 때에는 여기서부터 바깥을 관외라고 했으며 장성은 변방에 쌓은 벽이라는 뜻으로 삐엔치앙(邊牆)이라고 불렀다. 중국은 명나라 때까지만 해도 장성 바깥에서 일어나는 일들은 '변방의 북소리'쯤으로 여겼다.

앞서 말한 바다링의 장성은 언제나 관광객들로 붐빈다. 멀리서 보는 것과는 다르게 실제로 가서 보면 굉장히 경사가 급해, 장소에 따라 다르지만 벽을 붙잡지 않고는 걸어갈 수 없는 곳도 많다. 바다링이 외국인과 외지인 관광객용 장성이라고 한다면 베이징 시민들이나 장성의 참맛을 잘 아는 사람들이 찾는 장성은 무티엔위(慕田峪)다.

무티엔위 장성은 베이징 수도공항에서 북동쪽으로 난 국도를 자동차로 1시간쯤 달리다 보면 닿을 수 있다. 무티엔위 장성 주변의 산세는 베이징 북서쪽의 바다링보다 험하면서도 아기자기한 맛이 있다. 그만큼 무티엔위의 경관은 바다링보다 훨씬 사람의 때가 덜 묻어 대자연의 아름다움을 만끽할 수 있다.

흔히들 사람들은 만리장성을 가리켜 '세계 8대 불가사의'라고 한다. '세계 7대 불가사의'에 들지 못하고 거기에 근근이 곁다리로 끼여 있는 이른바 '7대 불가사의+1'이다. 그래서 외국인은 말할 것도 없고 중국인마저 '만리장성이 세계 8대 불가사의에 속한다.'라는 말을 맨입으로 받아들이기에는 황송스러운 찬사로까지 받아들이고 있다. 이는 참으로 잘못된 것이다.

'세계 7대 불가사의'는 서양 중심적 우월주의 사고가 주조해낸 도그마다. 세계 7대 불가사의는 '불가사의'하게도 그리스 반경 1천 킬로미터 내에 몰려 있다.

1. 이집트 기자에 있는 쿠푸 왕의 피라미드(Pyramid)
2. 알렉산드리아의 파로스(Pharos) 등대
3. 메소포타미아 바빌론의 세미라미스 공중 정원(Hanging Garden)
4. 에페수스(Ephesus)의 아르테미스(Artemis) 신전
5. 올림피아의 제우스(Zeus) 신상(神像)
6. 할리카르나소스(Halicarnassus)의 마우솔러스 영묘(靈廟. Mausoleum)
7. 로도스(Rhodes) 항구의 크로이소스 거상(巨像. Colossus)

이들 중 피라미드를 제외한 나머지 여섯 가지는 현존하지 않는 전설에 가까운 것이다. 아무리 후한 점수를 준다고 하더라도 '그리스

와 그리스 주변 7대 불가사의'에 지나지 않는다. 좀 '뻥을 튀겨' 말하자면 그리스 문명의 후예인 '유럽 문명의 7대 불가사의'에 불과한 것이다.

그러나 유럽만이 세계인가? 유럽인만이 사람이란 말인가? 유구하고 찬란한 한·중·일 동북아 3국 문명과 인디아 문명, 잉카 문명의 발상지는 지구상에 존재하지 않았더란 말인가? 아니면 그것들이 그리스의 전설보다 못하단 말인가? 그 문명을 일궈낸 자는 인류가 아니고 동물이란 말인가! 지금은 서세동점이 창궐하던 18세기, 오만방자하던 유럽만의 세기, 19세기가 아니다. 지금은 세계 인류의 공동 번영과 행복을 추구하는 만민평등의 세기다. 21세기가 될 때까지 '그리스 7대 불가사의'가 '세계 7대 불가사의'로 행세해왔다는 자체가 하나의 '세계 제1의 불가사의'라고나 할까?

이에 필자는 저 서양우월주의가 조성해온 '세계 7대 불가사의'의 도그마를 깨뜨릴 것을, 피라미드 하나만 빼놓고 '바꿔, 모두 바꿔'를 제언한다. 위의 만리장성과 한국의 팔만대장경(또는 금속활자), 잉카 문명 유적지 등 오대양 육대주 인류사회의 영원한 문화유산이 골고루 포함되어야 한다. 그래야 그들만의 불가사의가 아니라, 우리 모두의 불가사의가 아니겠는가? 국적과 피부색깔에 관계없이 세계 인류가 다 함께 수긍할 수 있어야만, 비로소 '진정한 세계 7대 불가사의'라 할 수 있지 않겠는가!

· 맹강녀의 눈물에 무너진 장벽

사람들은 만리장성이 중국민족의 엄청난 잠재력과 무서운 인내력을 상징한다며 온갖 찬사와 경탄을 아끼지 않는다. 만리장성은 중화민족의 표상일 뿐만 아니라 인류건축사상 제1의 기적임이 분명하다. 그러나 모든 사물과 현상에는 정면이 있으면 반면이 있고, 양지가 있으면 음지가 있게 마련이다. 만리장성의 그 찬란한 영광 뒤의 음지를 더듬어 가노라면 알 수 없는 울분과 슬픔으로 몸이 저려온다.

만리장성은 중국의 역대 전제군주들의 손으로 쌓은 게 아니다. 실제로 흙을 나르고 쌓아올리는 공사는 이름도 없는 가난한 백성들이 맡아했다. 누구도 좋아서 그 일을 하지는 않았을 것이다. 나라에서 내린 엄명에 따라 부모형제나 처자와 삭풍이 몰아치는 장벽의 공사장으로 끌려왔던 것이다. 강제노동이었기 때문에 공사를 감독하는 관리가 그들을 노예처럼 부렸으리라는 것도 불을 보듯 뻔한 일이다. 장성의 그늘에는 백성의 피와 눈물과 땀이 서려 있으며, 많은 사람의 목숨이 묻혔던 것이다.

지금도 산하이관 장성 발치쯤에 초라하게 자리한 맹강녀(孟姜女)의 사당에서, 우리는 기막히게 애절하고 비통한 사랑 이야기에 눈물 흘릴 줄도 알아야 한다. 신혼의 단꿈에 젖어 있던 새색시 맹강녀는 결혼한 지 며칠이 채 되지 않아, 갑자기 밀어닥친 진시황의 병사들에 의해 남편을 만리장성의 공사장으로 떠나보내야 했다.

북방의 겨울은 혹한인지라 맹강녀는 남편을 위해 방한복을 만들어 여행길에 올랐다. 갖은 고초를 겪은 끝에 공사장에 도착했더니, 성문에서는 성벽이 완성될 때까지는 아녀자가 안으로 들어갈 수 없으며 일하던 남자도 밖으로 나올 수 없다며 그녀를 들여보내 주지 않았다. 하는 수 없이 석 달 열흘을 밖에서 기다렸으나 남편은 이미 오래전에 공사 감독을 하는 장교에게 살해당했으며, 그 시체마저 어디에 묻혀 있는지 알 수 없었다.

이 청천벽력 같은 사실을 뒤늦게 알게 된 그녀는 성벽 아래 주저앉아 대성통곡했다. 그러자 갑자기 성벽이 허물어지고, 그곳에서 이미 백골이 되어버린 남편의 유해가 나왔다. 맹강녀가 그것을 어루만지며 뺨에다 대고 비비자, 백골 속에서 붉은 피가 배어나오기 시작했다. 또, 그들이 함께 흘리는 피와 눈물이 성벽을 흥건하게 적시자 그 차갑고 딱딱한 벽돌들도 일제히 울음을 터뜨렸다는 것이다. 그것은 비단 맹강녀와 백골뿐만 아니라 압정에 시달리는 민중의 원망과 한탄일 것이다.

맹강녀의 이 기막힌 아픔과 함께 수천 년의 세월 속에 묻힌, 수억의 말없고 가난하고 유순하기만 했던 민중들의 고통과 한을 잠시 가늠해볼 줄도 알아야 한다. 그들의 피와 땀과 비통과 애환의 한 알 한 알이 돌이 되고, 벽돌이 되고, 벽이 되고, 만리장성이 되고, 만리장벽이 되었다는 역사의 뒤안길도 살펴보아야 할 것이다.

중국 고대문명은 만리장성을 쌓으면서 자랐다. 사실 현대문명도 모두가 벽돌과 석회로 되어 있는 요람이다. 이러한 장벽들은 인간의 마음속에 깊은 흔적을 남겨놓는다. 이런 성벽들은 중국인의 정신적인 견해에 격리와 배타의 정서를 심어놓는 데 일조를 해왔다.

중국인은 이렇게 인내력과 자존심으로 만리장성을 쌓은 반면, 외부 환경에 대한 무신경과 반항할 줄 모르는 피지배성으로 만리장성 안에서 오래도록 긴 잠을 자왔다.

· 마지노선과 만리장성

만리장성의 제1의 존재의의는 국방이었다. 1930년대 프랑스가 라인 강을 따라 동부 국경에 쌓은 강고한 요새선인 마지노선이나 독일이 그에 대응한 지그프리트 선이 어이없이 무너진 주된 원인은 방어선을 나비처럼 사뿐 사뿐 넘어들어 벌처럼 콕 콕 쏘아대는 전투편대의 출현이었다. 그렇지만 만리장성은 중국의 창공에 전투기가 횡행하던 20세기가 되어서야 그 제1의 존재의미를 잃은 것이 아니다. 2,200년이 넘도록 만리장성은 제대로 제 구실을 한 적이라곤 없었다.

만리장성은 진시황, 한 무제, 명 태조 등 카리스마 드높기로 둘째가라면 서러워할 중국 역대 황제들의 심혈과 기대에 조금도 부응하지 못하고, 열이면 열, 백이면 백, 번번이 뚫리고 말았다. 그런데도 외적이 장성을 넘어와 실컷 분탕질하다 물러난 후이면 역대 중국조정이 제일 먼저 착수한 일이 열이면 열, 백이면 백, 만리장성의 보수와 증축이었다. '소 잃고 외양간 고치기'도 한두 번이면 족할 것인데도 '소의 주인' 중국통치계층은 '소'보다도 오히려 '외양간'에 집착하는 편집 증세를 보여 왔다. 군대가 사기를 잃고 정부가 민심을 잃었을 때는 아무리 튼튼한 천혜의 요새라도, 아무리 굳건한 만리장성, 아니 만리장성의 할애비 억리장성이라도 아무 소용이 없다는 진리를 역사가 누누이 증언해왔는데도 말이다.

그래서 만리장성이 말을 할 수 있다면, 자신은 역사의 운명에 의해 주조된 하나의 거대한 비극적 기념비라고 중국 자손들에게 솔직하게 이야기할 것이다. 어떻게 보면 만리장성은 강대함이라든가 진취와 영광을 대표한다기보다 오히려 봉쇄와 보수, 무능한 방어와 비겁하게 반격할 줄 모르는 성격을 대표한다고도 볼 수 있다. 만리장성의 방대함과 유구함은 자기과시와 자기기만을 중국인의 마음속에 깊이 날인해놓았다. 중국의 조상은 영원히 토지와 농업을 초월할 방법이 없었다. 그들의 가장 큰 상징과 대담한 행동은 모두 만리장성을 축조할 수 있을 뿐이었다.

장성을 올라보지 못한 자는 사나이가 아니지(不到長成非好漢). - 마오쩌둥

그러나 장성을 오르기만 하면 졸장부도 금방 사내대장부가 되는 걸까? 장성을 한 번도 올라보지 못한 사람의 수가 올라본 사람보다 훨씬 많다는 사실을 염두에 두지 않았을까?

언뜻 들으면 말 같지도 시(詩)답지도 않은 소리를, 만리장성 홍보원이나 관광안내원이나 할 소리를 어째서 마오쩌둥은 평소 그답지 않게 함부로 하였을까?

깊은 사색과 오랜 답사를 끝마친 끝에, 필자는 아래와 같은 대구를 지었으니 이를 마오 주석과 중국인들에게 삼가 헌정하는 바이다.[91]

장성에 올라서도 한쪽 면만 본다면, 사나이가 아니다(到長城兄一面非好漢). - 강효백

병마용의 주인은 진시황이 아니다

시안(西安)의 옛 이름은 장안이다. 세계에서 가장 오래되고 가장 큰 황성옛터다. 중국 12개 황조가 도읍지로 삼았던 곳이며 1백 명도 넘는 중국의 역대 황제가 잠들어 있는 곳이기도 하다. 그래서 사람

들은 베이징이 중국의 현재이고, 상하이가 중국의 미래라 한다면, 시안은 중국의 과거라고들 말한다.

나그네를 태운 자동차가 시안 시 중심가에서 동북쪽 린통(臨潼) 현 방향으로 내달린 지 30분쯤이면 들판 가운데 편히 누워 있는 야산 하나가 나타난다. 길라잡이가 저기 산처럼 보이는 게 바로 진시황의 무덤이라 일러준다. 그때 필마를 타고 황성옛터를 유람할 시대에나 태어났으면 딱 좋았을 고지식한 한 나그네가 있어 '산은 산이고 강은 강이듯', '무덤은 무덤'이라며, 저것은 '무덤이 아니라 산이다'라고 끝까지 우기기라도 한다면 별다른 대꾸도 할 수 없게끔 만드는 게 저 진시황릉이다. 산에 무덤이 부착되어 있는 게 아니라 산 하나가 통째로 한 개의 무덤이라 하니까 그럴 수밖에.

진시황은 13세 때 즉위할 무렵 자신의 무덤을 파기 시작해 50세에 저곳에 묻혔으니 황릉은 36년에 걸쳐 완성되었다. 그로부터 2천여 년 세월의 비바람은 원래 1백 미터가 넘는 훤칠한 황릉을 현재의 40미터로 줄어들게 만들어 바라보는 사람들의 눈높이를 편안하게 하고 있다. 그러나 둘레 6킬로미터를 넘는 전체면적은 세계 최대의 피라미드인 쿠푸 왕의 피라미드보다 무려 열 배가 더 넓다. 무엇이나 잘 믿는 사람조차도 "저게 정말 산이 아니고 무덤일까?" 고개를 반은 산 쪽으로, 반은 무덤 쪽으로 갸우뚱거리게 만든다.

사기의 『시황본기(始皇本記)』는 다음과 같이 기술하고 있다.

진시황은 죄수 70만 명을 동원, 샘물 밑에 샘물이 연거푸 세 번 나올 때까지 깊이 땅을 파낸 다음, 그곳에 구리를 부어 현실을 만들었다. 현실 주위에는 궁전과 문무백관의 상, 그리고 기묘하고 진귀한 갖가지 생활필수품 등을 가득 채웠다. 또 자동발사기가 달린 석

궁을 만들어 혹시라도 도굴자가 들어오면 사살되도록 장치했다. 또한 수은으로 1백 갈래의 시냇물, 장강과 황허, 대양을 축소해 만들고 강의 흐름을 자동적으로 끊임없이 환류토록 장치했다. 현실 천장에는 해와 달과 별을 갖추고 바닥에는 중국의 지도를 만들었으며 인어기름이라는 꺼지지 않은 조명을 밝혔다. 또한 이러한 보물이나 장치들이 알려질까 염려해 시황의 관을 안치한 공인들이 현실의 문을 잠그고 출구로 연결된 연도로 왔을 때 출구를 막아 전원을 생매장시켜버렸다. 황릉 위에는 높이 5백 척, 주위 5리의 언덕을 쌓고 초목을 심어 자연의 산처럼 보이게 했다.

진시황릉은 그 자체가 이미 하나의 산이다. 진시황은 아무리 산처럼 거대하고 궁궐처럼 화려해도 결국 축축하고 어두운 땅속 무덤일 수밖에 없는 그곳에 들어가고 싶지 않았을 것이다. 무덤 속보다 무덤 바깥에 훨씬 호화로운 아방궁을 건설하고 거기서 영원히 사는 불로장생을 꿈꾸었으니 말이다. 말년에 이르자 그토록 영명하던 진시황이 냉정을 잃고 여러 차례나 해외에 사람을 보내어 불로초를 구해오도록 했다는 고사를 접할 때면 그도 황제이기 전에 우리와 별다를 것 없는 오장육부를 지녔고 거기서 스멀거리는 오욕칠정에 괴로워하며 살다 간 사내였구나 하는, 일종의 안도감마저 느껴진다.[92]

• 병마용 앞에서 까무러치다

1974년 3월 시안 시 교외 린통 현에 사는 세 사람의 농부가 8개의 우물을 팠다. 다섯 개째 우물을 파내려갔을 때 물은 나오지 않고 흙으로 만들어진 인형이 무더기로 나왔다. 그들은 즉시 현사무소로 달려가 신고했고 이 발견사실은 며칠 후의 『인민일보』 내부 자료에 게재되었다. 그해 7월 중국 국가문물국은 발굴단을 조직했으며 1년 여 극비리의 발굴 작업 끝에 전 세계를 진동케 하는 '진시황 병마용' 이 햇빛을 보게 되었다.

진시황릉에서 남동쪽으로 1.5킬로미터 떨어진 지점 지하 4∼5미 터에서 발굴된 병마용은 진시황릉의 동쪽 끝을 보위하는 동부순위 대로 추정, 발표됐다. 발견 당시부터 병마용은 전차전의 전투대형으 로 배치되어 있었고 실물 크기의 진흙으로 만든 상과 말들은 놀랄 만한 사실주의적 기법으로 아주 섬세하게 만들어졌다. 6천여 개 실 물크기의 병마용은 한 사람 한 사람의 얼굴 형태나 체격과 표정이 전부 다르고 마치 살아 있는 것처럼 보인다. 금방이라도 함성을 지 르며 무기를 들고 달려나올 것만 같다.

지금까지 모두 3개의 갱이 발굴되었다. 1호 갱은 거대한 돔으로 덮인 것으로 병마용 박물관 중에서 가장 규모가 크다. 신장 178∼ 187센티미터 크기의 병사가 3열 횡대로 늘어선 병마용과 40여 승의 목조전차가 안치되어 있다. 1호 갱보다 규모가 작은 2호 갱의 병마 용은 주력부대를 보조하는 부대일 것으로 추정된다. 제일 작은 3호 갱의 병마용은 서로 머리를 맞대고 통로 양쪽에 정렬해 있어 경호부 대로 보이는데 그곳에서는 사슴 뿔, 짐승 뼈 등이 출토되었다.

병마용의 발굴은 전 세계를 진동시켰다. 수많은 정부의 수뇌, 외 국의 원수, 고고학자들이 중국으로 몰려들었다. 병마용을 참관한 그 들 모두는 최고의 경탄과 찬사를 아끼지 않았다.

싱가포르 전 수상 리콴유는 "이것은 세계의 기적이요, 중국 민족 의 자랑이다."고 말했고, 프랑스 시라크 대통령은 "세계에는 7대 기적이 있었다. 이제 병마용의 발견으로 8대 기적이 있었다고 말해야 할 것이다. 피라미드를 보지 않고서 이집트를 가보았다고 할 수 없 듯이 병마용을 보지 않고서는 중국에 가보았다고 할 수 없다." 미국 의 전 국무장관 키신저도 병마용을 가리켜 "중국 문명과 인류지혜의 기적"이라는 찬사를 아끼지 않았다. 필리핀의 전 대통령 마르크스의 부인 이멜다는 병마용을 보자마자 "나는 저것을 믿을 수 없어요!"(I can't believe that!)라고 소리치며 까무러쳤다는데….

1998년 6월 25일, 빌 클린턴 미국 대통령 내외가 최고의 국빈대우 를 받으며 시안에 도착하고 곧이어 병마용을 참관하는 것으로서 중 국방문을 시작했다. 당시 한창 '지퍼게이트'로 홍역을 앓던 클린턴 대통령은 물론 그 일로 속깨나 썩었을 힐러리 여사가 병마용 앞에서 어떠한 반응을 보였는지는 잘 알려지지 않고 있어 못내 아쉽다.

그때 혹시 힐러리 여사가 오른쪽 눈으로는 병마용을 쳐다보는 척 하고는, 왼쪽 눈으로는 클린턴을 흘겨보며 "나는 당신을 믿을 수 없 어요!"(I can't believe you!)라고 중얼거리지는 않았을까?

· **병마용을 의심한 현대판 유생, 천 교수**

병마용이 세상에 모습을 드러내자 그곳에서 북서쪽으로 4~5리 떨어져 있는 세계최대의 무덤 주인인 진시황만이 이런 어마어마한 사업을 벌일 수 있을 것이라고 믿어 의심치 않았다.

1984년, 당시 시안 대학 고고학과 주임교수로 봉직하던 천징웬(陳 景元)은 학술잡지 『대자연탐구(大自然探索)』 84년 겨울호에다 "병마 용의 주인은 진시황이 아니다."라고 주장하는 논문(秦俑新探)을 발표해 중국천하를 깜짝 놀라게 했다. 중국의 현대판 유생, 천 교수는 진시황이 수백 명의 유생을 산 채로 생매장했던 '분서갱유'의 장본인이었던 사실을 잊기라도 했던가? 그는 아래 다섯 가지 이유를 들어 병마용에 대한 진시황의 소유권을, 겁도 없이, 철도 없이(?) 부정하는 근거로 삼았다.

첫 번째, 병마용의 군진은 진시황 당시의 군진과는 전혀 다른 양상을 띠고 있다. 1호 갱, 2호 갱에서 병사들은 전차를 중심으로 사열하고 있는 모습인데, 『사기』, 『문헌통고』, 『회남자』 등의 사료를 비롯한 거의 모든 고전은 진시황이 기동력이 강한 기병을 활용해 천하를 통일했다고 기록하고 있다. 즉 진시황 당시 차전을 벌렸다는 역사기록은 찾아볼 수 없다. 따라서 병마용의 군진은 진시황이 진을 통일하던 시대 이전의 것이라고 할 것이다.

두 번째, 병마용의 병사들은 각양각색의 머리모양을 하고 있다. 일부는 모자까지 쓰고 있으나 전쟁 필수품인 투구를 쓴 병마용은 볼 수 없다. 또한 두루마기를 걸친 것은 있는 반면 중무장한 병사를 거의 볼 수 없다. 이것으로 보아도 병마용은 적진을 향해 진격하는 군대가 아님은 물론, 진시황을 경호하는 호위대로 보기에도 병사들의 차림새가 허술한 편이다.

세 번째, 진시황이 기원전 221년 천하통일을 이룩한 후 내린 첫 번째 조치는 그간 개인적으로 소장해온 청동기를 전부 회수한다는 명령이었다. 그 후 6국으로부터 수도로 운송한 후 무게가 각기 24만 근 되는 동상을 12개나 주조했다. 진시황은 청동기를 전부 거두어들이면 사람들이 반란을 일으키고 싶어도 일으키지 못할 것이라는 판단 아래 지위 고하를 막론하고 청동병기를 소장하는 자는 극형에 처했다. 그렇다면 2호 갱내의 청동으로 만든 80량의 전차는 누가 감히 황명을 어기고 제조하고 또 순장까지 했겠는가?

네 번째, 병마용의 옷 색깔이 진시황의 터부를 위반하고 있다. 진시황은 검은색을 통일제국의 색깔로 정하고 의복, 깃발, 휘장 등에 전부 검은색을 사용할 것을 규정했다. 그럼에도 병마용의 병사들은 진한 빨간색, 진한 녹색의 도포와 파란색, 보라색, 흰색 등 화려한 긴 바지를 입고 있는 게 이상하다.

다섯 번째, 병마용에서 출토된 도끼와 병마용의 모자와 여성처럼 쪽진 머리 모양, 병마용에 새겨진 문자를 연구한 결과 전국시대 초나라의 풍속과 많은 유사점을 발견했다.

이어 천징웬은 아래와 같은 결론을 내렸다.

병마용의 주인은 진나라 28대 소왕(昭王)의 모친, 즉 진시황의 고조할머니인 진선(秦宣)태후이며(진선태후는 진소왕 시기에 41년 동안이나 섭정을 한 여걸로서 후세 사람들은 그녀를 '진나라의 측천무후'로까지 부르고 있다), 병마용은 진선태후의 유해를 그녀의 고향 초나라 땅으로 운구하는 장의행렬이다.

천징웬의 주장은 1984년 병마용 발견 10주년 학술토론회에서 전문가와 학자들로부터 십자포화를 맞고 사라져 버리고 말았다. 그러나 저명한 진·한 시대연구 전문 사학자 임검명(林劍鳴)은 1985년에 발간된 학술지 『문박(文博)』 제1기에 「진용지미」(秦俑之迷. 병마용의 미스터리)라는 제목의 논문을 발표하면서 아래 두 가지 이유를 들어 천 교수의 주장에 부분적 지지를 보낸 적이 있었다.

"병마용이 진시황릉의 일부라는 것을 증명해주는 결정적 문헌자료는 아직까지 발견 못했다."

"병마용에서 출토된 병기의 대부분은 청동기인데, 이것은 철제무기를 보편적으로 널리 사용하던 진시황 당시의 야금기술 수준과 부합하지 않는다."

·필자의 일곱 가지 생각

오래된 착오는 새로운 진실보다 지지자가 많다. - 덴마크 속담

필자가 천징웬의 5개 주장을 위에서 되살려보고, 또 아래 추가로 7개 문제를 제기해 이를 보강해보려는 의도 중에서도 제일 중요한 것은 이렇다. 그간 일부 사가에 의해 폭군으로 잘못 알려진 진시황의 휘황한 대위업과, 현대중국의 한 유생이 제기한 용감한 주장이 진실의 아치교에서 서로 만나 대화하고 포옹하게끔 하기 위해서다.

천칭웬의 주장에 이어 여섯 번째, 한 무제에게 바른 말하다 두 고환을 잃은 사마천은 중국 최초의 정사(正史) 『사기』를 썼다. 방대하고도 정확하기로 유명한 『사기』가 특히 진시황 대목에 이르렀을 무렵, 사마천은 먹과 붓, 죽간 값을 집중 투입해 조명하고 있다. 사마천은 중국 최초의 황제 진시황의 이상야릇하고 요상·망측한 탄생의 비밀부터 자객에게 암살당할 뻔한 일, 천하통일, 분서갱유, 아방궁 건설, 죽음과 매장에 이르기까지 진시황 평생의 모든 공·사생활을 하나도 빠뜨리지 않을 듯한 태세였다. 사마천이 그렇게 몰두해 쓴 '진시황 본기'인데 병마용에 관해서는 단 한 구절의 기록도 찾아볼 수 없는 게 납득이 잘 가지 않는다. 『사기』 이외의 『회남자』, 『문헌통고』 등 중국의 웬만한 고서란 고서를 전부 헤집어보아도 마찬가지다.

일곱 번째, 12개 제국의 도읍지, 시안의 교외는 진시황(진나라의 31대왕이기도 함)의 능뿐만 아니라 천하통일 이전의 진 왕실과 한나라, 당나라 황실의 능묘가 맑은 밤하늘의 별만큼이나 많이 흩어져 있다. 병마용 양측에도 우리나라 경주의 신라고분만큼 큰 고분이 2기가 있다. 저 2기의 고분과 병마용의 관계는? 그걸 보고 있노라니 홀연 "너와 나 사이에 섬이 있다. 그곳에 가고 싶다."고 한 정현종 시인의 시 한 구절이 필자의 뇌리를 파고든다. 섬광처럼 짧지만 혜성꼬리만큼 길게 남는 그 시의 여운에다 병마용을 파묻는다. "고분과 고분 사이에 병마용이 있다. 그 진실에 닿고 싶다."

여덟 번째, 진시황릉은 세계 최대 쿠푸 왕의 피라미드보다 10배 이상 크고 넓다. 병마용 6천 개가 아니라 6천만 개를 묻어두어도 남을 만큼 광활한 진시황릉을 그대로 놔두고 1.5킬로미터나 멀리 떨어진 곳에 묻어둘 필요가 있었겠는가? 또한 진시황릉에서 병마용 부근까지 1.5킬로미터 외곽으로 더 나아가 거기서 원을 그려 산출되는 총면적은 19.925제곱킬로미터로 1999년 12월 중국이 포르투갈로부터 회수한 마카오의 면적보다 훨씬 넓다. 만일 그렇다면 진시황릉은 야산이 아니라 가히 산맥이라 할 수 있다. 설사 진시황이 중국천하뿐만 아니라 지구 땅 전부를 통일했다 하더라도 황릉이 마카오보다 넓고 산맥만큼 커야 했을까?

아홉 번째, 순장이나 부장품은 능원 안에 있지, 능원 밖에서 발견된 예는 중국의 공간과 시간에서 단 한 건도 없었다. 어떠한 순장이나 부장품도 능원에서 4~5리나 멀리 떨어진 지하에 묻어둔 적이 없다. 최근 1999년 9월 28일 일반인에게 개방된 시안의 한양릉(漢陽陵, 전한 6대 황제 경제의 능)의 도용(陶俑)과 장쑤성 쉬저우의 한왕

묘의 병마용도 전부 능원 안에 있다.

열 번째, 병마용 발굴 당시 중국 당국은 병마용이 기껏해야 진시황릉원의 동쪽 끝을 보위하는 동순위대에 해당한다고 발표하고 난 후 부지런히 진시황릉 주변 4방을 발굴해왔다. 그러나 나머지 남·서·북 순위대의 발굴은 실패하고 말았다. 병마용의 주인이 정말 진시황이라면 유사 이후 동서남북 4방을 다함께 중시해온 중국이 동쪽에다만 병마용을 묻어두었을 리 없다.

열한 번째, 위와 관련해 한 가지 더 지적하자면 병마용의 정확한 위치는 진시황릉의 정동쪽이 아니라 남동쪽에 있다는 점이다. 천징웬도 근처까지만 왔다가 빠뜨리고 그냥 지나가 버린 대목이다. 진선태후의 고향 초나라는 진나라의 남동쪽에 있었다.

끝으로 열두 번째, 당시 진나라에서는 왕이 죽으면 사람과 가축을 산 채로 옹관에 넣어 순장하는 게 주된 풍습이었다. 더구나 『사서』도 증언하고 있듯이 진시황은 '분서갱유'시 수백 명의 유생을 생매장한 것도 모자라 만리장성·아방궁·진시황릉을 건설한 노역자 수만 명을 산 채로 파묻어 버린, '생매장' 방면에 자타가 공인하는 위인이다. 그런 진시황이 자비심을 발휘해 순장 대신 그토록 많은 도용을 만들어 파묻을 필요가 있었겠는가라는 의문점이다.

중국 역사상 순장의 악습은 하·은나라 때 왕후장상들의 보편적인 장례습속이었으나 주나라 시대에 들어서면서부터 쇠퇴하기 시작했다. 그러나 순장은 춘추전국시대의 진(秦)을 비롯한 진(晉), 송, 형국 등 주로 중국 회수 이북에 위치했던 나라에서는 여전히 성행되고 있었다. 그 반면 회수 이남의 초, 월, 오 등에서는 순장 대신 도용·목각·옥기 등 각종 부장품을 매장했다(『시경·진풍』『묵자·장례하』 참고).

도용은 순장의 폐단을 피하기 위해 살아 있는 사람과 가축들의 대용품으로 고안된 것이다. 따라서 위의 순장에 관한 중국 역사와 진선태후가 초나라 출신이었다는 사실과도 맞아떨어진다.

그런데, 1990년대 이후에 나오는 중국의 각종자료에는 '진시황 병마용' 대신, '진나라시대에 만들어진 도용'이라는 뜻의 '진용(秦甬)'이라고 적는 사례가 부쩍 늘고 있다.[93]

대낮에 둔황을 훔치는 도적들

중국 최고의 석굴은 둔황의 모가오(莫高) 굴이다.[94] 그 뒤를 뤄양(洛陽)의 룽먼(龍門) 석굴[95], 다퉁(大同)의 윈강(雲崗) 석굴이 멀찌감치 따라오고 있어 사람들은 이를 함께 묶어 중국의 3대 석굴로 부른다. 둔황의 모가오 석굴(이하 둔황 석굴로 약칭)은 사막의 모래와 세월의 진흙더미에 오래 묻혀 흙 벼랑 안쪽, 망각의 세계에서 깊은 잠을 자고 있었다.

서기 1900년, 둔황 석굴의 흙 벼랑 바깥쪽은 불교와 도교 사원 하나씩을 품고 있었다. 청나라 시대 황실불교로 극성을 이루었던 라마교 사원과 왕원록(王圓籙)이라는 떠돌이 도사가 세운 도관이 각각 흙 벼랑의 위아래 층에 자리 잡고 있었다. 아래층 도관의 관장인 왕 도사는 본래 후베이성의 군졸 출신으로 퇴역한 후 입에 풀칠하기 위해 도사로 변신해 강호를 이리저리 떠돌아다녔다. 결국은 둔황까지 흘러들어와 예의 흙 벼랑 앞에 자리를 깔고 오가는 길손들의 점을 쳐

주는 일을 주업으로 삼았다.

대청제국이 빈사상태에 빠져들고 있던 어수선한 시절, 몸도 마음도 가난해 의지할 데 없던 민중들은 넉살 좋고 구변 좋은 왕 도사에게 홀딱 빠져들었다. 그는 신도들이 바치는 복채와 시주로 흙 벼랑에서 안쪽으로 움푹 들어간 토굴(현재의 16호굴 통로)에다 도관을 건립했다. 날이 갈수록 위층의 라마 사원을 참배하는 신도 수는 줄어들고 왕 도사의 도관을 찾는 신자들은 늘어갔다.

1900년 5월 26일 아침, 왕원록 도사는 토굴에서 일어났다. 밤새 사막에서 날아든 황사가 그의 거처이자 도관인 토굴에 눈 더미처럼 쌓여 있었다. 그는 평소 청결과는 거리가 먼 위인으로, 어쩌다가 청소랍시고 한다는 게 토굴 입구 언저리에 얹힌 황사만 대충 쓸어내는 게 고작이었다.

그러나 그날 아침의 왕 도사는 평소와는 좀 달랐다. 토굴 안쪽 깊숙한 벽면에 눌러 붙은 황사를 털어내었다. 두터운 황사의 옷을 벗겨내자 벽의 알몸 여기저기는 여름가뭄의 논바닥처럼 쩍쩍 갈라진 틈이 드러났다. 왕 도사는 피우던 곰방대의 연기를 한 모금 깊게 들이켜 마신 다음, 어른 엄지만한 굵기로 천장 언저리까지 길게 갈라진 틈 속으로 훅 불어넣어 보았다. 웬걸, 한 번 들어간 담배연기는 두 번 다시 나오지 않았다. 벽을 톡톡 건드려보았다. 은은한 울림이 손끝에 전달되었다. 마지막에는 곰방대를 틈 속으로 집어넣고 휘저어보았다. 닿는 곳이 없었다. 벽의 안쪽에 틀림없이 공간이 있었던 것이다.

"금은보화가 가득 쌓인 보물창고는 아닐는지?"

날이 어두워지길 기다려 왕 도사는 조심조심 벽을 부셨다. 벽은

금세 허물어졌다. 횃불을 치켜들었다. 벽 저편의 동굴(장경동 17호 굴)이 벽 이편의 토굴보다 훨씬 더 넓었다. 거기서 수백 년의 긴 밤 잠을 자던 경전과 불화와 법기들이 자신을 비추는 횃불의 빛이 부셨던지 눈을 비비며 곰지락거리는 것만 같았다. 그러나 왕 도사가 기대하던 금은보화는 없었다. 낙심천만이었다. 그 보물 중의 보물, 인류문화유산의 정화를 간직해온 석굴이 그의 눈에는 헌책과 잡동사니를 버린 쓰레기 창고로만 보였다. 그마저 도교와는 직접 관련이 없는 불교경전 따위여서 왕 도사의 실망은 이만저만한 게 아니었다.

하지만 그는 그 쓰레기가 예사롭지 않은 쓰레기라는 정도의 안목은 가지고 있었다. 다음날 아침 그 사실을 간쑤성 순무에 보고했다. 그러나 당시 부패와 무능에 빠져 있던 간쑤성의 관헌은 현장 확인 없이 왕 도사에게 덜렁 '장경동 관리자로 명한다.'는 임명장 한 장만을 보내고 나 몰라라 해버렸다. 예나 지금이나 망해가는 나라의 민간인이나 공무원들은 태산을 앞에 놓고도 그게 태산인 줄 몰랐던(有眼不識泰山) 것이다.

둔황 석굴은 둔황 시에서 동남쪽으로 약 25킬로미터 떨어진 밍사(鳴沙) 산의 동쪽 흙 벼랑에 있다. 서기 366년 낙준(樂僔)이라는 이름의 한 구법승이 모래가 운다고 해 이름 붙여진 이 밍사 산을 지나가고 있었다. 무심코 맞은편 산웨이(三危)산 마루 쪽 창공을 바라다 본 그의 눈동자에는 수천 존의 부처가 오색찬란한 빛살을 보료로 삼아 가부좌를 틀고 있는 모습이 가득 들이닥쳤다. 낙준은 순간 두 눈이 멀고 심장이 멎는 듯한 환희를 느꼈다(최근 낙준이 보았다는 그 광경은 환상이 아니라 과학적 근거가 있는 것으로 밝혀져 관심을 끌고 있다. 노년기에 접어든 산웨이 산은 풀이라고는 한 포기도 볼 수 없는 붉은 광물질을 함유한 민둥산이다. 둔황 근처의 주민들은 지금도 이따금씩 강렬한 햇살이 아흔 살 노인의 처진 어깨처럼 황막한 산웨이 산을 내리쬐는 날이면 산 정수리께에 황금빛 둥그런 신기루가 출현한다고 한다. 다시 말해 신기루가 사막지역 한가운데 솟은 민둥산 꼭대기에 나타나는 현상이라고 생각하면 쉽게 이해가 될 것 같다).

낙준은 그 신비한 현상을 기념하기 위해 거기에다 석굴을 파고 불상을 모셨다. 그의 뒤를 이어 법랑(法良) 선사가 낙준이 개굴한 바로 옆에 또 하나 석굴을 팠다. 그렇게 시작한 것이 전진, 북량, 북위, 서위, 북주, 수, 당, 5대, 송, 서하, 원 등 10개 황조가 파노라마처럼 전개되면서 약 8백여 개의 석굴을 만들어냈다. 석굴 안에 있는 2,415존의 불상과 4만 5천여 점의 벽화는 보는 이의 눈동자를 예술의 찬란함으로 고정시켜놓는다. 1천6백여 년 전 낙준의 눈동자처럼.

· 세계 최대 동굴 도서관과 박물관

둔황은 실크로드 선상에 있다. 둔황은 또한 황허, 인더스, 메소포타미아, 이집트의 인류 4대 문명이 교차하는 지점에 있다. 이들 4대 문명은 둔황에서 단순한 조합을 이룬 것이 아니라 서로 감동하고 서로 녹아들어 인류 최대·최고의 결정을 이루었으며, 그 유산을 보관하고 있는 세계에서 유일무이한 곳이 바로 둔황이다.

둔황 석굴은 건축, 조각, 벽화의 종합예술이다. 둔황 석굴에서의 건축은 조각벽화의 매개물이며 조각은 불상의 주체이며 벽화는 장식, 미화하는 작용과 주체 조각이 표현할 수 없는 내용을 표현한다. 둔황 석굴의 벽화에는 고대 정치, 경제, 군사, 지리, 교통, 사회생활, 민족 관계, 종교, 예술사 등 생활상이 시대별로 총체적으로 담겨 있다.

그래서 둔황 석굴은 '세계 최대 동굴 도서관' 또는 '세계 최대의 예술박물관'으로도 불린다. 그리고 '둔황 학회'라는 둔황 석굴만 전문으로 연구하는 국제학회가 프랑스와 일본을 중심으로 활발히 활동하고 있다. 1987년 유네스코는 둔황 석굴을 세계문화유산으로 지정했다.

둔황 석굴은 원래 30여 개소의 석굴만이 관광객들에 개방되고 있지만 필자 일행은 둔황연구원장 판진스(樊錦時, 여)의 이례적인 배려로 보통 관광객들은 쉽게 볼 수 없는 석굴을 몇 개 더 보는 행운을 누릴 수 있었다.

가장 인상적인 석굴은 220굴, 249굴, 320굴, 323굴, 445굴, 45굴, 17굴이었다.

220굴은 원래 당 태종 16년에 그려진 벽화로 송나라 시대에 덧칠한 것이다. 1940년대 한 전문가가 송나라의 벽화가 졸렬한 느낌이 들어 한 꺼풀 벗겨내었더니 그 속에는 형상이 완전한 당나라 시대의 벽화가 색채도 선연하게 본모습을 드러내었다. 『아미타경』을 근거로 해 부처와 보살, 대중, 연화 등 불교에서 출현하는 일체와 제왕과 장상, 군대와 백성, 악사와 무희, 각국의 외교사절 등 당나라 초기의 성(聖)과 속(俗)의 전부를 한 장 벽화로 뭉뚱그려놓았다. 특히 당나라를 방문한 각국의 외교사절 모습에는 두 개의 긴 깃털이 달린 모자를 쓴 모습의 고구려의 사절도 포함되어 있어 무척 반가웠다.

249굴의 수렵도는 서위 시절에 그려졌다. 벽화 가득 터져 나오는 생동감과 입체감은 사람들로 하여금 저절로 백마를 탄 듯한 속도감과 1천5백 년 전에 어떻게 저러한 그림을 그릴 수 있었는가라는 무궁한 경외감에 빠져들게 하고 있다.

320굴은 당나라 중엽에 그려졌는데 4존의 비천상이 압권이다. 춤추며 날아가는 자태가 오묘하고 우아해 미의 극치를 달리고 있다. 중국에서는 320굴의 비천상을 둔황 벽화의 대표작으로 꼽고 있다. 323굴의 벽화는 당나라 초기의 것으로 매우 중요한 역사적 사실을 증언해주고 있다. 실크로드를 처음 개척한 한나라의 장수 장건이 서역출정에 앞서 한 무제 앞에서 무릎을 꿇고 앉아서 한 무제의 지시를 듣고 있는 모습이다.

당나라 전성기에 조성된 445굴의 바닥은 8세기부터 근세기까지 평균 1백 년에 한 개씩 다른 정사각형 벽돌로 깔려 있다. 바닥벽돌을 밟을 때마다 필자는 마치 역사의 건반을 두드리는 듯한 기분에 젖었다. 45굴도 당나라 전성기 때 축조된 것으로 석굴 가운데 편안하게 좌정한 부처님과 그의 제자들의 입상에서 표출된 완벽한 조형미가 퍽 인상적이었다.

맨 마지막에 참관한 17굴 장경동은 필자가 초등학교 시절 무척긴 이름 때문에 암기하려고 애를 먹은 혜초의 『왕오천축국전』이 발견된 곳이어서 감회를 새롭게 했다. 통일신라의 스님 혜초가 727년 인도와 주변의 여러 나라를 순례하고 돌아와 쓴 여행기 『왕오천축국전』이 이 둔황 17굴 장경동에 1천여 년 동안 보관되었던 사연은 아직껏 풀리지 않은 수수께끼라 할 수 있다.

달밤에 고향 가는 하늘 길을 바라보네.
구름 한 조각 싸늘한 바람결에 밀려 떠나네.

사연 하나 날쌘 바람 편에 전할 수 있으련마는
무심한 바람은 내 마음 모르는가, 빨리 떠나네.
내 나라 하늘가는 머나먼 북쪽 땅 여기는 이역만리 서편 외진 곳
햇살 지글거리는 남국에는 기러기도 없건만
뉘인가 계림(신라)을 향해 날아갈 자는.
月夜瞻鄕路 浮雲颯颯歸
纖書參去便 風急不聽廻
我國天岸北 他邦地角西
日南無有雁 誰爲向林飛
- 『왕오천축국전』 중 혜초의 사향시

· 둔황의 도적들

세 살짜리 어린이가 길가에서 20캐럿짜리 진짜 다이아몬드를 가
지고 놀고 있었다. 그때 지나가는 한 어른이 아이에게 사탕 사먹으
라고 20원을 주고 다이아몬드를 받아가지고 갔다. 그 어른의 행위는
정당한 구매행위인가?

마르코 폴로의 『동방견문록』이 출판된 이후 서양인들의 동양에
대한 호기심은 갈수록 증폭되었다. 영국이 인도를 통치하기 시작한
이래 서구열강들은 속속 동양에 대한 강점을 획책하고 있었다. 푸른
눈에 노란 머리 젊은이들은 탐험대를 조직해 동양의 비경들을 답사
하고 있었다.

19세기 후반에 들어서면서부터 영국, 러시아, 프랑스, 일본 등 제
국주의 국가는 각기 청나라의 신장(新疆), 간쑤, 몽골, 티베트 등지로

탐험대를 파견했다. 정치, 군사, 그리고 경제적 정보를 정탐했고 지도를 작성하고 길을 익힘으로써 이후에 그 지역을 통치할 준비를 했다.

그들은 중국에서 수많은 고대문물을 '수집'했다. 그중 가치가 큰 고문서는 유럽 학술계의 주목을 불러일으켰으며 제국주의 국가들의 약탈욕망에 불을 지르는 도화선 역할을 했다. 탐험대들은 끊임없이 중국으로 몰려왔다. 처음에는 주로 신장지역에서 활동하다가 점차 간쑤까지 뻗쳐왔는데 둔황 석굴은 그들의 최종 목표지점이 되었다.

탐험대 중 가장 먼저 둔황을 찾아온 것은 헝가리 출신 영국의 지질학자 오렐 스타인이다. 그는 1903년 영국 정부의 지원을 받아 타클라마칸 사막 남쪽의 오아시스 로란 유적에서 12상자 분량의 진귀한 고대 문물을 수집했던 혁혁한 경력의 소유자였다. 1907년 4월 둔황 석굴에 도착한 즉시 스타인은 석굴의 관리 책임자 왕원록 도사를 만났다. 그는 자신을 왕 도사가 숭배하는 현장법사가 파견해 경전을 가지러 온 사람이라고 믿게 했다. 왕 도사를 오리무중에 빠뜨리게 한 후 그는 석굴에 머물며 쓸 만한 경전을 고르기 시작했다.

약 한 달이 지난 후 스타인은 왕원록에게 은화 24냥을 쥐어주고 24상자 분량의 진귀한 문서와 5상자의 탱화를 영국으로 가져가서 대영 박물관에 기증했다. 스타인은 그 사상초유의 진귀한 문화재를 반입해온 공로로 영국 국왕에게서 기사 칭호를 수여받고 전체 제국주의 국가의 찬사와 부러움을 한 몸에 받았다.

1907년 10월, 천재적인 언어학자이며 중국 전문가 폴 펠리오가 이끄는 프랑스 탐험대가 둔황 석굴에 도착했다. 왕 도사는 중국어를 유창하게 구사하는 펠리오를 보고 경탄해 마지않았다. 펠리오는 비록 스타인에 의해 먼저 손이 탔지만 석굴에 남아 있는 1만 5천 권에서 2만 권에 달하는 경전의 수량과 가치에 놀라지 않을 수 없었다. 펠리오는 석굴 안에서 부하들과 연속 3주일 동안 경전을 읽으면서 가져갈 만한 것을 열심히 골랐다. 왕 도사는 펠리오 팀이 정선해서 고른 5천5백 권의 경전을 5백 냥의 은전에 팔아치웠다. 둔황의 진짜 진귀한 보물의 대부분은 중국어와 중국학에 정통한 펠리오의 손에 들어가게 되었다.

혜초의 『왕오천축국전』을 포함, 펠리오가 가져간 경전들은 현재 파리의 프랑스 국립도서관에 소장되어 있으며 그 외 둔황의 불화와 기타 문물들은 현재 파리의 루브르 박물관에 진열되어 있다.

1909년 펠리오는 또다시 둔황에서 경전을 반출할 목적으로 둔황 경전의 일부 진품을 휴대해 베이징의 청년학자들에게 보여주었다. 그제야 중국의 학자들은 둔황에서 장경동이 발견되었으며 많은 보물이 국외로 유출되고 있다는 사실을 알게 되었다. 이에 격분한 그들은 즉시 청나라 조정에 상신해 조속한 대응책 마련을 요구했다.

일본은 서구의 여느 제국주의 국가보다도 일찍이 중국에 대해 약탈을 감행했다. 일본인 오타니 고즈이 백작은 1902년부터 1904년, 1908년부터 1909년, 1910년부터 1914년 세 차례나 탐험대를 중국 북서지방에 파견했다. 1차와 2차는 신장지역의 능묘를 도굴하고 벽화를 훔쳐갔다. 1912년 초 3차 탐험대가 둔황에서 8주 동안 머물렀다. 그는 스타인이나 펠리오와는 달리 왕원록에게 한 푼도 쥐어주지 않고 수백 권도 넘는 둔황의 경전을 '무료'로 가져갔다.

북극곰 러시아도 수차례 탐험대를 중국의 신장, 간쑤에 파견해 대량의 문물을 약탈했다. 1914년 러시아 불교 예술사학자 오브르체프가 이끄는 '러시아위원회'는 둔황 석굴에 수개월 동안이나 머물렀지만 약 4~5백 권의 경전과 벽화를 획득하는 성과에 만족해야 했다.

그 즈음 둔황 석굴 안의 동산(動産)은 이미 거덜나버렸다. 남은 것이라고는 석굴 자체의 텅 빈 공간뿐이었다. 그러나 둔황 석굴의 악운은 거기서 끝나지 않았다. 1920년부터 1921년 사이에 소련 국내전쟁에서 실패한 많은 백계 러시아인(白系露人. 1917년의 10월 혁명 후 소비에트 정권에 반대하여 해외로 망명한 러시아 사람)들이 국경을 넘어왔다. 부패한 국민당 정부는 둔황 석굴을 그들의 병영으로 제공해주었다. 백계 러시아인들은 반 년 동안 석굴에서 취식하면서 벽화에 그을음이 지게 하거나 낙서를 하는 등 만행을 저질렀다.

1923년 마지막으로 둔황 석굴은 미국 탐험가인 랭던 워너에 의해 난행 당했다. 그 미국인은 막차를 타 더 이상 가져갈 경전이 없었다. 그래서 그는 석굴 벽에 붙어 있는 벽화와 조각을 뜯어갔다. 1925년 워너는 재차 둔황의 벽화를 뜯어가려고 했으나 죽을 뻔한 봉변을 당한 끝에 실패했다. 중국인이 깨어나기 시작했기 때문이었다.

그렇다. 문화는 깨어 있는 자의 것이다. 문화재는 그 가치를 알고 소중히 관리하는 자의 것이다. 왕 도사 같은 우매한 자에게 둔황 석굴을 관리하게 한 일은 중국근대문화사에서의 최대의 실수라 하지 않을 수 없다. 그러나 그게 어찌 왕 도사 혼자 뒤집어써야 할 개인적 책임인가? 당시 중국은 의화단 난의 진압을 구실삼아 8국 연합군을 조직해 밀고 오는 제국주의 세력에 의해 국권을 상실한 준식민지였다. 열강들의 침공 앞에 노대국으로서의 위신만 내세웠을 뿐, 전혀 국력의 뒷받침이 없었던 것이다. 압송되어오던 왕 도사가 탈출한 것도 뇌물에 의한 것이라고 한다. 따라서 하급관리들까지 부패했다는 중국정부의 한대낮에 둔황을 훔치는 도적심스러운 상황을 읽을 수 있는 대목이 아닐 수 없다.

　일본, 프랑스, 영국 등지에서 출판된 둔황 관련 자료들을 살펴보면 공통점이 있다. 잘난 그들은 인류공동의 문화유산을 강탈하고 약취해간 자신들의 비행에 대해 일언반구의 사과나 유감의 표시가 없다. 응당 가해자로서 해야 할 일말의 가책표시는 없이 오히려 피해자 중국의 멍청함만 부각시키고 있다. 일본의 태도는 더욱 가관이다. 그들은 그래도 몇 푼을 던져준 서양 사람들과는 달리 둔황의 보물을 '무료'로 도둑질해왔으면서도 그 점에 대해서는 시치미를 뚝 떼고 있다. 단지 서양보다 한 발 늦어 더 많이 못 가져온 점을 한탄하는 듯한 신음소리만 그들의 정교하고 치밀하게 편집된 문헌 행간에서 줄줄 새어 나온다.96)

주(註)

1) 영고삼(永高三)은 나의 별호다. '영원한 고3'처럼 열심히 공부하다 죽을 각오라는 뜻이다.

2) 문협(文俠)은 나의 필명이자 호다. 칼 대신 필을 쥔 협객처럼 살겠다는 뜻이다.

3) "학문은 세상의 모든 마침표를 물음표로 바꾸는데서 시작한다."는 좌우명을 갖고 있다. 『중앙일보』2016-11-16.

4) 『아주경제』2018-05-31.

5) 중국에서 '사회주의'를 마르크스·레닌 식으로 풀이하는 소리는 빛바랜 LP판도 아니다. 땟국저민 골동품 축음기에서나 새어나오는 소리 반, 소음 반이 된 지 이미 오래. 미국과 세계자본주의 공생체 G2 중국은 독점자본주의 대로를 무한질주 중이다. 강효백, 『중국의 슈퍼리치』2016. 한길사, 머리말 참조.

6) 중국인은 없거나 모자라는 거에 '主義(주의)'를 붙이는 반면에, 있거나 넘치는 거에는 '主義'를 붙이지 않는 경향이 있다. 일례로 중국어에 '愛國心(애국심)'은 없고 '愛國主義(애국주의)'만 있는 반면에, '實利主義(실용주의)'는 없고 '實利(실리)'만 있다. 상인종 중국인이 평균과 배분을 실천하는 '사회주의자' 되기는 낙타가 바늘구멍에 들어가기보다 어려운 걸까?

7) 민주주의의 반대개념을 물으면 흔히들 '사회주의'라고 답한다. 우리나라 식자층, 간혹 내로라할 석학조차도 오늘날 중국을 가리켜 정치는 사회주의, 경제는 자본주의라고 단언한다. 참으로 한심한 쌍팔년도(단기 4288년, 서기 1955년)식 사고방식이다. 아직도 우리나라 지식층 상당수는 '민주주의 = 자본주의 vs 사회주의 = 독재주의'라는 잘못된 이데올로기식 분류 등식에 빠져 헤어나지 못하고 있는 경향이 없지 않다.

8) 2018. 6. 12. 북미정상회담이 열린 싱가포르는 베이징 표준시를 따르고 있다. 우리나라보다 두 시간 늦은 표준시를 사용하는 베트남보다 훨씬 서쪽에 있는 싱가포르가 우리나라보다 한 시간 늦은 베이징 표준시를 따르고 있다. 중국 정부는 2017년 현재 GDP총액으로는 중국이 일본을 세 배 이상, 1인당 GDP로는 싱가포르가 일본을 1.5배 이상 앞질렀다는 사실을 부각하고 있다.

9) 우리나라가 중국의 제도에서 창조적으로 도입할 만한 것 단 한 개만 들라면 그것은 바로 사법권 대비 감찰권 절대우위체계라고 생각한다. 부정부패 왕국으로 악명 높던 공산당 일당독재국가 중국이 망하지 않고 G2로 질주하고 있는 최대 비결은 사법권 대비 감찰권 절대우위체계이다. 중국판 공수처장 겸 감사원장 격 중앙 기검위 서기가 사실상 권력 제2인자. 공수처 설립 외엔 모두 눈 가리고 아웅 미봉책. 막강 감찰 사정기관 공수처 설치 시급하다.

10) 『중앙일보』차이나 인사이트 2018-03-13.

11) http://cpc.people.com.cn/n1/2017/1025/c414940-29608803.html

12) 중앙기율검사위원회 및 국무원 감찰부(주소: 北京市西城区平安里西大街41号)에는 약 1000여명의 중앙 기검위요원이 근무하고 있다.(여성요원 약 250명)

13) 1368년 명 태조 주원장(朱元璋)의 대명(大明) 건국과 함께 환관의 세력은 깊이 뿌리내렸다. 주원장은 송나라의 재상제도를 없애버렸다. 권신들이 황제의 권한을 잠식한다고 생각했다. 대신에 그는 가신과 환관이 주축이 된 특무기관 금의위(錦衣衛)를 조직했다. 금의위는 신하들의 일거수일투족을 모두 감시하여 조금이라도 이상한 징후가 있으면 무자비한 처벌을 자행했다. 영락제는 1377년 정난의 변으로 조카 건문제에게서 제위를 빼앗고 난징에서 베이징으로 천도했다. 건문제의 측근인 환관들을 매수한 것이 정변의 성공 덕분이라고 판단한 영락제는 1420년, 베이징 동안문 북쪽, 지금의 베이징 미술관 건너편에 환관을 수장으로 하는 특무기관 동창(東廠)을 설치했다.

14) 이러한 문제점을 해결하기 위하여 2018.3.시진핑 정부는 헌법을 개정, '국가감찰위원회'의 신설을 명기하여 감찰권력기관을 헌법 기관화하였다.

15) 1999년 국제투명성기구가 발표한 부정부패국가 1위는 뇌물공여지수(BPI) 10점 만점에 3.1점을 기록한 중국이, 2위는 3.4점을 얻은 한국이 차지했다.

16) 『출처: 중앙일보』『차이나 인사이트』견제 없는 중국 공산당이 무너지지 않는 이유는 2016-10-05.

17) 강효백,『중국의 슈퍼리치』, 한길사, 2016, 360-361쪽.

18) 『아주경제』2017-11-08.

19) 중국인민정치협상회의는 약칭은 '정협(政協)'으로 1949년 10월 임시 헌법에 해당하는 '정협(政協)공동강령'을 제정하였다. 1954년 전국인민대표대회가 설립된 이후 정책자문과 통일전선 업무 협의체 기능을 수행하

고 있다. 정협 전국대표의 임기는 5년이며 통상 매년 3월 전인대와 함께 베이징에서 전체회의를 개최한다.

20) 참고로 2016년 6월 18일 현재 중국 대표 포털사이트 바이두에는 '세계의 중국화' 관련 논문 수만, 무려 82만 8110편이나 실려 있다.

21) 제주특별자치도 자매결연 지자체인 중국의 하이난성 홈페이지: 육지면적: 3.54만㎢ 해양면적: 약200만㎢ 전국최대성(海南省是全国最大的省) 이라 명기하고 있음.
https://baike.baidu.com/item/%E6%B5%B7%E5%8D%97/13346?fromtitle=
%E6%B5%B7%E5%8D%97%E7%9C%81&fromid=533000&fr=aladdin

22) 흔히들 중국의 통계는 믿을 것이 못 되기에 디스카운트해야 한다고 해야 한다. 그러나 미국과 서구의 대부분 중국관련 통계는 이미 중국의 일부가 된 홍콩을 뺀 디스카운트가 많이 된 통계임을 감안해야 한다.

23) https://www.cia.gov/library/publications/the-world-factbook/geos/ch.html

24) 중국 공산당 중앙위원회 기관지 『人民日報』(1948년 6월 15일 창간)는 중국 당정간부들의 필독 일간지로서 특히 사설은 한국의 청와대 홍보수석이나 대변인과 같은 역할을 하고 있다.

25) 강효백, 『중국의 습격』, Human&Books, 2012, 머리글 참조.

26) 『매일경제』 2010-02-21.

27) 『국민일보』 2009-02-17 "강효백, "국제인권규약 가입에 따른 중국헌법상 기본권조항의 현황과 개선 논의" 한국동북아논총, 2012. 참조".

28) 『국민일보』 2008-08-25.

29) 용미용중 통북극일 (用美用中 通北克日) 미국과 중국을 함께 활용하며 북한과 소통하고 일본을 극복하자. - 2018년 이후 대한민국 통일외교 기본전략.

30) 강효백, "홍콩특별행정구의 제도적 특성", 『G2 시대 중국법연구』 (주)한국학술정보, 2010. 146-147쪽.

31) 『데일리안』 2016-01-31.

32) 베이징 김규환 특파원 『서울신문』 2002.06.16.

33) 중국은 애당초 소련군 장교출신이 통치하는 북한에 애정이 없었다. 입술이 없으면 이가 시리다 '순망치한'의 입술도 북한이 아니라 '만주'였다. 중국의 6.25참전 숨은 목적은 소련 지배하의 만주땅 확보, 만주족 거세와 정적 제거였다. "실제 만주족 인구수는 1940년대 200만여명에서 1954년 제1회 전 중국 민족별 인구조사에서 100여만명으로 대폭 감소했다."

34) 이세기, 『6.25 전쟁과 중국- 스탈린의 마오쩌둥 제압전략』, 나남, 2015,

36-45쪽 참조.

35) 『한국일보』 2016-03-08.

36) 한국의 수출상대국 비중China 25.1%, US 13.5%, Vietnam 6.6%, Hong Kong 6.6%, Japan 4.9% (2016)https://www.cia.gov/library/publications/the-world-factbook/geos/ks.html

37) 중국의 수출상대국 비중 US 18.2%, Hong Kong 13.8%, Japan 6.1%, South Korea 4.5% (2016)https://www.cia.gov/library/publications/the-world-factbook/geos/ch.html

38) 『아주경제』 2016-07-12.

39) 평화를 원한다면 전쟁을 준비하라. 무력이 강한 국가에 대해선 감히 공격하거나 모욕하지 못하는 법이다. - P. 베게티우스.

40) 중국은 미국이 과거 아시아를 일본 손에 넘기고 봄을 빼려 했듯이, '제2닉슨 독트린'즉, 트럼프 독트린, '아시아를 중국 손'에 맡기고 미 대륙으로 퇴각하는 날을 학수고대하고 있다. 2018. 6. 12. 싱가포르 개최 북미 정상회담이 그 단초가 되길 바라면서.

41) "강효백, [집중분석] 중국은 왜 사드배치에 질색하나?"『월간중앙』 2017 4월호.

42) 『아주경제』 2017-09-25.

43) 강효백 유상철 등, 『차이나 인사이트 2018』, 『중앙일보』『중국연구소』, 296-302쪽 참조.

44) 미국헌법 제1조 1. All legislative powers herein granted shall be vested in a Congress of the United States which shall consist of a Senate and House of Representatives.

45) 중국헌법 제15조: 国家加强经济立法, 完善宏观调控.

46) 강효백, 『G2시대 중국법 연구』, 한국학술정보, 2010, 서문 참조.

47) 강효백, 『중국법 통론』, 경희대학교출판사, 2017, 서언 참조.

48) 강효백, 『중국의 슈퍼리치』, 한길사, 2016, 418-424쪽 참조.

49) 한국의 전관예우 법조인들이 질색할 중국법1:
    <변호사법(律师法)> 제41조: 법관, 검찰관을 담당했던 변호사는 법원, 검찰을 사직한 후 2년내 소송대리인 또는 변호인을 담당해선 안된다. (曾经担任法官、检察官的律师, 从人民法院、人民检察院离任后二年内, 不得担任诉讼代理人或者辩护人) 반면에 한국의 전관예우 법조인들은 2년내 돈 다 벌고 법은 고치려 하지 않고 관행&의식개혁 운운만 40년째 하고 있음.

50) 강효백,『중국의 슈퍼리치』, 한길사, 2016, 428-429쪽.

51) 『강효백,『중국의 슈퍼리치』, 한길사, 2016, 257-263쪽.

52) 강효백, "한 ·중 법의 연원에 관한 비교연구", [중국학연구회], 2007.6. 참조.

53) '428' 이나 '128'은 중국인이 가장 좋아하고 소중히 여기는 수 가운데 하나이다. 중국의 주요법은 이처럼 조문수와 핵심조문은 끝수가 대부분 '8'로 끝나는 경우가 많다. ex 헌법; 138개 조문, 계약법; 428개 조문, 회사법; 218개 조문 등등, 헌법 제18조: 외자투자유치 장려조항, 계약법 제128조: 분쟁해결방법명시 등등.

54) 중국 계약법 핵심조항인 제128조 (계약분쟁의 해결)에 출현하는 주요용어의 빈도는 '화해'는 3회, '조정(調解)'은 4회, '중재'는 7회이지만, '소송(起訴)'은 단 1회에 불과하다.

55) 강효백,『G2시대 중국법 연구』, 한국학술정보, 2010, 서문 참조.

56) 강효백,『중국경제법1-기업법』, 율곡출판사, 2015, 106-107쪽.

57) 강효백,『중국의 슈퍼리치』, 한길사, 2016, 417쪽.

58) 1. 1백만 위안(약 1억7천만원)이상 뇌물수수: 사형 선고

2. 50그램 이상 헤로인, 필로폰 판매 제조 밀수: 100% 사형

3. 집단강간죄, 아동 성추행죄: 100% 사형

특히 2와 3의 죄를 범한 자는 형 확정선고후 45일내에 사형집행.

- 강효백,『G2시대 중국법 연구』, 한국학술정보, 2010 참조.

59) 『아주경제』 2014-10-07.

60) 중국 역대 총리는 1.5인자다. 중국 총리의 권력이 내각책임제보다는 못하지만 2원집정제의 총리에 비견될 만큼 강하기 때문. 그러나 리커창 현 총리는 시진핑 주석의 막강한 카리스마에 밀려 1.5인자는커녕 2인자도 못되는 2.5인자.

61) 강효백,『중국의 슈퍼리치』, 한길사, 2016, 418-419쪽.

62) China 25.1%, US 13.5%, Vietnam 6.6%, Hong Kong 6.6%, Japan 4.9% (2016)https://www.cia.gov/library/publications/the-world-factbook/geos/ks.html

63) 2016년 한국의 수출총액은 5,323억 달러로 중국, 미국, 독일, 일본에 이어 세계 제5위를 차지했다. 세계유일의 적대적 분단국이라는 악조건과 각종 낡고 썩은 법령의 규제에도 불구하고 세계 제5위의 수출실적을 거둔 것은 우리 기업인들과 소상공인들이 흘린 피와 땀과 눈물의 덕분이

라고 생각한다.

64) 중국헌법 제87조 제1항 국무원의 총리, 부총리, 국무위원은 임기는 5년이며 2기를 초과하여 연임할 수 없다.

65) 『아주경제』 2017-12-13.

66) 상인종은 원래 필자가 2000년에 졸저 『차이니즈 나이트』1, 「너희가 상인종을 아느냐」 편에서 세계최초로 창조한 용어다. 그 후 '상인종'은 필자에게 양해를 구하거나 출처를 표시하지 않고 널리 사용되고 있다. 지금 와서 필자의 저작권(?)을 주장하지 않겠지만 최초 발명자가 누구인지는 알고 사용했으면 한다.

67) 중국의 수출상대국 비중 US 18.2%, Hong Kong 13.8%, Japan 6.1%, South Korea 4.5% (2016)

  * https://www.cia.gov/library/publications/the-world-factbook/rankorder/2078rank.html#rs

68) https://www.bloomberg.com/professional/product/bloomberg-intelligence/02092016

69) 『아주경제』 2016-10-12.

70) 강효백, 『중국의 슈퍼리치』, 한길사, 2016, 198-199쪽.

71) <한국의 재벌들이 질색할 사실>
  중국 최고(最古)업체 '리우비쥐'(六必居1530년~) 장수비결
  창립규장 제2조 : '불용삼야'(不用三爺),친 외 처가 3족 사람들의 점포 출입을 엄금한다. 후계자는 주인의 친.외.처족이 아닌 종업원 가운데서 선발한다. 강효백, 『중국인의 상술』, 한길사, 2002, 127-134쪽 참조.

72) 강효백, 『중국인의 상술』, 한길사, 2002 참조. 『이코노미톡뉴스』 2013-01-02.

73) 1988년 4월 하이난을 더하여 중국의 경제특구(ESZ)는 모두 5개뿐이다. 중국의 특정경제지역(SEZ)은 크게 화교자본유치 목적의 '경제특구'와 외국자본유치 목적의 '개발구(DZ)', 금융개혁개방 목적의 '자유무역구(FTZ)'로 3가지 형태로 발전해왔다. 개발구는 다시 경제기술개발구, 첨단산업개발구, 보세구, 수출가공구, 변경경제합작구, 관광개발구 등 6개 유형과 국가급, 성급, 시급, 현급, 향진급 등 5개 등급으로 세분된다. 삼성, 현대차, SK, LG 등 우리나라와 외국의 대부분 기업들은 경제특구가 아닌, 각종 '개발구'에 진출해있다. '경제특구'와 '개발구'는 설립배경, 목적, 발전방향 등이 상이한데도 국내 일각에서는 모두 '경제특구'로 뭉

뚱그리고 있는데 이는 바로잡아야 한다. 강효백, 『G2 시대 중국법』, 한국학술정보, 2010, 258쪽.

74) 광의의 화교는 화교(華僑)와 화인(華人), 화예(華裔)로 구분할 수 있다. 화교는 중국 국적의 해외체류 중국인이며 화인은 현지 국적을 취득했으나 중국계 커뮤니티에 참여하는 중국인, 화예는 자신이 중국인의 후예임을 인식하나 중국계 커뮤니티에 참여하지 않는 중국혈통을 일컫는다. 여기에서의 화교는 광의의 화교를 일컫는다. 현재 약 6천만 명의 화교들의 본향은 대부분 중국 푸젠성과 광둥성이다.

75) 강효백, 『중국의 슈퍼리치』, 한길사, 2016, 369쪽.

76) 高速铁路 https://baike.baidu.com/item/%E9%AB%98%E9%80%9F%E9%93%81%E8%B7%AF/147658

77) 『국민일보』 2010-02-08. 2018. 4·27 문재인-김정은 남북한 정상은 판문점 선언을 통해 동해선, 경의선 철도와 도로를 연결하기로 합의했다.

78) 『머니투데이』 2008-06-26.

79) 강효백, 『황금중국』 유스북, 2004, 48-69쪽.

80) 강효백, "『차이나인사이트』 유럽은 분열하는데 중국은 분열하지 않는 이유는?" 『중앙일보』, 2016-08-10.

81) 강효백, 『차이니즈 나이트2』, 한길사, 2000, 180-189쪽.

82) 강효백, 『중국의 슈퍼리치』, 한길사, 2016, 356-358쪽.

83) 중국 정부는 2014년부터 12월 13일을 난징대학살에 따른 '국가 추모일'(國家公祭日)로 지정하고 매년 국가차원의 추모행사를 열고 있다. 2014년에 개최된 첫 번째 추모식에는 시진핑 국가 주석이 직접 참석해 "일제 침략의 엄중한 범죄를 잊지 말아야 하고 침략전쟁을 미화하는 어떤 행위도 인류 평화를 해치는 것으로 단호히 반대한다고 강조한 바 있다. 유네스코는 2015년 10월 일본 측의 반대에도 불구하고 난징대학살 관련 자료들을 중국 측의 신청에 따라 세계유산으로 등재했다.

84) 『아주경제』 2017-02-03.

85) 중국이 분루(憤淚)를 삼켜야 했던 최대 이유는 베이징의 심각한 환경오염 때문이었다.

86) 강효백, "WTO협정에 따른 중국환경법제의 현황과 문제점", 『중국학연구』, 2010, 참조.

87) https://baike.baidu.com/item/%E7%94%9F%E8%80%8C%E5%B9%B3%E7%AD%89/19723868?fr=aladdin

88) 2000년 8월 초 베이징을 방문한 김대중 전 대통령 영부인 이희호 여사

로부터 필자가 직접 들은 이야기.

89) 강효백, 『차이니즈 나이트 1』, 한길사, 2000, 125-134쪽.

90) 기원전 220년 진시황은 북방 민족의 침입에 대비하여 통합된 방어 산성을 쌓기로 하였다. 만리장성의 축조는 그 후 명나라 시대(1368~1644)까지 계속되었고, 세계에서 가장 장대한 규모의 군사 시설물이 되었다.

91) 강효백, 『차이니즈 나이트1』, 한길사, 2000, 217-226쪽.

92) 중국 산시성의 리산 남쪽 기슭에 있는 진시황릉은 중국을 최초로 통일한 진시황의 무덤이다. 수도인 셴양의 도시 계획을 반영하여 설계하도록 한 것으로, 무덤 안은 유명한 병마용에 둘러싸여 묻혀 있다. 유네스코 세계유산, 1987년 등재.

93) 강효백, 『차이니즈 나이트 1』, 한길사, 2000, 227-236쪽.

94) 둔황 석굴은 중국 간쑤성 둔황현의 밍사산 동쪽 끝단에 있는 불교 유적이다. 무역의 교차로에 있는 석굴은 종교·문화·사상 면에서 영향력이 있으며, 천여 개의 방과 석굴 사원은 불교 미술의 역사를 보여주는 입상과 벽화로 유명하다. 유네스코 세계유산 1987년 등재.

95) 룽먼 석굴은 중국 북위 후기에서 당나라까지의 가장 거대하고 인상적인 작품이다. 불교에 헌납된 예술품으로, 석조 미술의 최고봉이다. 유네스코 세계유산 1990년 등재.

96) 강효백, 『차이니즈 나이트 1』, 한길사, 2000, 237-248쪽.

강효백(姜孝伯)

강효백은 경희대학교 법과대학을 졸업하고 타이완 국립정치대학에서 법학박사 학위를 받았다. 베이징대학과 중국인민대학 등에서 강의했으며 주 타이완 대표부와 주 상하이 총영사관을 거쳐 주 중국대사관 외교관을 12년간 역임했다. 상하이 임시정부에 관한 기사를 『인민일보(人民日報)』에 대서특필하게 했으며 한국인 최초로 기고문을 싣기도 했다. 지금은 경희대학교 법무대학원 중국법학과 교수(법학전문대학원 겸임교수)로 있다. 『중국의 슈퍼리치』, 『중국법 통론』, 『중국의 습격』, 『G2시대 중국법 연구』, 『차이니즈 나이트 1, 2』, 『중국 경제법(1) 기업법』, 『협객의 나라 중국』 등 20권을 저술했다. 중국 관련 논문 30여 편과 칼럼 300여 편을 썼다. 중국에 관한 한 폭과 깊이, 양과 질에서 높은 성취를 이뤄 최고의 중국통으로 평가받고 있다. 특유의 문제의식으로 법제, 사회, 경제, 문화, 역사, 정치 등 여러 영역을 아우름으로써 입체적인 중국학을 강호의 독자들에게 제공하고 있다.

중국 통째로 바로 알기

초판인쇄 2018년 9월 12일
초판발행 2018년 9월 12일

지은이   강효백
펴낸이   채종준
펴낸곳   한국학술정보㈜
주소   경기도 파주시 회동길 230(문발동)
전화   031) 908-3181(대표)
팩스   031) 908-3189
홈페이지 http://ebook.kstudy.com
전자우편 출판사업부 publish@kstudy.com
등록   제일산-115호(2000. 6. 19)

ISBN 978-89-268-8532-1 03910